KB035209

마음을 · 움직이는
혼의 말

마음을 · 움직이는

혼의 말

사람을 살리는 말을 할 것인가
사람을 죽이는 말을 할 것인가

황상무 지음

북스 IN 이투스
BOOKS IN ETOOS

들어가는 말

평생
혼이 깃든 말을
하고 싶다

지난 30년, 나는 말하는 것을 천직으로 여기며 살았다. 그 천직에 작은 마침표를 찍던 2018년 4월 13일, 나는 9시 뉴스를 마치며 고별의 말을 했다.

"…그동안 우리 사회의 통합과 화합 미래로의 전진을 위해 많은 말을 했지만, 많이 부족했습니다. 혹시라도 제 말로 인해 상처를 받으신 분이 있다면 용서를 구합니다…"

나는 진심으로 사과하고 싶었다. 말은 업을 쌓는다고 했다.

나의 말도 역시 그랬을 것이다. 성경에는 이런 구절이 있다. '네가 무슨 무익한 말을 하든지 심판 날에 이에 대해 심문을 받으리니…' 어쩌면 나는 천직이었던 '말하는 자리'를 떠나는 순간, 내가 말로 쌓았던 업을 조금이라도 덜고 싶었을 것이다. 한편으론 그동안 나의 말을 들어준 국민들에게 예의를 표하고 싶었고 또 내가 해왔던 말에 대해 책임을 인정한다는 뜻이기도 했다.

지난해, 나는 아예 천직을 그만뒀다. 이번에는 글로 고별사를 남겼다. 적지 않은 파문이 일었고 나는 한동안 잠적해 있어야 했다. 온갖 말이 난무하는 시대지만, 정작 듣고 싶은 말이 없는 시대에 대한 갈증 때문이었을 것이다. 나는 새삼 말의 힘을 절실하게 느꼈다.

말에는 생명력이 있다. 한 번 내뱉어진 말은 반드시 그 임무를 완성하고야 만다. 그래서 부처님은 말을 극도로 경계했다. 함부로 말하지 말라는 것이다. 성경은 말씀이 육신이 된다고 했다. 말은 곧 생명이 된다고도 했다. 나는 이것을 '선한 말을 하면 천사가 만들어지지만, 악한 말을 하면 악마를 탄생시킨다'고 해석한다.

'우리는 지금 매일 악다구니와 쌍소리, 욕지거리로 날이 새고 지는 시대를 살고 있다' 지난해 고별사에서 인용했던 작가 김훈의 말이다. 비단 그뿐이랴. 정치 지도자들이 말을 책임으로 하지 않고 멋으로 하고 있다. 온갖 미사여구를 동원해 국민들 가슴에 허상을 심어놓고는 그 실체가 드러나면 현실을 부정하고, 남 탓으로 돌리고 책임을 발뺌한다. 남을 향해서는 수십 년간 쏟아냈던 날선 비판을 자신에 대해선 조금도 인정 않는 위선과 뻔뻔함, 내로남불을 자행하고 있다. 모두 극단의 진영 정치, 편가르기 정치가 몰고 온 폐해다. 그런 사회는 한 발짝도 앞으로 나가지 못한다. 결국은 남에 의해 망하고 만다. 불과 100년 전 우리가 그랬다. 그리고 지금 이 시대가 다시 그 전철을 밟고 있다. 거짓과 위선, 이간질과 선동, 남 탓과 발뺌, 이런 '죽음의 말'이 횡행하는 시대가 된 것이다. 우리는 매일매일을 천사를 만들기는커녕, 악마를 만들어내고 있는 것이다.

우리는, 이 시대는, 왜 이렇게 됐는가?

매일 밤 천만 명의 국민을 상대로 수많은 말을 쏟아냈던 국가 기간방송의 전직 메인 앵커로서, 죽음의 말이 난무하는 이 시대에 나도 일말의 책임이 있다.

이 책은 그런 책임과 의무감에서 쓰였다. 내게 주어진 천직의 임무를 다하지 못했다는 자괴감에서 비롯됐다. 좀 더 나은 세상, 개인을 살리고 사회를 발전시키며 국가를 융성하게 하는 말, 생명의 말이 풍성한 세상을 만들지 못했다는 안타까움이 컸다.

편가르기를 멈추고 서로의 상처를 보듬고 화합하고 사회를 통합하게 하는 말, 그런 말을 해야 한다는 의무감, 그리고 이제는 은둔에서 벗어나 그런 말을 하겠다는 스스로에 대한 다짐서이기도 하다. 자라나는 미래세대의 가슴에 증오와 적대감을 심는 게 아니라 긍정과 희망의 불꽃을 지피는 일을 하겠다는 나 자신과의 약속이기도 하다.

9시 뉴스를 내려놓고 방송문화연구소의 골방에서 탈고를 마쳤지만, 세상에 빛을 보기까지는 결국 3년의 시간이 더 필요했다. 그래서 책에는 어제오늘의 일보다는 2~3년 지난 사례들이 많다. 아쉬운 대목이지만 그게 오히려 묵힌 장맛일 수 있다는 점에서 위안을 느낀다.

책을 출간하기까지 도움을 준 많은 분들께 깊이 감사드린다.

2021. 11. KBS 방송문화연구소에서

차례

1장

'말'이란?

불교의 '말'

언어 기호학의 '말'

道可道 非常道 名可名 非常名(도가도 비상도 명가명 비상명)

성서의 '말'

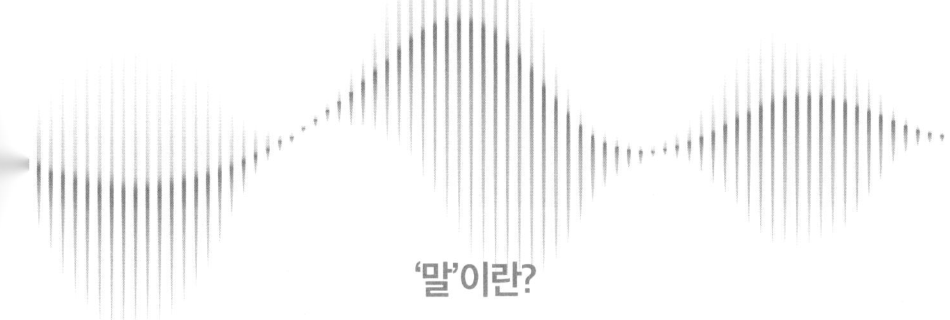

'말'이란?

1968년 12월 24일 크리스마스 이브, 인류는 처음으로 지구가 달의 지평선 위로 떠오르는 모습을 봤다. 인류사 최초의 역사적 사건이다. 이 순간은 이른바 어스 라이징(Earth rising)으로 불리는 유명한 사진으로 남아 있다. 아폴로 8호가 지구를 떠난 지 사흘 만에 달의 공전궤도에 도착해 20시간 동안 달을 돌며 찍었던 장면 중 하나다. 이 역사적 순간은 생방송으로 지구에 중계돼 당시 최고의 시청률을 기록하기도 했다. 이 장엄한 순간을 현장에서 지켜보던 우주인들은 지구의 인류에게 무슨 말을 하고 싶었을까?

그들에겐 격한 감동을 전해줄 표현이 절실했다. 역사적 순간, 경이로운 우주의 신비를 묘사할 수단이 필요했다. 고민 끝에 그들이 택한 것은 성서였다. 성서 66권의 첫 구절인 창세기 1장을 읊었다. '태초에 하나님이 천지를 창조하시니라…' 그들은 왜 굳이 성경을 택했을까? 꼭 신앙적인 이유 때문만은 아니었다. 가장 극적인 순간, 어떤 말로도 형언하기 어려운 인류사 최초의 감동의 순간에, 모든 이들에게 공감을 얻을 수 있는 말을 하고 싶었기 때문이었을 것이다. 지식의 언어가 아닌 공감의 언어, 사람들의 영혼에 다가가는 말을 하고 싶었던 것이었다. 영혼에 울림을 주는 말을 찾고 싶었는데 이들로서는 서양의 역사 문화적 경험에 비추어 성서만큼 더 보편적 공감을 얻을 수 있는 것을 찾을 수 없었기 때문이다. (나중에 소련의 최초 우주인 가가린은 이를 비꼬아서 '나는 우주에서 열심히 보고 또 보았지만, 신을 보지 못했다'고 했다.) 영혼에 울림을 주는 말이 꼭 성경 구절일 필요는 없다. 공감을 끌어내 영혼에 다가서는 말은 우리들 장삼이사들의 평범한 말일 수도 있고, 불경의 구절일 수도, 코란의 구절일 수도 있다. 논어 맹자나 도덕경의 구절일 수도 있다. 듣는 이의 심금을 울리는 말은 어떤 것이든 '영혼의 말'이라고 할 수 있을 것이다. 우리는 진정 감동의 순간을 맞아 나의 본질을 보여주거나 남을 설득하려고 할 때 바로 이 '영혼의 말'을 사용하려고 한다.

'말'이란 무엇인가? 13세기 신성로마제국의 황제 프리드리히 2세는 '말'이 어떻게 생겨난 것인지 궁금했다. '인간의 타

지구가 달의 표면 위로 떠오르는 Earth Rising 장면이다. 출처: NASA

고난 언어란 무엇인가?' 그는 실험을 통해 결과를 알고자 했다. 갓 태어난 아기 6명을 방에 넣어놓고 유모들에게 일체 말을 걸지 못하도록 한 것이다. 외부의 영향을 일체 받지 않으면 본래의 타고난 언어가 아기들에게서 나타나리라고 본 것이다. 황제는 아기들이 당시로선 가장 고상한 말로 여겨지던 라틴어나 희랍어를 사용하게 될 줄로 생각했다고 한다. 그런데 아기들은 날로 쇠약해지다가 모두 죽고 말았다.

이것은 커뮤니케이션 즉 의사소통의 중요성을 강조하는 예로 흔히 인용되는 예화다. 아기들은 단지 말을 배우지 못했다고 죽은 것은 아니다. 짐승들은 새끼를 키우는데 말을 하지 않는다. 말은 고등 생물인 인간만이 할 수 있는 것이니까. 하지만 짐승의 어미는 새끼들과의 끊임없는 스킨십을 통해 심리적 안정감을 주고 새끼는 어미의 품에 의지해 건강하게 자라난다. 스킨십이라고 하는 비언어적 커뮤니케이션을 통해 어미와 새끼는 공감력을 확보하고 원초적인 사랑을 확인하고 나누게 되는 것이다. 스킨십을 통해 전해지는 어미의 사랑을 듬뿍 받아먹은 새끼는 건강하게 자라날 수 있지만 신성로마제국의 실험용 아기들은 원초적인 커뮤니케이션, 즉 스킨십조차 나누지 못하자 생명을 잃고 만 것이다. 생명이 처음 세상에 나와 접하는 원초적 커뮤니케이션은 어미와의 스킨십이고 이를 통해 전해지는 것은 모성애 즉 사랑이다. 사랑을 먹고 자라는 생명은 건강하지만, 사랑을 받아먹지 못한 생명은 삶이 어려울 수밖에 없다. 하물며 원초적 스킨십을 넘어 고차원의 언어로 정신적 사랑까지 갈구하는 인간의 삶에서는 더 말할 것도 없다.

고등 생물인 인간은 짐승은 구사하지 못하는 언어, 즉 말을 사용한다. 고래가 약 90여 가지의 단어를, 코끼리도 50여 가지의 신호를 사용한다고 하지만 언어라고 할 수는 없다. 언어, 즉 말은 고등 생물 인간만이 구사할 수 있는 인간의 전매특허다. 그래서 인간은 짐승에게는 없는 영혼이 있다고 스스로 자부한다. 영혼은 말을 통해 깨어나고 말을 먹고 자라며 또 말로 인해 파괴된다. 말은 인간의 영혼을 지배하는 것이다. 신성로마제국의 아기들에게 유모들이 말을 건넸다면 아기들은 생명을 유지하며 자라났을 것은 물론 아기들의 영혼도 깨어났을 것이다. 말은 인간에게 육체적인 생명을 유지하는 수단이자 나아가 영혼을 깨우는 도구다. 인류는 말을 통해 사회를 형성하고 사상을 만들고 종교와 이념, 문명을 창조했으며 문화를 만들어 대대로 전해 왔다. 인류의 역사는 바로 말에 의해 창조된 것이다. 그래서 양의 동서, 시대의 고금을 불문하고 말의 중요성에 대해 강조하지 않은 성현과 시대가 없었다.

불교의 '말'

말에 대해 일반인들이 가장 널리 알고 있는 격언이 있다면 '웅변은 은이고 침묵은 금이다(Speech is silver, silence is gold)'일 것이다. 인생을 조금 살아본 사람이라면 누구나 칼라일(Thomas Carlyle 1795~1881)의 이 말에 고개를 끄덕일 것이다. 말을 해서 이득을 보기보다는 오히려 손해를 보는 일이 얼마나 많았던가? 일찍이 부처님이 말에 대해 극도의 경계심을 보인 것도 이 때문일 것이다. 붓다가 영산회에서 설법을 하며 말없이 연꽃을 꺾어 들고 주위를 둘러보았을 때, 제자인 가섭존자(마하가섭)는 말하는 대신 빙그레 웃기만 해서 붓다의 10대 제자 가운데 제일의 위치에 오르게 된다. 불가에서 말하는 이른바 염화미소(拈華微笑)다. 진리는 말로 하지 않고 마음에서 마음으로 전한다는 것이다. 말을 하지 않음으로써 말의 중요성을 역설적으로 강조한 것이라고 할 것이다. 말이 하잘것없는 것이기에 하지 말라는 것이 아니라 말이란 너무나 중요하기 때문에 함부로 말해서는 안 된다는 것이다. 물론 그 중요함조차 말로써는 제대로 설명할 수 없다. 즉, 말이란 결코 완전한 것이 아니기에 어떤 말로도 진리의 본체를 말할 수 없으며 그래서 말하는 순간 진리의 참 모습이 흐트러진다는 것이다. 그러니 말로써 진리의 참 모습을 제대로 전할 수 없다면 차라리 말을 하려고 들지 말고 진리의 본체로 바로 다가서라는 것이다. 이것이 구도의 방법으로 제시되는 이른바 선(禪)이다. 즉 도(道)는 글이나 말로 얻어지는 것이 아니라 명상을 통한 깨달음으로 얻어진다는 것이다. 수행과 정진으로 번뇌를 끊어낼 때 체득할 수 있는 것이 불교에서 말하는 법이요 진리다.

우리나라 불교에는 이런 선불교의 전통이 유독 강하다. 그래서 중국으로부터 불교를 받아들이면서도 돈오점수(頓惡漸修 수행과 정진을 통해 점진적으로 깨달음을 얻는다는 교리)를 주장한 신수의 북종선보다는 돈오돈수(頓惡頓修 도는 한순간의 큰 깨달음을 통해 얻는다는 교리)를 강조한 혜능의 남종선을 더 중시하게 됐다. 불교에서 전해오는 유명한 조사선의 일화를 살펴보면 말을 꺼리는 이런 전통이 얼마나 확고한 것인지 놀라울 정도다. 중국 선불교의 2대 조사로 일컬어지는 혜가가 초조(初祖)인 달마를 찾아 진리에 대해 물었을 때, 달마가 대꾸를 하지 않자 혜가는 자신의 왼팔을 잘랐다고 한다. 눈 속에서 사흘을 꿇어앉아 도를 구했음에도 반응이 없자 극한의 행동으로 구도의 간절함을 표현한 것이다. 구도를 위해 목숨을 걸었다는 예화지만 동시에 말은 해봤자 소용이 없다는 것을 나타내는 전설이다. 여기서 혜가의 행위는 입 밖으로 내지는 않았으되 가장 강렬한 말을 한 것으로 볼 수 있을 것이다. 말은 함부로 해서는 안 된다는 것을 강조함으로써 그만큼 말의 중요함을 나타내는 이런 역설적인 예화들은 조사선의 전설로 내내 이어져 온다. 3조 승찬, 4조 도신, 5조 홍인, 6조 혜능에 이르기까지 설화처럼 여겨지는 갖가지 일화가 전해져 온다.

혜능의 손제자 격인 마조 스님은 수행과 정진을 중시해서 수시로 좌선을 하며 구도 정진에 몰입했다. 그러자 스승인 남악 회양이 무엇을 하러 좌선을 하느냐고 물었다. 마조는 부처가 되려고 한다고 대답했다. 그러자 회양은 갑자기 기왓장을 들어 바윗돌에 갈기 시작했다. 마조가 '스승께선 왜 기왓장을 갑니까?'고 묻자 회양은 '기왓장을 갈아 거울을 만들려고 한다'고 답했다. 그러자 마조는 '기왓장을 간다고 거울이 되지 않는다'고 했다. 이에 회양은 '좌선을 한다고 부처가 되지 않는다'고 답했다. 유명한 마전성경(磨磚成鏡)의 일화다. 말을 하는 것보다 행동으로 보여주는 것이 훨씬 효과적임을 나타내 주는 일화지만 이 역시 그러므로 말을 어떻게 해야 하는가 하는 과제를 던져준다.

마조는 그 수하에 입실 제자만 139명으로 모두 일방의 종장이 되는 수많은 선사들을 길러내는데, 어느 달 밝은 밤에 3대 제자라고 할 수 있는 백장회해와 남전보원, 서당지장 세 명의 제자를 거느리고 '달이 이렇게 밝은데 무얼 하면 좋겠는가?'고 물었다. 이에 지장은 '공양하기 좋습니다'고 했고 회해는 '수행하기 좋습니다'고 했다. 하지만 남전은 아무 말 없이 소매를 떨치고 나갔다. 그러자 스승 마조는 '경(經)은 지장에게 돌아가고 선(禪)은 백장에게 가는데 남전만이 홀로 형상을 벗어났구나' 했다고 한다. 이 역시 말하는 것보다 말하지 않는 것이 백 번 나음을 보여주는 불교의 유명한 일화다. 남전은 말을 하지 않았지만 행동으로써 훨씬 더 강력한 말을 한 셈이다.

이 남전스님이 고양이의 목을 벴다는 남전참묘(南泉斬猫)의 일화도 있다. 어느 날 동당과 서당의 스님들이 고양이에게도 불성(佛性)이 있느냐를 두고 서로 싸우는 일이 벌어졌다.(서로 자기 고양이라고 싸웠다는 속설도 있다.) 그러자 남전은 한 손에 고양이의 목을 잡고 다른 손에는 낫을 들고 외쳤다. "그대들이 진리를 말하면 고양이는 살지만, 말하지 못하면 고양이를 베리라." 아무도 대답하는 이가 없자 남전은 가차 없이 고양이를 두 동강 내 버리고 말았다. 살생을 금하는 불교에서 스님이, 그것도 명망 높은 선사가 스님들 면전에서 고양이의 목을 벤 것이다. 나중에 외출에서 돌아온 제자 조주(趙州)에게 남전은 이를 다시 물었다. 그러자 조주는 신을 벗어 머리에 이고 나갔다고 한다. 그러자 남전은 탄식을 했다. "조주가 있었더라면 고양이를 살릴 수 있었을 텐데…"

불가(佛家)에서는 이 일화에 대해 스님들의 논쟁은 분별과 시비라는 견고한 인식의 틀에 갇혀서 다투는 것이라며 남전은 바로 이런 사람들의 인식의 감옥, 즉 집착이라는 기존 관념을 깨뜨리기 위해 고양이를 죽이는 극악한 방편을 썼다고 풀이한다. 그럼 여기서 신을 머리에 이고 나간 조주선사의 행동은 무엇을 나타낸 것인가? 발에 신어야 할 신을 머리에 이고 나갔으니 참으로 말도 안 되는 행위라는 뜻을 내보인 것이다. 즉, '고양이에게 불성이 있느냐 없느냐가 무에 그리 중요하냐? 쓸데없는 일로 다투지 말고 공부나 열심히 하라'는 말을 조주는 이렇게 표현한 것이라고 할 것이다. 불가에선 이를 '사람들이 시비분별에서 벗어나 자기의 본성을 보라는 웅변'이라고 풀이한다. 참다운 깨달음과 해탈이 여기서 비로소 일어난다는 것이다.

이처럼 남전에게 배우고 남전의 허를 찔렀던 조주선사의 이후 일화는 더욱 극적이다. 한 객승이 찾아와 '달마가 서쪽에서 온 까닭이 무엇입니까'라고 물었다.[1] 조주는 '뜰 앞의 잣나무이니라'고 답한다. 객승이 다시 '불(佛)이란 무엇입니까?'라고 묻자 조주는 '전에 여기 온 일이 있는가?'고 되물었다. 객승이 '없다'고 하자 조주는 '차나 마시고 가게' 한다. 다른 이가 찾아와 '법(法)이란 무엇입니까?' 했다. 조주는 또 '전에 온 일이 있는가?' 하자 이번에는 '있습니다'란 답변이 나왔다. 이에 조주

1 '달마가 서쪽에서 온 까닭은?', 이 물음은 불가에서 진리란 무엇인가를 비유적으로 묻는 질문이다.

는 역시 '차나 마시고 가게' 했다. 이에 옆에 있던 시자 스님이 '스님은 어찌하여 왔던 사람에게도, 안 왔던 사람에게도 똑같이 끽다거(喫茶去 차 마시고 가라)만 하십니까?'하자, 조주는 시자에게도 역시 '차나 마시고 가라'고 했다 한다. 유명한 '끽다거' 선문답이다. 불가는 이를 두고 조주선사는 '관념에 사로잡혀 말귀를 못 알아듣는 대중에게 공부가 더 된 다음에 오라'고 꾸짖는 것이라고 한다. 과연 이 풀이가 맞는 것인지는 누구도 모른다. 다만 말하는 것보다는 말하지 않음으로써, 정작 자신이 하고 싶은 말을 전한다는 비언어적 소통의 전범이라 할 만한 예화들이다.

불가는 이처럼 말을 극도로 조심하고 경계했다. 그래서 '구업(口業)을 쌓지 말라'고 했다. 그것은 말을 우습게 여겼다기보다는 말이 갖고 있는 엄청난 위력을 인식하고 말을 잘못했다가는 본질이 흩어지고 의도가 왜곡되며 나아가 예기치 않은 부작용을 일으킬 수 있음을 경계했기 때문이라고 본다. 붓다가 연꽃을 꺾어 들고 조용히 제자들을 둘러보았을 때, 그가 전하고 싶었던 많은 메시지 가운데는 이런 말의 힘을 강조하면서 말의 부작용을 경계하는 의도도 포함하고 있었을 것이다.

언어 기호학의 '말'

말이 그 이름으로 지칭되는 본질을 흩뜨릴 수 있다는 이런 생각은 20세기 언어 기호학에 와서 보다 체계적으로 정립된다. 기호학의 태두라고 할 수 있는 소쉬르는(Ferdinand de Saussure, 1857~1913) 말에는 기표(signifiant)와 기의(signifie)의 속성이 있다고 구별해 제시했다. 기표(signifiant)는 말이 갖는 감각적 속성으로, 예컨대 '서울'이라는 말에서 "서울"이라는 문자와 [seo-ul] 이라는 음성을 말한다고 했다. 기의(signifie)는 이 기표에 의해 의미되거나 표시되는 서울의 이미지와 서울이라는 개념 또는 의미 내용이다. 한국의 수도이며 한성백제부터 이어온 2천 년의 고도이자 현대적 건물로 가득 찬, 그러나 교통체증과 대기오염, 주택난이 심하고 복잡한 대도시 등등 서울이 갖고 있는 모든 개념은 기의(signifie)에 들어있다는 것이다. 따라서 말하는 사람이 '서울'이라고 했을 때, 기표는 듣는 이에게 정확히 전달됐을지라도 그가 말하고자 하는 기의(sinifie)가 현대적 도시의 서울인지 아니면 한성백제부터 이어져 온 고도 서울인지, 한강이 흐르는 쾌적한 도시를 나타낸 것인지 또는 교통체증과 대기오염이 심각한 대도시를 뜻하는 것인지는 분명하지 않을 수 있다는 것이다. 말하는 사람이 듣는 이에게 자신이 말하고자 한 기의를 전하기 위해서는 좀 더 많은 부연 설명을 해야 하는데 이게 복잡하고 정확하지 않을뿐더러 아무리 설명해도

'서울'이라는 기표가 갖는 수많은 기의를 정확하게 전달하기 어렵다는 것이다. 즉 불가에서 진리의 본질은 말로서는 정확히 전달하기 어렵다고 하는 것과 같은 의미라고 하겠다. 언어학에서는 기표와 기의를 하나로 묶어 기호(記號, signe 사인)라고 하는데, 그래서 이를 주 연구 대상으로 다루는 분야를 언어 기호학 내지는 기호학이라고 한다.

말의 중요성은 현대 철학으로 올수록 더욱 강조된다. 20세기의 위대한 철학자로 꼽히는 비트겐슈타인은(Ludwig Josef Johann Wittgenstein, 1889.4~ 1951.4) '나의 언어의 한계는 나의 세계의 한계다(The limits of my language are the limits of my world).'라는 유명한 말을 남긴다. 논리학과 수리철학, 심리철학을 연구하던 이 위대한 천재는 종국에는 언어철학에 심취해 말의 속성을 천착하고선 '인간의 인식이란 결국 말로 표현할 수 있는 사유의 세계를 벗어날 수 없다'는 명제를 남겼다. 현대 영국의 문학과 지성을 대표하는 아이리스 머독(Iris Murdoch, 1919.7~1999.2)은 말년에 자신의 치매와 싸우며 "언어는 사고(思考)와 연결돼 있다(Language is connected to thought)"고 강조한다.

20세기의 현대 철학이 말의 중요성을 강조하고 기호학은 말의 속성을 간파하고 구별을 시도했지만, 동양에서는 붓다뿐 아니라 2천5백 년 전 중국에서도 말의 한계와 그 다층적 속성을 간파하고 있었다. 총 81장 5,000여 자로 구성된 노자의 도덕경은 첫 구절(1장 1절)을 이렇게 시작한다.

道可道 非常道 名可名 非常名(도가도 비상도 명가명 비상명). 얼핏 해석이 쉬울 것 같은 이 한 구절에는 바로 기호학에서 말하고자 하는 말의 기표와 기의에 대한 속성과 구별이 다 들어 있다고 할 수 있다.

물론 도덕경은 그 자체로 지난 2천여 년간 논쟁의 대상이었다는 점에서 얼마든지 필자의 견해와는 다른 해석이 나올 수 있다. 도덕경 그 자체를 놓고도 수많은 학자와 논설의 대가들이 다른 주장을 펼치고 시시비비를 가리며 다퉈왔다. 내용을 논하기 앞서 우선 노자가 실존 인물인지부터가 지금도 쟁론거리다. 그렇기에 '도덕경은 과연 누가 쓴 것인가? 도덕경은 도대체 무엇을 논한 글인가?'까지 지금도 논란이 분분하다. 필자는 여기서 박학 비재의 어쭙잖은 지식을 가지고 이 거창한 논쟁에 끼어들 생각은 추호도 없다. 다만 유가의 사서오경 등에 밀려 한때는 성리학자들에게 사문난적의 불온서적 취급을 받기도 했지만, 동양 사회에서 2천 년을 이어오며 지성인들의 심금을 울려온 책이기에 그런 금언서의 첫 구절에서 말의 중요성과 그 한계에 대해 설명했다는 사실이 무엇보다 필자의 눈길을 끌었고 그래서 잠시 짚어 보려는 것일 뿐이다.

道可道 非常道 名可名 非常名
(도가도 비상도 명가명 비상명)

—

우리나라에서 노자의 해설은 『노자와 21세기』라는 책을 내고 각종 방송에 서 강의한 도올 김용옥이 가장 널리 알려져 있다. 도올의 해석이다. '도를 도라고 말하면 그것은 늘 그러한 도가 아니다. 이름을 이름 지우면 그것은 그러한 이름이 아니다.' 81장 5천 자를 관통하는 첫 문장인 만큼, 노자는 중요한 무언가를 얘기하고 있을 것이지만 도올의 설명을 들어보면 아쉽게도 뜻이 선명하게 이해되지 않는다. 물론 도올의 해석은 과거의 많은 주해와 해석을 참고한 것이기에, 도올을 탓할 수만은 없다. 하긴 도덕경을 기를 수련하는 경전으로 또는 '무위자연(無爲自然)'이란 말에 주목해 신선사상에 관한 도술서쯤으로 여기는 해석이 많았으니, 오리무중 같은 해설은 어쩌면 당연할지도 모른다.

나는 노자의 도덕경은 국가 지도자가 갖춰야 할 '리더십 이론서'라는 말에 동의한다. 그래서 여기서는 이 주장을 전개한 이경숙의 해석을 소개하고자 한다.[2] 이경숙은 도올의 해석을 비판하며 '可'자는 '무엇을 할 수 있다', '해도 좋다'는 뜻을 가

2 이경숙, 노자를 웃긴 남자, 자인, 2000. 이경숙은 도올을 신랄히 비판함으로써, 스스로에게도 신랄한 비판을 초래했으나 해석의 탁월함은 부인키 어렵다.

진다고 풀이한다. 따라서 '도가도'라는 말은 '道를 道라고 하는 것은 가능하다', 또는 '道를 道라고 할 수도 있다'는 말이라고 설명한다. 즉 도덕경의 첫 여섯 글자 '도가도 비상도(道可道 非常道)'는 노자가 지금부터 설명하려고 하는 그 ['무엇'의 이름을 '道'라고 붙이겠다. 그러나 그 '무엇'의 이름이 꼭 '道'여야만 하는 것은 아니다]라고 설명하고 있다는 것이다. 이경숙은 이에 덧붙여 그 '무엇'의 이름을 '깨달음'이라 해도 좋고 '섭리'라 해도, 또는 '법칙'이라 해도 좋다는 뜻이라고 설명한다. '그냥 이름을 붙이다 보니 道라 했을 뿐 여기에 무슨 심오한 뜻이 있는 것이 아니다'라는 것이 노자의 설명이라는 것이다.

이경숙은 그다음 구절 '名可名 非常名'은 도가도 비상도(道可道 非常道)를 부연해서 설명하는 것이라고 풀이한다. "(어떤)이름으로 이름을 삼을 수는 있지만 반드시(꼭) 그 이름이어야 할 필요는 없지 않느냐"라는 말이라는 것이다. 사과나 애플이나 능금이나 이름을 어떻게 붙이든 그 가르치는 대상이 하나의 약속으로 받아들여지면 좋지 않은가라는 말이다. 눈밝은 독자들은 벌써 감을 잡았겠지만 바로 이 대목이야말로 현대 기호학에서 말하는 기표와 기의를 구분해 설명한 대목이다.[3] 어떤 사

3 이경숙은 최종적으로 道可道 非常道 名可名 非常名을 이렇게 해석한다. 도(는 그 이름을)를 도라고 해도 좋겠지만(道可道), (그 이름이)꼭(항상) 도이어야 할 필요는 없다(非常道). (어떤)이름으로 (어떤 것의)이름을 삼을 수는 있지만(名可名), 꼭(항상) 그 이름이라야 하는 것은 아니다(非常名).

물이나 관념을 이름 붙인 대로 부르지만 이름이 그 속성을 정확히 표현한 것은 아니라는 것이다. 즉 겉에 붙인 이름(名)에 주목하지 말고, 이름(名) 속에 있는 그 속성을 보라는 것이다.

'말'(이름)의 불완전성을 경계하며 연꽃을 꺾어들고 빙그레 웃은 붓다의 행위가 나타내고자 한 의미를 노자는 이렇게 표현한 것이라고 하겠다. 노자가 도덕경을 시작하면서 말의 기호학적 이중적 성격을 설파한 것에 대해 이경숙은 이렇게 해석한다.

"도를 본격 논의하기 앞서 道의 본질과 道라 부르는 형상(관념)의 차이를 설명하려는 것"이라고 풀이한다.

좋다·나쁘다, 크다·작다, 높다·낮다 등의 말은 인간들이 인위적으로 비교하여 만들어낸 상대적 개념이며, 이런 개념들로는 도(道)를 밝혀낼 수 없다는 것이다. 즉 말은 상대적 개념들의 집합체이기에 말로서는 본질에 접근하기 어렵다는 것을 설파하며 말에 대한 경계심을 드러낸 것이라는 설명이다.

말에 대한 경계는 굳이 2,500년 전의 붓다나 노자를 들먹이지 않아도 지금 이 시대 우리 주변에도 수없이 많다. '말하는 것을 배우는 데는 2년이 걸렸지만, 말하지 않는 것을 배우는 데는 60년이 걸렸다'고 말한 사람도 있다. 삼성의 창업주 호암 이병철이 한 말이다. 호암은 그의 회고록에서 다음과 같은 일화를 소개하며 말에 대한 경계심을 나타냈다. 매일 오후 3시쯤이면 찰떡 두 개를 간식으로 먹던 호암이 어느 겨울날은 비서실에 '오늘은 감자를 먹고 싶다'고 했다 한다. 그런데 시간이 꽤 지났는데도 도무지 반응이 없어 속으로 은근히 짜증이 났는데, 퇴근 무렵이 다 되어서야 비서가 삶은 감자 두 개를 가져 오더라는 것이다. 호암은 아차 싶었다고 한다. 자신이 의도한 것은 감자가 아니라 귤이었는데, 호암은 고향 의령에서 부르던 말대로 귤을 감자라고 얘기한 것이었다. 삼국지에 보면 양자강 이남에서 생산되던 귤을 감저(甘藷)라고 부르는 대목이 나오는데, 조선시대에도 일부 지방에선 귤을 감저라고 불렀던 모양이다. 호암은 1910년 2월 조선이 망하기 전에 태어났으니 조선시대 사람인 것은 분명하다. 어쨌든 삼성 비서실에선 서울시내 시장을 모조리 뒤졌으나 겨울에 감자를 구하기가 어렵자 강원도까지 수소문해서 회장님 퇴근 시간 전에 간신히 감자를 구해서 삶아 드렸던 것이다. 호암은 자신이 무심코 던진 말에 비서실이 발칵 뒤집혔음을 눈에 보듯 선하게 떠올리고는 말 한마디의 중요성을 새삼 곱씹었다고 한다. 같은 기업인으로서 이병철보다 최소 수백 배는 돈을 더 벌었던 록펠러(John D. Rockerfeller, 1839~1937)는 '귀는 열고 입은 닫으라'고 했다. 두 사람 모두 리더의 말이 어떠해야 하는지를 일깨우는 대목이다. 이는 나중에 더 살피기로 한다.

성서의 '말'

말의 불완전함을 깨닫고 그 중요성을 역설적으로 강조한 것이 붓다와 노자의 가르침이라면, 말의 중요성에 대해 정면으로 강조한 사람은 예수였다. 예수는 사랑과 용서를 가르치고 인내와 관용을 강조했지만 말에 대해서만큼은 엄중한 경고를 남겼다. 예수는 '사람이 무슨 무익한 말을 하든지 심판 날에 이에 대하여 심문을 받으리니, 네 말로 의롭다 함을 받고 네 말로 정죄함을 받으리라'[4]고 했다. 어느 신학자는 이에 대해 평소 온화한 얼굴로 복음을 전하던 예수가 이때만큼은 정색을 하고 경고한 것이라고 했다. 이게 무슨 뜻일까?

서울올림픽이 열리던 1988년 10월, 세계 최고의 암 치료 전문병원인 텍사스 의과대 MD 앤더슨의 심장학 전문의였던 스미스 박사가 우리나라에 왔다. 그는 2주간을 머물며 12번 강연에 나섰다. MD 앤더슨 교수직을 사직하고 7년간 세계 160개국을 다니며 강연하던 중이었다. 그는 무엇 때문에 선망의 직장을 버리고 지구촌을 돌며 강연에 나선 것일까? MD 앤더슨 교수 시절, 그는 강의 중에 심장쇼크로 정신을 잃었었다. 의식이 혼미해지는 와중에 신비한 경험을 하는데, 자신의 영이 떠오르면서 본인이 쓰러진 모습을 보게 되더라는 것이다. 사

4 신약성경, 마태복음 12장 36~37절

람들이 놀라고 의사들이 급히 달려와 심폐소생술을 하고 나중엔 자신의 아내도 달려와 울며 매달렸지만 결국에는 의사가 흰 천을 자신의 발끝에서부터 머리 위로 덮더라는 것이다. 자신은 위에서 그 모습을 내려다보고 있다가 어느 순간 그 방을 나서게 되자 긴 복도 끝에 빛이 나는 문이 있어 그 문을 나서게 됐다고 한다. 그러자 그 앞에 여섯 명의 사람들이 앉아 있었다. 놀라운 것은 그 한 사람 한 사람이 자신에게 질문을 하는데 그 질문이 똑같더라는 것이다. '너 살아서 무슨 말을 했느냐?' '너는 살아 있는 동안 무슨 말을 했느냐?' 네 번째 사람까지 똑같은 질문을 하는데, 그 질문을 받는 순간 과거 자신이 했던 말들이 주마등처럼 환하게 떠오르더라는 것이다. 자신은 아무런 생각도 없이 그저 툭 내뱉은 말이었는데 그 말을 들은 자신의 아내가 주방으로 달려가 혼자서 우는 장면이 많더라고 했다. 신혼 첫날밤에도 그런 장면이 있었고 특히 힘든 수술을 마치고 집에 오는 날이면 신경이 날카로워져서 그랬는지 그런 일이 수차례나 반복되더라고 했다. 자신은 아내를 정말 사랑했다고 생각했는데 그저 무심코 내뱉은 말이 사랑하는 사람에게 비수가 되어 상처를 줬다는 사실을 그 사람들의 질문을 받고서야 비로소 깨달았다는 것이다. 네 번째 사람이 질문을 마치더니만 당신은 아직 여기 올 때가 안된 것 같다며 다시 돌아가라고 했다 한다. 그 말을 듣고 나서 스미스 박사는 실제로 의식을 잃은 지 4시간 만에 깨어났다고 한다. 이후 스미스 박사는 병원을 사직하고 전 세계를 다니며 강연을 시작했다. “여러분 죽으면 심판을 받습니다. 6명의 심판관 중 4명은 같은 질문을 합니다. 그 질문은 ‘살아서 무슨 말을 했느냐?’하는 것입니다.” 스미스 박사는 이 말을 전하려고 우리나라에까지 왔던 것이다. 바로 2천 년 전에 예수가 정색을 하고 했던 말, ‘심판날에 심문을 받으리니 네 말로 의롭다 함을 받고 네 말로 정죄함을 받으리라’는 그 말이 실제로 일어난다는 사실을 알려 주려고 온 것이라 했다. 무슨 말을 하든지 그 말에 따라 죽어 천당에 갈지 지옥에 갈지가 결정된다는 것이다. 기독교를 믿든 안 믿든, 참으로 무서운 말이 아닌가?

나는 아마 그래서였을 것으로 생각한다. 말의 중요성에 대해 유달리 성서가 강조한 이유 말이다. 구약의 창세기에는 하나님이 말씀으로 천지를 창조했다고 했다. 신약에선 아예 말이 곧 하나님이라고 했다.

> ‘태초에 말씀이 계시니라 이 말씀이 하나님과 함께 계셨으니 이 말씀은 곧 하나님이시니라. 그가 태초에 하나님과 함께 계셨고, 만물이 그로 말미암아 지은 바 되었으니, 지은 것이 하나도 그가 없이는 된 것이 없느니라. 그 안에 생명이 있었으니 이 생명은 사람들의 빛이라’ (요한복음 1장 1~4절)

성서는 하나님이 자신의 형상으로 인간을 만드셨다고 했다.

그리고 생명을 불어 넣으셨다고 했다. 말하자면 인간에게 하나님 자신과 같은 속성을 가지도록 만든 것이다. 이 말이 맞다면 하나님이 말로 천지를 창조하신 것처럼 인간도 말로 자신의 세상을 창조할 수 있다. 실제로 사람이 선한 말을 할 때 그를 둘러싼 세상은 선한 세상이 되고 사람이 악한 말을 할 때 그가 만들어내는 세상은 악한 세상이 된다. 즉 인간은 자신의 선택에 따라 행복한 세상을 만들기도 하고 불행한 세상을 만들 수도 있다. 자신이 속한 세계를, 즉 자신의 운명을, 인간은 말로써 자유의지에 따라 행복한 것으로 만들 수도 있고 불행한 것으로 만들 수도 있는 것이다. 그게 '말'이다.

인간은 누구나 자신의 운명을 자신이 결정할 수 있는 하나님 같은 존엄성과 주체성을 가진 것이고 이를 '말'로 만들어 가는 것이다. 그렇기에 요한복음의 기록자는 말이 곧 하나님이라고까지 한 것이다. 바로 여기에 '말'의 위대함이 있다고 할 것이다.

2장

'말'의 종류

말의 네 종류

카멜레온 효과(Chameleon effect)

경청(傾聽)의 효과

피그말리온 효과(Pygmalion effect)와 골렘 효과(Golem effect)

'말'의 종류

사람은 누구나 한 번 뱉었던 말로 인해 후회해 본 경험이 있다. 어린 시절에도 그렇고 어른이 돼서는 물론 노인이 돼서도 그런 경우들이 종종 있다. 다만 현명한 사람은 나이가 들면서는 그런 일이 줄어든다. 그래서 '침묵은 금'이라는 식의 금언들은 지금도 쏟아지고 있다.

역경(易經)에는 '훌륭한 사람일수록 말이 적고 가벼운 사람일수록 말이 많다'는 구절이 있다. '내면의 수양이 부족한 자는 말이 번잡하고 마음에 주관이 없는 자는 말이 거칠다'(內不

足者 其辭煩 心無主者 其辭荒)는 말도 있다.[5] 미국의 30대 대통령을 지낸 캘빈 쿨리지는 대단히 과묵했다고 한다. 누군가 그에게 왜 그리 말이 없느냐고 물었더니 "말하지 않은 것에 대해서는 해명할 필요가 없다는 사실을 나는 일찍이 배웠기 때문"이라고 답했다. 이처럼 말이 부르는 재앙을 경고한 예화는 책을 쓰고도 남을 정도다. 하나만 더 살펴보자. 당나라 시대 재상 풍도(憑道)는 설시(舌詩)에서 '입은 재앙을 부르는 문이요(口是禍之門) 혀는 몸을 베는 칼(舌是斬身刀)'이라고 했다. 그래서 '입을 닫고 혀를 깊이 감추면(閉口深藏舌), 가는 곳마다 몸이 편안하다(安身處處宇)'고 했다. 백번 맞는 말이다. 풍도는 중국사에서 몇 안 가는 정치적 혼란기였던 당나라 말기에서 5대 10국까지 다섯 왕조 동안 11명의 임금을 섬기며 살았다. 그러니 이런 말을 함은 어쩌면 당연하다.[6]

마찬가지로 붓다나 이병철, 록펠러가 경계한 것은 잘못된 말이나 쓸데없는 말을 하지 말라는 것이지 아예 말을 하지 말라는 뜻은 결코 아니다. 붓다도 노자도 예수도 이병철도 수없이 많은 말을 했고, 심지어 말을 기록으로 남기기까지 했다. 그 말의 기록으로 인해 오늘날 위대한 성인으로, 또 불세출의 기

5 이기주, 말의 품격, 황소북스, 2019, p 137. 조선후기 성대중이 지은 '청성잡록'에 나오는 글귀다.

6 이기주, 말의 품격, 황소북스, 2019

업인으로 추앙받고 있다. 그럼 그들은 어떤 말을 했고 대신 어떤 말은 하지 않았는가? 붓다는 자비와 깨달음을 강조하고 이에 대해 수많은 말을 쏟아냈으며, 예수는 사랑과 용서를 누누이 강조했고 혼신의 힘을 기울여 인간의 구원을 말했다. 노자는 지도자의 덕목에 대해 열변을 토했고 이병철은 기업의 도전과 불굴의 노력을 입에 침이 마르도록 역설했다. 이들은 또 죄와 업을 짓지 말라고 강하게 질타했다. 악행을 쌓으면 지옥에 떨어진다고 경고했고 나태하지 말고 불굴의 노력으로 난관을 극복하라고 독려했다. 즉 이들 모두 하나같이 말의 중요함과 위험성을 경계하며 말을 조심하라고 했지만, 수많은 말을 쏟아냈고 그로 인해 후세에 길이 존경을 받고 있는 것이다. 그럼 이들이 하라고 한 말은 무엇이며, 해서는 안 된다고 한 말은 무엇인가?

나는 이것을 '생명의 말'과 '죽음의 말'로 부르려고 한다. 이들이 했던 말, 하고자 한 말은 생명의 말이되, 이들이 극도로 경계한 것은 죽음의 말이었다. 즉 생명의 말은 하면 할수록 좋은 것이지만, 죽음의 말은 해서는 안 되는 말이다. '말을 하는 것이 좋을까 안 하는 것이 좋을까?'란 우문에 대해 '생명의 말은 많이 하면 할수록 좋지만, 죽음의 말은 절대 해서는 안 된다'는 것이 지극히 당연한 답일 것이다. 여기에 죽음의 말까지는 아니지만 안 하느니만 못한 말, 즉 쓸데없는 말도 하는 것보다는 하지 않는 것이 좋다는 말을 덧붙이고 싶다. 탈무드에도 '귀는 친구를, 입은 적을 만든다'고 했다. '말 안 하는 걸 배우는 데 60년이 걸렸다'거나 '귀는 열고 입은 닫으라'고 한 말 등은 이 부분을 강조하고 싶었던 것으로 보인다.

말의 네 종류

말에 어떤 종류가 있음을 과학적으로 분류한다는 것은 어불성설이다. 그냥 편의에 따라 자의적으로 나누는 것이 솔직하고 타당한 변명일 것이다. 나는 여기서 치유상담 대학원대학교 총장이자 크리스천 치유상담 연구원의 정태기 원장의 분류를 따르고자 한다.[7]

정 원장은 말을 네 가지 종류로 구분한다. 첫째는 '입술의 말'이다. 그냥 입에서 나오는 말을 가리키는 것으로 쓸데없는 말들이다. 말하는 사람은 필요하다고 생각해서 하는 말이겠지만, 듣는 사람에게 전혀 영향을 미치지 못하는 말이다. 때로는 오히려 반감을 불러일으키기도 한다. 한마디로 잔소리다. 정태기 원장은 이 말의 대표적인 예로 부모가 자식에게 공부하라고 하는 말, 아내가 남편에게 술 좀 그만 마시고 일찍 집에

7 정태기, 내면세계의 치유 1.2, 상담과 치유, 2010. 여기서 드는 많은 예화들도 정태기 박사의 강의와 설교에서 인용한 것임을 밝혀둔다.

들어오라고 하는 말들이라고 한다. 정 원장의 말씀이 재미있다. 부모가 아이에게 'TV 좀 그만 보고 공부 좀 해라'고 했을 때, '방에 들어가 기쁜 마음으로 즐거운 마음으로 열심히 공부할 놈은 한 놈도 없다'는 것이다. 아내가 남편에게 입술의 언어로 '집에 좀 일찍 오라'고 말했을 때 '이 말을 듣고 집에 일찍 올 남편은 한 명도 없다'고 했다. 말하는 사람은 꼭 필요하다고 생각해서, 속이 타서 얘기하지만 듣는 사람에겐 전혀 영향력이 없는 말이다. 즉 효과가 전혀 없는, 쓸데없는 말이다.

두 번째 말은 '머리의 말', 지식의 언어다. 비록 지식은 전할 수 있지만 듣는 사람의 마음이나 행동에 변화를 부르지 못하는 말이다. 예를 들어 광화문에서 부암동으로 가는 길을 누군가에게 물었을 때 그 길을 가르쳐 준다면 그건 지식의 언어일 뿐이라는 것이다. 머리에서 나오는 말로 이 말을 듣고 고마움을 느낄 수는 있지만 감동까지 받기는 어렵다는 것이다. 물론 아주 단순한 질문이지만 단순히 길을 알려주는 데서 그치지 않고 자세하고 친절하게 설명하면서 진심으로 찾아가는 사람을 배려하는 마음으로 말하게 되면 듣는 사람은 뜻하지 않은 감동을 받을 수 있다. 이건 머리로 하는 말, 지식의 언어를 뛰어넘어 마음을 감동시키는 말로 승화된다.

세 번째 '가슴의 말'이 바로 여기에 해당된다. 한마디로 듣는 사람을 감동시키는 말이다. 이해와 공감의 언어다. 듣는 사람을 배려하고 진심으로 그 사람에게 다가가고자 하는 말이다. 앞에서 거론했던 두 가지, 입술의 말과 머리의 말에는 없던 즉, 듣는 사람의 처지와 기분을 고려해서 그 감정을 공유하려고 드는 공감의 언어다. 듣는 사람과 공감하기 위해서는 먼저 상대의 입장을 이해해야 한다. 아무리 논리적으로 설명이 안 되고 납득이 가지 않더라도 상대방은 왜 그렇게 생각하는지, 내가 모르는 어떤 배경이 있었기에 그렇게 생각하는지를 먼저 이해해야 한다는 것이다. 그리고 그 바탕 위에서 '아, 충분히 그럴 수 있겠구나. 나도 당신 같은 처지라면 그랬을 것이다'라고 감정을 공유하는 데서부터 시작되는 언어라고 할 수 있다. 상대의 처지를 이해하고 기분을 공유하게 되면 그 상대는 말하는 이에게 자신의 마음을 열어놓게 된다. 그리고 신뢰가 뒤따르게 된다. 이해와 공감으로 마음의 문을 열고 신뢰가 쌓이면 이제 두 사람은 어떤 말도 나눌 수 있고 서로를 의지할 수 있게 된다. 남들에게 쉽게 얘기하지 못하던 사사로운 얘기들, 성장기와 가정사의 부끄러운 기억, 마음의 상처 등등도 털어놓을 수 있게 된다. 즉 가슴의 언어, 이해와 공감의 언어는 상대의 마음을 열고 나를 믿게 만드는 말이다.

가슴의 언어는 감정을 공유하는 데서 시작된다. 그런데 이게 결코 쉽지 않다. 상대가 가진 감정, 딱 그만큼의 수준과 맞추라는 것이다. 만약에 이를 넘어서게 되면 머리의 언어, 심지어 입술의 언어로 전락할 수 있다. 자신은 가슴의 언어로 말했다고 생각하지만 상대는 딱딱한 지식의 언어나 심지어 반감을 사게 하는 잔소리로 들을 수 있다는 것이다. 예를 들어 초등학교 3학년 딸이 시험을 잘 봐서 기분이 신날 때, 딱 그 신나는 기분만큼만 말을 하라는 것이다. 신나는 딸에게 '더 잘할 수 있는데, 고작 이거냐?'라고 하거나 그래도 이보다는 낫다고 생각해서 '그래 이번에 잘했지만, 다음에는 더 잘하라'고 말하면 그것은 가슴의 언어가 아닌 입술의 언어, 머리의 언어로 전락하게 된다. 그런 말은 어린 딸의 신나는 감정을 순식간에 가라앉혀 버림으로써 그 아이의 잠재력을 키우기는커녕 가라앉게 만드는 말이 돼 버리고 만다. 아이가 기뻐하거나 신났을 때, 부모도 같이 기뻐하고 같이 신이 나서 하는 말로 '그래, 우리 00가 좋아하니까 아빠도 기쁘구나'라거나 '엄마도 엄청 신나네…'라고, 딱 여기까지만 하라는 것이다.

가슴의 언어는 특히 아이들의 정서발달에 큰 도움이 된다. 교육심리학에서는 아이들의 창의력 발달과 자신감 향상에 부모 형제 등 가족 간의 교감이 무엇보다 중요하다고 지적한다. 부모의 사랑을 듬뿍 받고 자란 아이들은 무엇보다 자신감이 충만하고 이에 따라 어떤 상황이 닥쳤을 때, 이를 스스로 해결하는 창의력이 높다는 것이다. 창의력이란 무엇보다 자신감에서 나오는 것이다. 어떤 경우든 늘 나를 든든하게 뒷받침해 주는 부모와 형제가 있다는 안도감이 자신감을 심어주고 이 자신감은 과감히 새로운 것을 시도해 보는 창의력으로 발전한다는 것이다. 우리 속담에 '똥개도 자기 안마당에선 한 수 먹고 들어간다'는 말이 있지 않은가? 바로 그런 자신감과 이에 바탕을 둔 창의력은 가족들이 들려주는 '가슴의 말'로 길러진다는 것이다.

가슴의 언어 밑바탕에는 이처럼 사랑과 믿음이 깔려있다. 아이를 이해하고 감정을 공유하려면 그 아이에 대한 사랑과 그 아이를 믿는 신뢰가 있어야 한다. 그렇기에 가슴의 언어는 사랑과 신뢰를 전하는 것이고, 이렇게 사랑과 신뢰를 먹고 자란 아이들은 자신감과 창의력을 바탕으로 당차고 지혜로울 수 있다. 그래서 어느 분야든 지도자가 되고 탁월한 능력을 발휘할 수 있게 된다. 부모의 사랑이야말로 아이들 인성(人性)의 그릇을 키우는 원천인데, 이 원천은 말을 통해 이해와 공감의 언어인 '가슴의 언어'를 통해 전달된다는 것이다.

가슴의 언어는 성인에게도 당연히 효력을 발휘한다. 나의 처지를 이해해 주고 공감해 주는 말을 듣게 되면 누구나 그런 말을 해주는 상대에게 호감을 갖게 되고 그 사람과 깊은 교분을 나누고 싶어 한다. 이해와 공감의 언어, 가슴으로 하는 말의 효력이다.

그런데 상대가 기뻐할 때나 신이 날 때, 그 기분을 공유하는 것은 쉬울 수 있지만 슬퍼할 때나 억울해할 때, 외로워할 때, 화가 나 있거나 무서워할 때 기분을 공감해 주는 것은 결코 쉽지 않다. 자칫 서투르게 그런 기분을 흉내 내려 들다가는 오히려 역효과를 낼 수도 있다. 그래서 가슴의 언어는 진정 가슴으로,

마음에서 우러나와야 한다. 그래야 상대는 내가 자신과 공감하고 있음을 느낄 수 있고 비로소 마음을 열 수 있다는 것이다.

이를 소통, 즉 커뮤니케이션(communication)적 관점으로 보면 입술의 언어는 소통이 되기는커녕 반감을 사는 경우다. 일방적인 의사 전달로서 결과는 오히려 반작용이나 역효과를 부르고 만다. 하는 것보다는 안 하는 게 오히려 나아서 안 하느니만 못한 격이다. 두 번째, 머리의 언어 즉 지식의 언어 역시 일방적 의사소통이다. 한쪽에서 다른 쪽으로 전해지지만, 정보의 흐름은 거의 일방향이고 대화 역시 일방향이다. 다만, 반감을 부른다거나 역효과를 초래하지는 않는다. 대개 이런 말은 논리적이거나 새로운 지식이기에 듣는 사람은 수긍을 할 가능성이 높다. 그러나 이 말에 공감을 하느냐는 별개의 문제다. 이해는 하지만, 공감까지 끌어내지는 못한다는 것이다. 말하자면 '당신의 말은 옳지만, 나는 동의하지 않는다'는 반응이 나올 수도 있다는 것이다. 그래서 머리의 언어에는 지식이 있을 뿐 감동은 없다. 세 번째, 가슴의 언어는 커뮤니케이션 관점에서 볼 때, 쌍방향의 소통이 되는 언어다. 반드시 상대로부터 반향이 온다. 그리고 그 반향은 말하는 사람과 공감을 하는 반응이다. 공통의 관심사가 찾아지고 그로 인해 대화가 지속되며 나아가 상대를 설득할 수 있는 언어가 된다. 그런데 이런 언어의 분류는 칼로 무 자르듯 정확하게 구분될 수 없다. 경계가 모호할 뿐만 아니라 똑같은 말인데도 듣는 사람에 따라 잔소리로 또는 감동으로 다가갈 수도 있다. 그래서 커뮤니케이션 기법이 중요하다. 똑같은 말이지만 대화의 방법에 의해 잔소리가 될 수도, 아무런 감흥을 주지 않는 말일 수도, 반대로 상대의 마음을 여는 가슴의 언어가 될 수도 있다.

네 번째로 분류할 수 있는 것은 '혼의 말'이다. 가슴의 말에 커뮤니케이션 기법이 더해진 말이라고 할 수 있다. 정태기는 '혼의 말'에 대해 '혼의 언어' 또는 '불의 언어'라고 했다. 어떤 고난도 이겨낼 수 있도록 듣는 사람에게 불굴의 의지, 불같은 혼을 심어주기 때문이라는 것이다. '혼의 말'은 그래서 고통을 기쁨으로, 슬픔을 감사로, 절망을 희망으로, 불행을 행복으로 바꿔주고 일시적인 패배를 최후의 승리로 변화시킨다고 한다. 시름과 고통으로 절망에 빠져 죽어가는 사람을 죽음의 강으로부터 건져내는 '생명의 말'이라고 할 수 있다. 그렇다면 대체 어떤 커뮤니케이션 기법이 더해져야 '가슴의 말'이 '혼의 말'로 승화되는 것일까?

이해와 공감의 언어, 즉 가슴의 언어만으로도 이미 듣는 사람은 마음을 열고 말하는 사람과 정서적 유대감을 갖게 된다. 하지만 그것만으로 그 사람이 오랫동안 가져온 고정관념이 바뀌거나 나아가 습관이나 행동이 변화되기는 쉽지 않다. 물론 가슴의 언어가 오래 쌓이면 이것으로도 오랜 습관과 행동을 변화시킬 수 있다. 이때 가슴의 언어는 오랜 숙성기간을 거쳐 혼의 언어로 승화된 경우가 될 것이다. 그런 점에서 혼의 언어가 만들어지는데 '시간의 축적'은 충분조건이 된다. 하지만 충분조건이 좀 부족하더라도 필요조건이 충분하면 질적인 변화를 일으킬 수 있는 것이 인간관계다. 커뮤니케이션 기법, 즉 대화의 방법은 가슴의 언어를 혼의 언어로 승화시키는데 필요조건이라고 할 수 있을 것이다. 이렇게 만들어진 혼의 말로 나누는 대화가 곧 영혼의 대화다.

혼의 말을 하는 커뮤니케이션 방법, 즉 대화의 기술은 말 위에 '그 무엇'이 더해질 때 비로소 시작된다. 즉, 말로 하는 소통(verbal communication) 뿐만 아니라, 비언어적 소통이(non-verbal communication) 부가될 때 말의 효과가 극대화되는 혼의 말이 되는 것이다. 이른바 '대화의 기술'을 가르치는 시중의 많은 책들이 Non-verbal communication의 중요성을 강조하는 이유가 바로 여기에 있다. 그런데 시중의 책들은 이를 주로 연애의 기술이나 비즈니스 대화 방법쯤으로 가르치고 있다. 남녀 간에 사랑을 얻는 것이나 거래를 성사시키는 일이 속물적이라고 비판받을 일만은 결코 아니다. 세상을 살아가는데 있어 이만큼 중요한 일이 어디 있는가? 그런데 Non-verbal communication은 단순히 세상사의 '삶의 기술'이라는 일차원적 수준에만 그치지 않는다. 이는 인간의 영혼을 구하는 고차원의 대화방식이 될 수 있다. 비언어적 소통을 가장 효과적으로 설명하는 것에 카멜레온 효과라는 것이 있다.

카멜레온 효과(Chameleon effect)

흔히 금슬이 좋은 부부는 닮는다고 한다. 오랜 세월을 함께 보내며 교감을 하고 같은 감정을 공유하다 보니, 똑같은 얼굴 근육을 반복해 사용하게 되고 그 결과 자연스레 근육과 주름 형태가 닮아가게 된다는 것이다.

1999년 미국 뉴욕대 심리학과의 타냐 차트랜드(Tanya L. Chartrand)와 존 바(John Bargh) 교수팀은 학생들을 대상으로 실험을 했다. 사람이 만나 대화를 나눌 때, 비언어적 요소가(non-verbal communication) 두 사람의 관계에 어떤 영향을 미치는가를 알아보려는 것이었다. 실험은 3단계로 진행됐다. 먼저 사전에 조교와 학생이 짝을 이뤄 대화를 나누게 하고 이를 눈치채지 못하게 비디오로 촬영해서 분석했다. 그 결과 30~50%의 학생들은 조교가 얼굴을 문지르거나 다리를 꼬거나 또는 미소 짓는 행동을 할 때 이를 따라 하는 것으로 분석됐다. 다음은 사전에 학생들의 공감능력을 측정해서 조교와 대화를 하게 하고 역시 비디오 촬영을 했다. 50명의 실험 대상 학생들의 행동을 분석했는데, 결과는 공감 능력이 높은 학생일수록 조교의 행동을 훨씬 더 많이 따라 하는 것으로 나타났다. 그다음 실험은 조교와 학생이 15분 동안 사전에 토론하게 함으로써 조교에 대한 호감도를 높이게 하는 실험이었다. 이때 실험에 참가한 학생은 70여 명이었는데 두 그룹으로 나눠서 A그룹은 조교가 티

나지 않게 학생의 행동을 모방하게 했다. B그룹은 조교가 학생들과 대화할 때 행동을 모방하지 않도록 했다. 결과는 A집단 그룹은 조교에 대한 호감도가 B그룹 학생들보다 15%가량 높게 나왔다. 이는 남녀간 성별의 차이와도 상관없이 일정하게 나타났다.

타냐 차트랜드와 존 바 두 교수는 실험 결과 '사람은 자신의 동작과 행동을 따라 하는 사람을 좋아하는 경향이 있다'고 결론 내린다. 여기서 나온 이론이 이른바 '카멜레온 효과'다. 카멜레온이 주위 환경에 따라 자신의 피부 색깔을 변화시키는 데에서 이런 이름을 붙인 것이다. 이 이론을 바탕으로 이른바 '대화의 기술'을 가르치는 시중의 책들은 '협상을 할 때 상대방의 몸짓을 티 안 나게 따라 하면 더 좋은 협상 결과를 얻을 수 있다'고 가르친다. 이를 원용해 음식점 종업원을 상대로 실험한 결과 종업원이 고객의 주문을 똑같이 반복해 말하면, 팁을 70% 더 많이 받았다는 연구 결과가 나오기도 했다. 대화를 할 때 이 같은 카멜레온 효과는 동서양 간의 문화 차이나 세대 간 연령차를 막론하고 이뤄지는 현상으로 관찰되는데 "자신이 상대방과 잘 맞는지 살펴보기 위해, 무의식적으로 상대의 행동에 자신의 행동을 일치시켜 보는 것"이라는 분석도 제시됐다. 카멜레온 효과는 그러나 이 같은 '행동 따라 하기'가 상대방에게 들킬 경우엔 오히려 반감을 사는 역효과를 낸다는 연구결과도 보여준다. 따라서 상대의 행동을 억지로 따라 하려 들지 말고 상대를 이해하고 공감하려는 마음을 가짐으로써 자연스럽게 상대를 모방토록 하는 게 좋을 것이다.

사람들 간의 대화에서 '가슴의 말'이 '혼의 말'로 승화하는 데는 카멜레온 효과가 훌륭한 필요조건이 될 수 있다. 상대와 눈을 맞추고 대화를 하면서 상대가 울 때 같이 울어주고 기뻐할 때 같이 기뻐하며 화를 낼 때 같이 분노하는 감정을 공유하면, 말을 듣는 사람은 '아, 이 사람은 진정으로 나의 처지를 이해해 주는구나' 이런 느낌을 갖게 된다. 그리고 그때 나누는 말은 상대방의 영혼을 자극하는 '혼의 말', '불의 말'이 될 수 있다. 이렇게 혼의 말로 하는 '영혼의 대화'가 이뤄지면 이때의 말은 상대의 오랜 관념도 바꿀 수 있고 나아가 습관을 바꾸고 행동까지 변화하게 만드는 말이 될 수 있다.

카멜레온 효과를 만들기 위해서는 우선 물리적 거리를 가깝게 만들어야 한다. 손을 뻗으면 닿을 정도의 거리에서 대화 상대방에 눈을 맞추고 자연스레 그쪽으로 몸을 조금 기울여 상대가 나에게 집중할 수 있게 한다. 그러면 심리적 거리도 가깝게 된다. 그리고 상대방의 말에 고개를 끄덕거리고 얼굴 표정으로 그 사람의 말에 긍정적인 반응을 보여주는 것, 이런 게 모두 이른바 카멜레온 효과, 즉 non-verbal communication의 요소들이다. 그것은 상대로 하여금 말하는 사람에게 호감을 갖게 하고, 나아가 마음 문을 열게 해서 같은 말이라도 엄청난 흡수력으로 다가가 생각과 행동에 영향을 미치게 된다.

그런데 대화의 상대방이 이런 마음 상태를 갖도록 하기 위해서는 먼저 그 상대방의 말을 진지하게 들어주는 것이 중요하다. 이게 선결 조건이다. 아무리 훌륭한 말이라도 상대가 들어줄 마음의 자세가 돼 있지 않다면 그 말은 절대 효과를 낼 수 없다. 그저 입술의 언어, 머리의 언어로 머물고 만다. 그래서 '혼의 말'을 하기 위해서는 역설적으로 먼저, 상대의 말을 충분하고 진지하게 들어야 한다. 그렇게 해서 상대가 마음의 문을 열도록 하는 것이다. 그 과정에서 non-verbal communication을 통한 카멜레온 효과를 덧붙여 호감을 갖게 한다. 이렇게 되면 자연스럽게 다음 단계로 발전하는데 상대에게서 자신을 이해하고 공감하고 있다는 신호를 읽어내야 한다. '아, 이 사람은 진정으로 내 말을 들어주고 이해해 주는구나'라는 생각이 상대에게서 읽혀지면 그때는 상대가 어느 정도 내 말을 들을 준비가 돼 있다고 할 수 있다. 하지만 그때라도 섣불리 먼저 내 얘기를 꺼내려 들지 말아야 한다. 몇 가지 가벼운 질문으로 반응을 충분히 점검해서 들을 준비가 돼 있을 때 그때 비로소 내가 하고 싶은 말을 하라는 것이다. 그런데 여기까지 이르게 되면 대개는 굳이 3단계까지 가지 않아도 된다고 한다. 거의 대부분의 사람들은 2단계에 이르면 내가 하고 싶은 말을 짐작하고 스스로 먼저 말을 한다는 것이다. 내가 입 밖으로 말을 꺼내지 않았는데도 듣는 상대방이 알아서 스스로 먼저 말을 하도록 하는 것, 이것이야말로 '혼의 말'이 가져오는 효과다. '혼의 말'은 그래서 굳이 말로 하지 않아도 되는 말이기도 하다. 눈빛으로 마음으로 서로 충분히 교감을 나눌 수 있다. 그래서 '혼의 말'로 하는 대화를 곧 '영혼의 대화'라고 하는 것이다. 붓다가 염화미소를 가르친 배경에는 말의 중요성과 위험성에 대한 경계가 있기도 하지만, 진정 붓다가 하고 싶었던 것은 바로 이 '혼의 말'이 보여주는 힘, '영혼의 대화'를 강조하고 싶었기 때문이었을 것이라는 생각이 든다.

경청(傾聽)의 효과

'영혼의 말'의 보여주는 효과는 굳이 2천5백 년을 거슬러 붓다의 일화를 얘기하지 않고 지금 우리 주위에서도 얼마든지 찾을 수 있다.

12년 동안 계속해서 미국의 자동차 판매왕 자리에 오른 조 지라드(Joe Girard)라는 사람이 있다. 그는 15년 동안 무려 13,000대의 자동차 판매 계약을 성사시켜서 12년 연속으로 기네스북에 오른 사람이다.

지라드의 자서전을 보면 그는 35세까지 스스로 '인생의 낙오자'였다고 고백할 만큼 연속적으로 실패를 겪으며 살았다. 고등학교 중퇴가 정규학력의 전부여서, 직업이라곤 구두닦이와 접시 닦이, 난로 수리공, 건설 현장 잡부 등 3D업종을 떠돌 수밖에 없었다. 40여 군데를 전전했다. 어렵사리 시작한 사업마저 사기를 당해 엄청난 빚까지 떠안게 됐다. 그가 인생의 나락 끝에서 맞은 직업이 자동차 세일즈였다. 초기엔 세일즈 역시 힘들기는 마찬가지여서 아무런 실적도 없이 시간만 허송하기 일쑤였다고 한다. 그러던 어느 날 결혼식장에 들렀다가 이후 또 장례식장을 방문하고 그는 한 가지 사실을 알게 됐다. 두 곳 모두 하객이나 조문객이 250명 정도로, 보통 사람은 평균 250명 정도와 아주 가까운 일차적 관계를 맺고 있더라는 것이다. 이때부터 지라드는 사람 한 명 한 명을 왕처럼 대접하기 시작했다고 한다. 왜냐하면 사람 한 명의 뒤에는 250명의 또 다른 사람들이 연결돼 있음을 알았기 때문이다. 그런데 지라드는 어떤 여성과의 계약 실패에서 자신의 세일즈가 획기적으로 발전할 수 있었다고 고백한다. 어느 날 지라드는 능숙한 말솜씨로 한 여성 고객을 사로잡아 계약을 약속하고 날짜와 시간을 정했다. 드디어 계약할 날짜가 됐는데 그 여성은 아무런 연락도 없이 나타나지 않더라는 것이다. 지라드가 연락을 취하자 여자는 기다렸다는 듯이 '당신에게는 차를 사지 않겠다'고 했다. 이유를 물었더니 '당신은 내 얘기를 들어 주지 않고 자기 얘기만 했잖아요?' 하더라는 것이다. 지라드는 머리를 망치로 얻어맞는 것과 같은 충격을 받았다고 했다. 자신이 아무리 많은 지식을 전달해도 상대의 마음을 사로잡지 않으면 세일즈는 허사임을 깨달은 것이다. 지라드는 그래서 세일즈

조 지라드(Joe Girard), 기네스 북이 인정한 세계 최고의 판매왕

의 첫째 덕목으로 남의 얘기를 진심으로 들어주는 '경청(傾聽)'을 꼽는다. 아무리 고객의 혼을 빼놓는 달변의 세일즈맨일지라도 그 마음까지 열게 하기란 쉽지 않다. 그런데 고객의 말을 경청하면, 고객이 진정 원하는 것이 무엇인지 알 수 있게 되고 그 필요에 맞는 차를 권할 수 있게 된다. 하지만, 대개의 세일즈맨들은 자신이 팔고자 하는 차의 장점을 설명하기에만 바빠서 정작 고객의 가려운 곳을 찾아내 긁어줄 마땅한 도구를 제시하지 못한다는 것이다.[8]

두 사람의 대화에서 한 사람이 진심으로 상대의 말을 들어

8 조 지라드(서기원 역), 조 지라드의 성공화법, 현대 미디어, 2018

주게 되면 그 상대는 듣는 사람이 자신과 공감을 하고 있다는 생각을 갖게 되고, 결국은 자신의 속내까지 다 털어놓게 된다. 이제 그들은 눈빛만으로도 서로가 하고자 하는 말을 알 수 있게 된다. '영혼의 대화'가 되는 것이다.

조 지라드가 말하는 경청의 사례는 국내의 각종 판매왕들에게서도 종종 듣는 예화다. 그들은 고객을 만나 상품을 설명하기는커녕 그저 잠재 고객의 말을 충분히 들어주기만 했는데 나중에는 그들이 스스로 실제 고객이 되더라고 했다. 이런 세일즈맨들의 경험담은 '영혼의 대화'의 힘을 보여주는 실증사례들이다. 그들은 경청으로 이해와 공감을 이뤘을 것이고 그 과정에서 표정으로 또 동작으로 상대에게 호감을 주는 non-verbal commnication을 무수히 교환했을 것이다. 그런 과정을 거쳐서 굳이 말을 안 해도 내 말을 들어주는 상대가 무엇을 원하는지 알아서 그것을 기꺼이 해주는 지경에 이르게 된 것이다.

가슴의 언어(이해와 공감의 언어)에 혼(魂)을 담게 되면 그것은 곧 혼의 말이 된다. 여기서 혼이란 진심으로 상대방을 위하는 성심성의를 뜻한다. 이때 성심성의를 전하는 방법은 내가 먼저 말하기보다 상대의 말을 들어주는, 즉 경청해 주는 것이 훨씬 효과적이며 또 말로 하는 소통(verbal communication)에 덧붙여 비언어적 소통(non-verbal communication)을 하는 카멜레온 효과를 더하는 것이 좋다는 것이다. 그래서 영혼의 대화를 하려면 경청과 비언어적 소통 방법을 적극 활용해야 한다. 붓다와 가섭존자가 주고받은 염화미소야말로 카멜레온 효과와 비언어적 소통(non-verbal communication)의 정수를 보여준 영혼의 대화라고 할 것이다.

경청(傾聽)과 관련해 몇 가지 덧붙일 말이 있다. 이 말은 종교인들에게는 다소 거슬릴지도 모른다. 하지만 신의 존재를 부인하는 것이 아니라 종교의 속성이 그렇다는 것을 말하고자 함이다. 사람들에게 왜 교회를 다니는지, 왜 절에 다니는지를 물어보면 궁극적인 대답은 하나다. 나의 말을 들어주는 대상, 신(神)이 거기 있기 때문이다. 내가 하소연을 터놓고 말할 수 있는, 남에게는 밝히고 싶지 않은 나만의 소망과 부끄러운 과거를 고백하고 참회할 수 있는 대상이, 거기 종교에 있기 때문이다. 그 대상이 곧 하나님이고 부처님이다. 나의 말을 조용히 경청해 주는 상대, 즉 신(神)이 있기에 사람들은 거기서 위안을 받고 소망을 키우며 절망 속에서도 다시금 살아갈 의지를 발견하는 것이다. 신에게 털어놓는 인간의 말, 그것이 곧 예배고 불공이며 기도다. 하지만 예배가 아무리 뜨겁고 열렬할지라도, 불공이 아무리 치열해도, 기도가 아무리 차고 넘친다 해도 신은 대답을 하지는 않는다. 그저 조용히 경청할 뿐이다. 하지만 신(神)이 해주는 경청만으로 사람들은 크나큰 위안을 얻고 용기를 가지며 스스로 지혜를 찾아낸다. 그렇게 해서 사람들은 기도에 응답을 받았다는 확신을 갖는다. 나의 하소연을 들어주는 대상, 나의 소망과 슬픔과 기쁨을 들어주는 대상, 나의 모든 것을 용서하고 인정해 주는 대상, 그 대상이 있다는 생각에 인간은 위로를 받고 삶의 의지를 되찾게 된다. 그래서 사람들은 자신이 땀 흘려 번 돈을 아낌없이 바칠 수 있다. 사이비 종교에 빠진 사람들은 일반인들이 보기에는 비웃음의 대상이지만, 그들에게는 남들이 뭐라 하든 자신의 말을 들어주는 대상이(神) 있기에 전 재산을 아낌없이 바치는 것이다.(물론 사이비 종교는 인간의 이런 심성을 이용해서 돈과 노동력을 갈취할 뿐이다. 삶에 지친 영혼을 위로하고 구원해 주는 종교 본연의 일이란 이들에게는 돈과 권력을 누리기 위한 수단과 핑계일 뿐이다.) 사람들에게 나의 말을 들어주는 대상은 그만큼 소중한 것이다. 특히 삶이 힘들고 외로운 사람들, 마음에 상처를 안고 사는 사람일수록 나의 말을 들어주는 대상은 절실하게 필요하다. 사이비 종교는 바로 이런 점을 공략한다. 안타깝게도 사이비 종교 신도의 대부분은 이렇게 삶이 힘든 사람들이고, 그들의 삶은 사이비 종교로 인해 더욱 피폐해진다.

무슨 말이든 조용히 경청해 주는 그 이유로 신은 인간에게 위대한 절대자가 됐고 인간의 역사를 철저하게 지배해 왔다. 절대다수의 인간에게 신은 여전히 존재조차 의문이지만 인간은 그 신에게 목숨을 바치며 충성을 다해 왔다. 신이 자신의 말을 경청해 주기 때문이다. (실제로 인간은 신이 경청을 하는지 안 하는지 모른다. 그러나 경청을 한다고 믿는다) 말하자면 종교의 본질은 바로 '영혼의 대화'에 있다. 그것도 1단계인 경청에서 모든 것이 시작되고 사실상 끝에 이른다.

문제는 경청(傾聽)이 결코 쉽지 않다는 것이다. 우선은 내가 하고 싶은 말을 참아야 하고 상대의 말을 중간에 끊어서도 또 반박해서도 안 된다. 그 말을 수긍해 줘야 한다. 상대가 허튼 소리를 하는데 반박하지 않고 참기란 쉽지 않다. 더구나 사실관계(팩트)가 틀리면 더욱 그렇다.

경청을 하려면 그래서 먼저 자신의 마음을 비워야 한다. 내 마음을 비우지 않으면 다른 말이 들어올 수가 없다. 내 마음이란 내가 기존에 가지고 있는 지식이고 선입견이요 고집일 수 있다. 불교에서는 이를 아상(我相) 또는 집착이라고 한다. 그래서 불교의 수행은 아상(我相)을 버리라고 한다. 아상을 버리지 않으면 절대로 깨달음에 도달할 수 없다는 것이다. 즉 마음을 비우는 것이야말로 경청을 위한 첫걸음이 된다. 지극히 낮은 자세로 겸손하라며, 일곱 번씩 일흔 번이라도 용서하라고 가르친 예수의 가르침 역시 나의 집착을 버리지 않으면 도달할 수 없는 경지다. 이 역시 마음을 비우라는 말에 다름 아니다. 예수가 강조한 '사랑'도 결국 그렇게 마음을 비운 바탕 위에서 이웃의 말을 들어주는 것이다. 진정한 사랑이야말로 상대의 말을 들어 주는 것에서, 즉 경청에서 시작되기 때문이다. 뒤에서 살펴보겠지만 사도 바울은 그래서 사랑이란 '오래 참고 모든 것을 견디는 것'이라고 했다.[9]

9 신약성경, 고린도 전서 13장 4~7절

불교가 강조하는 집착을 버리는 것, 기독교가 강조하는 용서와 사랑 이 모든 게 실은 경청으로 나아가는 첫걸음이다. 그리고 경청은 영혼의 대화를 시작하는 첫 관문이다. 상대의 말을 진지하게 들어줌으로써 먼저 마음의 문을 열게 한다. 이후 공감이 이뤄지게 되면 그때의 말은 사람의 마음을 움직이고 관념을 바꾸며 습관을 고치고 행동을 변화시킬 수 있다. 즉 엄청난 생명력을 가진 말이 되는 것이다. 이른바 혼의 말, 불의 말이다. 그래서 경청(傾聽)은 '영혼의 대화'를 위한 필요조건이요, 사실상의 충분조건이다. 경청만으로도 영혼의 대화가 가능할 수 있다. 즉 경청은 영혼의 대화를 위한 알파요 오메가라고 할 수 있다.

물론 방식에 따라 경청의 효과는 달라진다. 수백 명이 듣는 강의실에서 학생이 경청을 한다고 선생님의 말이 곧 '혼의 말'이 되지는 않는다. 목사님의 설교나 또는 스님의 설법이라고 해도 모두 '혼의 말'이 되지는 않는다. 아무리 신도들이 경청을 한다 해도 말이다. 왜냐면 먼저 강의나 설교 내용이 듣는 사람의 마음을 여는 울림이 있어야 하기 때문이다. 영혼의 대화는 그래서 쌍방 간의 커뮤니케이션이 필수적이다. 울림이 있는 내용, 이를 전적으로 흡수하려는 경청이 맞장구를 쳐야 그때 비로소 영혼의 대화가 이뤄지는 것이다.

2019년 5월 7일 오후 4시 32분, 울산대교(높이 60m) 난간 끝에 30대 여성과 중학생 딸 모녀가 서 있었다. 신고를 받은 경찰이 출동했지만 두 사람은 시선을 바다에 둔 채 손을 붙잡고 '삶이 힘들다'는 말만 반복했다. 모녀는 더 이상 입을 열지 않았고, 언제 이들이 아래로 뛰어내릴지 모르는 일촉즉발의 상황이었다. 잠시 후 경찰의 위기협상팀이 도착했다. 이들과의 대화 끝에 모녀는 5시간 만인 오후 9시쯤 스스로 난간을 내려와 땅을 밟았다. 위기협상팀은 모녀와 무슨 대화를 나눴을까?

"협상요원은 상대방이 하는 말을 적극적으로 경청해야 한다고 배웠습니다. 공감하려는 노력 없이 무작정 상황을 빨리 끝내려 해선 안됩니다. 자발적으로 속내를 털어놓게 하기 위해, 내가 믿을만한 사람이고 이야기를 들어줄 사람이라는 신뢰를 줘야 해요. 처음부터 원하는 게 무엇인지 알려달라고 물을 수도 없죠. 협상교육을 받을 때도 이 점이 가장 어려웠습니다. 팀원끼리 역할극을 하고 시뮬레이션을 해보면서 라포(rapport · 사람과 사람 사이에 생기는 상호 신뢰 관계를 말하는 심리학용어)를 형성하는 훈련을 많이 했습니다."

이 사건은 경청의 효과가 극적으로 실증된 사례라고 할 것이다. 모녀는 극도로 흥분한 상태였기에 섣불리 다가가려고 했다가는 바로 비극으로 이어질 수 있는 절박한 상태였다. "엄마와 딸은 한참 울고 있었습니다. 눈물이 잦아들 때 조금씩 말을 걸기 시작했어요." 그리고 경찰은 이들의 말을 가감 없이 들어주기 시작한 끝에 마침내 모녀들이 스스로 난간을 넘어와서 이들을 구할 수 있었다. 이 절박한 순간에 경찰은 먼저 모

2019.5.7 울산대교 현장. 출처: 울산 동부경찰서 손영석 경위

녀의 말을 들어주는 경청을 했다. 그렇게 신뢰를 쌓은 후에 위로의 말을 건넸다. 이때 그것은 죽음을 삶으로 바꿔놓은 생명의 말이었다. 이들이 나눈 대화는 '영혼의 대화'였다고 할 수 있다.

영혼의 대화는 사람 간에도 필요하지만, 자기 자신에게도 절대적으로 필요한 대화다. 불교의 수행정진, 기독교의 회개와 기도는 바로 자신과의 영혼의 대화라고 할 수 있다. 자신과 하는 영혼의 대화도 사람 간의 대화처럼 먼저 마음을 비워야 한다. 아집과 집착을 버리고 나의 잘못을 회개하고 남을 용서함으로써 참으로 마음을 비우면, 자신의 내면 깊숙한 곳에서 나오는 말이 들리기 시작한다. 그러면 이를 진지하게 경청한다. 내면의 소리를 진지하게 경청하는 것, 그것이야말로 솜털같이 가벼울 수도 있고 또는 태산같이 무거울 수도 있는 삶의 무게를 실감하는 일이 된다. 그러고 나면 스스로 자신에게 해주고 싶은 말이 떠오른다. 그 말을 성심성의를 다해 자신에게 하는 것이다. 이렇게 나 자신과 영혼의 대화를 하게 되면 삶의 의미를 깨닫고 존재의 가치를 깨우치게 된다. 그래서 자신과 영혼의 대화를 많이 한 사람일수록 깊이와 무게가 있고 울림이 크다.

피그말리온 효과(Pygmalion effect)와 골렘 효과(Golem effect)

옛날 지중해 키프로스에 피그말리온이라는 젊은 조각가가 살았다. 그는 당시 키프로스 여인들의 문란하고 방탕한 생활에 혐오를 느껴서 여자를 사귀지 않고 독신으로 지냈다. 대신 그는 아름다운 여인을 조각해서 갈라테이아라는 이름을 붙여 주고는 조각상과 대화를 하며 때로는 몰래 입맞춤도 하는 등 애정을 쏟으며 지냈다. 어느 날 피그말리온은 미의 여신 아프로디테 축제일에 신전에 나가 간절한 기도를 올리면 소원이 이루어진다는 얘기를 듣게 된다. 그는 갖은 고생 끝에 서쪽 바닷가 파포스(Paphos)의 해안 절벽에 있는 아프로디테 신전을 찾아서 자신의 여인상 조각이 사람이 되게 해 달라고 기도를 올렸다. 그리고 집에 돌아와 보니 조각상은 사람으로 변해 있었다. 피그말리온은 사람으로 변한 조각상 여인과 결혼해 딸

파포스를 낳았고 왕까지 되어서 행복하게 살았다. 그리스 신화 이야기다. 여기에서 이름을 딴 교육심리학 용어가 피그말리온 효과(Pygmalion effect)다. 간절한 열망은 꿈을 이루게 하고 자기 암시의 예언적 효과를 통해 긍정적 사고가 사람에게 좋은 영향을 미친다는 것이다.

하버드대학 심리학 교수인 로버트 로젠탈(Robert Rosenthal)과 레노어 제이콥슨(Lenore F Jacobson)는 이런 자기 충족적 예언의 효과를 실험을 통해 입증했다. 두 사람은 1964년 샌프란시스코의 한 초등학교에서 공동연구를 진행했다. 일반적인 지능검사를 하고선 교사에게 특정 아이들의 명단을 주며 이들은 지능지수가 높기 때문에 공부를 잘할 것이라는 기대를 심어주었다. 하지만 실제로 그 아이들은 무작위로 선정된 평범한 아이들에 지나지 않았다. 그런데 학년 말에 평가를 해보니 명단

키프로스 섬 파포스에 있는 아프로디테 신전의 유적지

을 건네준 특정 아이들의 성적이 상위권으로 나타났다. 교사는 특정 아이들이 지능이 높다는 잘못된 정보를 믿고 이 아이들에게 관심과 칭찬, 격려를 해주었는데 그 결과 아이들의 성적이 월등하게 향상된 결과로 나타난 것이다. 로젠탈과 제이콥슨 두 사람은 그래서 교사의 기대에 따라 학습자의 성적이 향상된다는 이론을 제시하며, '아이들에게 기대와 칭찬, 격려를 해주면 아이들은 그 기대와 칭찬만큼의 성과를 낸다'고 결론을 내렸다. '열망은 꿈을 이루게 한다'는 피그말리온 효과가 실험으로 입증되자 사람들은 이를 로젠탈-제이콥슨 효과(Rosenthal-Jacobson Effect) 또는 대표자 이름만 넣어 로젠탈 효과라고 불렀다.

인간의 사고(思考)는 결국 말로써 결정된다. 설사 입 밖으로 내지 않았다 하더라도 언어와 그 언어가 지칭하는 개념을 인식해서 사고를 형성하는 것이다. 그러므로 긍정의 사고가 긍정의 결과를 가져온다는 피그말리온 효과는 자신에게나 타인에게나 긍정의 '말'로 시작해 형성된 사유의 긍정적인 결과물로 볼 수 있다.

피그말리온 효과와 반대되는 것으로 '부정적인 사고는 부정적인 결과를 낳는다'는 이론도 있다. 이른바 골렘 효과(Golem Effect)다.[10] 골렘(Golem)은 원래 히브리어로 '형태 없는 것' 또는

10 낙인효과 (stigma effect)와 같은 개념이다.

'태아'라는 의미의 단어다. 『탈무드』에서는 율법학자들이 먼지를 긁어모아 반죽해 만든 진흙 인간으로 등장한다. 힘은 세지만 움직임이 둔하고 멍청한 것으로 표현된다. 현대에서는 '도움이 되지 않는 사람'이란 비유어로 쓰인다.

골렘 효과 이론을 제시한 사람 역시 로젠탈과 제이콥슨이다. 그들은 1982년에 골렘의 전설을 언급하며 "자기실현 예언의 부정적 효과에 초점을 둔 사회과학자와 교육자들의 우려도 실제로 나타났다"라고 했다. 즉, 긍정적인 기대로 인한 성적 향상도 있었지만 부정적 낙인으로 인한 성적 하락도 관찰된다는 것이다. 골렘 효과는 현실 세계에선 직장에서 더 흔하게 나타나는 것으로 알려져 있다. 상사가 아랫사람에 대해 부정적 반응을 나타내면 실제로 부하직원의 실적 하락으로 이어지는 현상이 흔하다는 것이다. 그래서 비단 학교뿐만 아니라 기업이나 군대, 스포츠 구단 등 구성원들의 사기가 중요한 조직에서는 골렘 효과를 가장 경계해야 할 사기 저하 요인으로 꼽는다.

피그말리온 효과와 골렘 효과는 대부분 '말'에 의해 시작된다. '너는 잘 할 거야', '당신은 좋은 성과를 낼 거야' 이런 희망과 믿음의 말을 듣는 사람과 '네가 뭘 하겠어?', '당신이 하는 일이 늘 그렇지 뭐' 식의 불신의 말을 듣는 사람은 엄청난 차이의 결과물을 내놓는다. 절대적으로 불리한 상황에서도 '할 수 있다'를 읊조리며 끝내 금메달을 거머쥔 2016년 리우 올림

픽의 박상영 선수는 피그말리온 효과의 전형을 보여줬다. 물론 아닌 경우도 있을 수 있고, 그래서 이를 부정하는 학자들도 있다. 하지만 학교와 직장 거의 대부분의 현장에서 피그말리온 효과와 골렘 효과는 입증되는 것으로 나타나고 있다. 어떤 '말'을 듣느냐에 따라 우수한 학생과 유능한 직장인이 되기도 하고 우둔한 학생이나 무능한 직장인이 될 수 있는 것이다. 이 말을 뒤집어 보면 내가 어떤 말을 하느냐에 따라 우수한 학생과 유능한 직원을 키워낼 수 있지만, 반대로 우둔한 학생과 무능한 직원을 만들어 낼 수도 있는 것이다. 그런 점에서 입술의 언어인 잔소리는 골렘 효과를 만들어 내는 경향이 크다고 할 것이다. 그리고 가슴의 말, 이해와 공감의 언어는 피그말리온 효과를 창출할 가능성이 높다고 하겠다. 여기에 비언어적 요소와 경청(傾聽)이 더해지는 영혼의 말은 '꿈은 이뤄진다'는 식의 예언적 효과까지 실현할 수 있을 것이다.

3장

'생명의 말'과 '죽음의 말'

말 한마디로 팔자를 고친 사람들

말 한마디로 역사상 최고의 보상을 받은 사람

생명의 말

죽음의 말

말, 그 위대한 유산

플라톤의 '가정 사다리'론

'생명의 말'과 '죽음의 말'

말은 하는 사람의 의도와 듣는 사람의 수용 여하에 따라서 크게 두 가지로 분류할 수도 있다. 생명의 말과 죽음의 말이 그것이다. 말하는 사람의 입장에서 보면 좋은 의도로 긍정의 메시지를 담은 말은 생명의 말이고 나쁜 의도로 부정적 의미를 담은 말은 죽음의 말이다. 마음의 상처를 치유하는 말이 있는가 하면 상처를 덧나게 하는 말이 있고 위안을 주는 말이 있지만 고통을 주는 말도 있다. 어떤 조직이나 집단의 갈등을 가라앉히는 말이 있는 반면 반대로 갈등을 조장하는 말도 있다. 화합과 통합의 말이냐 분열과 배척의 말이냐로 대별할 수 있을 것이다. 전자는 '생명의 말'이고 후자는 '죽음의 말'이다.

그런데 이것은 말하는 사람의 의도에 따른 분류일 뿐이다. 말하는 사람은 위안을 주겠다고 한 말이 듣는 사람에 따라서는 고통을 더하는 말이 될 수도 있다. 갈등을 치유하겠다고 한 말이 오히려 조직의 갈등을 심화시키고 분열을 촉진하는 말이 될 수도 있다. 생명의 말이라고 생각해서 한 말이지만 듣는 사람에게는 죽음의 말이 되는 경우를 우리는 수도 없이 보아 왔다. 또 말 한마디를 잘해서 자신의 팔자와 운명을 고치기도 했지만, 나중에는 그 운명에 짓눌려 오히려 냉혹한 역사의 평가를 받는 사람들도 수두룩하다.

말 한마디로 팔자를 고친 사람들

조선시대 27명의 왕 중에 용렬한 사람을 꼽자면 아마도 임진왜란을 초래한 선조와 병자호란을 부른 인조, 세도정치의 그늘에서 최악의 경제난국을 방치한 철종, 그리고 열강의 틈바구니 속에서 우왕좌왕하다 끝내는 나라를 빼앗긴 고종 등을 꼽을 수 있을 것이다. 그런데 역사상 최악의 평가를 받는 이들도 강화도령으로 불우한 어린 시절을 보낸 철종을 빼면, 어려서는 총명하기 그지없다는 평가를 받았던 사람들이다. 최고의 가문에서 태어나 최고의 교육을 받았던 사람들이다.

선조는 중종의 후궁이었던 창빈 안씨 소생 덕흥군(나중에 아들이 왕이 되자 대원군으로 추존됨)의 셋째 아들이었다. 당시 임금이던 명종은 자신의 아들 순회세자가 요절한 이후 더 이상 후사가 없자 조카들을 눈여겨봤는데, 덕흥군의 아들 삼 형제가 명민하다는 소문을 듣는다. 어느 날 명종은 이들 삼 형제를 불러 다과를 베풀며 자신의 익선관을 써보라고 했다. 두 형(하원군, 하릉군)은 좋아라 하는 표정으로 임금의 관을 썼지만, 막내 하성군은 '임금의 익선관을 함부로 쓸 수 없다'며 삼가 물러났다. 명종이 또 충(忠)과 효(孝)중에 어느 것이 더 중하냐고 묻자 하원군과 하릉군은 저마다 '충이다, 효다' 답했는데, 하성군은 '나랏님은 정신을, 부모님은 육신을 주셨으니, 둘 중 어느 것을 더 중하다고 할 수 없어 우열을 가릴 수 없다'고 답했다.

이 말 한마디는 왕의 서손(庶孫)에 불과했던 하성군을 왕으로 만드는 결정적 계기가 된다. 명종은 자신의 건강이 좋지 않자 유독 태도와 답변이 마음에 들었던 하성군을 자신의 잠재적 후계자로 지목했다. 왕조시대에 왕의 후사를 결정하는 것은 천지가 개벽하는 일만큼이나 중한 것이기에, 이를 받아 적은 승정원에서는 나중에 누군가 글자를 위조할 것을 염려하여 '덕흥군 三子'라는 명종의 하교를 三이 아닌 參 자로 썼다.

말을 잘해서 왕비가 된 사람도 있다. 남편보다 무려 51살이나 어렸던 영조의 계비(繼妃) 정순왕후(1745~1805)다. 영조는 자신의 정비(正妃)인 정성왕후가 승하하자 후궁들 중에서 정비를 책봉하지 않고 새 왕비를 간택하기로 한다.

선조 어진, 전립에 군복차림의 초상화로 임진왜란 초기인 1592~1593경에 제작한 것으로 추정된다.[11]

아버지 숙종이 후궁이었던 장희빈을 정비로 책봉했다가 기사환국 등 정국에 파란을 겪자 아예 후궁은 정비가 되지 못하도록 제도를 만들었다는 얘기도 있다. 어쨌든 영조는 왕비가 죽은 지 3년 후에 새 왕비를 간택하기로 하고 직접 최종 면접을 본다. 왕비는 출신 집안이 중요했기 때문에 신부 후보자들은 아버지의 이름을 써놓은 방석을 두고 그 위에 앉게 했다. 모든 규수들이 아버지 이름을 찾아 방석에 앉았는데, 경주 김씨 집안의 규수는 방석에 앉지 않고 주저하고 있었다. 영조가 이유를 물으니 부친 이름에 감히 앉을 수가 없다는 대답이 돌

11 윤탁연(1538~1594)이 임진왜란 초기에 입수해 소장한 선조 어진

아왔다. 나이가 많아 이미 할아버지가 돼 있던 노인 영조가 일단 호감을 갖게 하는 말이었을 것이다. 이어 영조가 후보자들에게 직접 질문을 했다. "세상에서 가장 깊은 것이 무엇이냐?" 산이 깊다, 물이 깊다, 구름이 깊다는 등의 답이 나왔다. 김씨 규수는 '사람의 마음이 가장 깊다'고 했다. 영조가 왜 그런가 고 묻자, '사람의 마음은 측량하기 어렵기 때문'이라고 답했다. 영조가 속으로 높은 점수를 주었을 것임은 불문가지다.

영조는 다음 질문으로 넘어갔다. 이번에는 '세상에서 제일 예쁜 꽃은 무엇이냐'고 물었다. 규수들은 저마다 복숭아꽃이나 매화꽃, 모란꽃 등을 꼽았다. 김씨 규수의 대답은 이번에도 달랐다. 목화꽃이라는 것이다. 영조는 이유를 물었다. 김씨 규수는 '목화는 솜을 만들어 사람을 따뜻하게 해 줄 수 있기 때문'이라고 했다. 당시의 일화를 전하는 글에는 왕과 심사관들은 모두 김 규수의 총명함에 놀랐다고 한다. 하지만 필자는 영조가 갈등했을 수도 있다고 본다. 당시 66살로 세상을 살 만큼 살아본 고수의 입장에서 보면 어린 처자의 대답이 재기발랄하기는 하지만, 너무 인위적이고 맹랑하지 않은가? 이런 여자가 왕비가 되면 예쁜 후궁들을 내버려 둘 리 없어 내전의 암투가 심해질 것이고, 수렴청정을 하는 날이 오면 외척들의 발호를 걱정하지 않을 수 없기 때문이다. 비 오는 밖을 내다보던 영조는 한 가지 질문을 더 던진다. 궁궐의 행랑(行廊) 수가 얼마인지를 알아보라고 한 것이다. 모두들 당황해 궁궐 지붕을 쳐다보기 시작했는데, 김씨 규수는 홀로 머리를 내리고 침묵하고 있었다. 영조가 "그 수를 알아봤느냐"라고 묻자, 김 규수는 '처마 밑으로 떨어지는 물줄기를 보면 행랑의 수를 알 수 있다'며 정확한 숫자를 답했다고 한다. 영조는 더 이상 망설이지 않고 김씨 규수를 자신의 계비로 간택한다. 이렇게 해서 66살의 영조가 15살의 경주 김씨를 왕비로 맞으니 그가 바로 정순왕후다. 영특하고 총명한 답변으로 왕비로 선발된 것인데, 야사에는 이보다 더 극적인 일화로 왕비를 꿰찬 또 다른 여인이 나온다. 바로 현종비 명성왕후다.

조선 영조(1694~1776) 어진, 보물 932호, 국립 고궁박물관이 소장하고 있다.

명성왕후는 청풍 김씨로 청풍 부원군 김우명의 딸이다. 할아버지는 대동법을 전국에 실시토록 해서 조선 최고의 경세가로 꼽히는 김육이다. 김육에게는 아들이 둘 있었는데 큰 아들은 좌명이고 둘째가 우명이다. 당시 좌명은 조정 대신들 가운데 인물이 가장 빼어났다고 한다. 그러니 그의 조카딸도 인물이 출중했으리라고 짐작된다. 청풍 김씨 가문에 전해 오는 일화는 이렇다. 현종이 세자이던 시절, 아버지 효종은 어질고 총명한 세자빈을 간택하기 위해 전국에 암행어사를 보냈다. 어느 날 청풍 김씨 집에 허름한 차림의 선비가 나타나 하룻밤 유숙을 청했다. 선비의 신분이 궁금했던 청풍 김씨 집의 규수는 선비에게 밥상을 올리며 뉘 열다섯 개를 밥에 올렸다고 한다. 한참 뒤 선비가 상을 물렸는데, 생선을 네 토막 냈더라는 것이다. 김씨 처녀는 뉘를 15(십오)개 올려놓음으로 해서 선비에게 '뉘시오?'라고 물은 것이고, 이에 선비는 고기 생선(魚)을 네 토막(四) 내어 자신이 어사(御事)라고 답한 것이다. 출중했을 용모에 기지마저 뛰어난 양갓집 규수였으니 김씨 처녀가 세자빈 후보로 강력히 천거됐음은 물론이리라. 결국 김씨 처자는 세자빈으로 간택되고 나중엔 왕후가 되었다. 인물도 빼어났을 테고 머리까지 뛰어났으니 그녀는 지아비의 사랑을 독차지한 것 같다. 그녀는 현종과의 사이에서 숙종인 아들 한 명과 5명의 공주를 두었는데, 조선의 27명 임금 가운데, 후궁을 들이지 않은 유일한 왕이 현종이다. (혹자는 재색을 겸비했다는 명성왕후의 이런 예화를 들어, 오늘날에도 청풍 김씨 가문에는 서울대 출신에 빼어난 외모를 자랑하는 김태희라는 배우가 있다고 말하기도 했다.)

조선시대에 말을 잘해서 팔자를 고친 사람들 얘기지만, 이 정도의 일화는 전 세계 어느 나라에나 차고 넘칠 정도로 많다. 말 한마디 잘해서 운명을 고친 사람들 중에는 인류 역사상 최고의 대박을 터뜨린 사람도 있다. 그 어떤 로또복권도 이보다 더 나을 수 없다. 말 한마디로 천국 열쇠를 받은 사람이다.

말 한마디로 역사상 최고의 보상을 받은 사람

앞서 봤듯이 붓다의 제자 가섭존자는 영산회에서 연꽃을 꺾어든 붓다를 향해 조용히 일어나 빙긋이 웃음으로써 수제자 자리를 꿰차고 불가(佛家)의 전설이 된다. 공자(孔子)의 제자들 중에는 안회(顔回)가 단연 수제자로 꼽힌다. 공자의 제자를 3천 명, 또는 72명으로 꼽는 설도 있지만 공문십철(孔門十哲)이라 해서 10대 제자가 유명한데, 안회 역시 가섭존자처럼 말을 하지 않음으로써 오히려 공자의 사랑을 독차지했다는 일화가 있다. 안회는 문일지십(聞一知十), 즉 '하나를 들으면 열을 안다'는 말이 그에게서 나왔다고 할 만큼 총명했다. 공자가 제자 자공에게 '안회와 비교하면 누가 더 나은가?'라고 묻자 자공이 '안회는 하나를 들으면 열을 알지만, 저는 겨우 둘밖에 알지 못합니다.'라고 대답했고 공자 역시, '맞다. 너와 나 모두 안회에는 따라가지 못한다'고 했다. 그런데 이 똑똑한 안회가 어느 날부터 공자의 강의가 끝나도 도통 질문을 하지 않더라는 것이다. 그래서 공자가 안회에게 일부러 문답을 해보니 '안회는 몰라서 묻지 않은 게 아니라, 다 알아듣고 이해해서 질문할 게 없었던 것'이라고 공자는 탄복했다. 우스개 추론이지만 우리나라 학생들이 서양 학생들에 비해 질문을 잘 하지 않는 이유는 동양의 이런 문화적 전통이 강하게 자리한 때문일 것이다. 하지만 서양은 다르다.

예수의 제자는 열두 명이다. 그 가운데는 세리 출신으로 제법 배움이 있는 사람도 있지만, 대부분은 무학자라고 보면 된다. 수제자 베드로가 고기 잡는 어부였으니 속된 말로 낫 놓고 기역 자도 모르는 수준이었을 것이다. 그런데 그 베드로가 예수의 질문에 대답 한번 잘해서 어마어마한 칭찬을 받고, 수제자가 되고 천국 열쇠까지 받는다. 이 대목을 묘사한 성경 구절이다.[12]

> 예수께서 빌립보 가이사랴 지방에 이르러 제자들에게 물어 이르시되, 사람들이 인자를 누구라 하느냐?
>
> 이르되 더러는 세례요한, 더러는 엘리야, 어떤 이는 예레미

12 신약성경, 마태복음 16장 13절~19절

야 선지자 중의 하나라 하나이다. 이르시되 너희는 나를 누구라 하느냐?

시몬 베드로가 대답하여 이르되 주는 그리스도시오 살아계신 하나님의 아들이시니이다.

성경을 처음 대하는 독자들을 위해 조금 쉽게 풀이하자면 예수가 빌립보라는 지방으로 이동해서 제자들에게 묻는 장면이다. '사람들이 나(人子)를 누구라고 하는지 물어보니, 어떤 이는 당대 최고의 설교자요 예언자였던 세례요한이거나 또는 유대민족의 위대한 선지자인 엘리야나 예레미야 선지자와 같은 사람이라고 수군거린다'고 답한 것이다. 예수가 '그러면, 너희는 내가 누군지 아느냐?'고 물은 것이다. 이에 베드로가 '선생님은 그리스도(인류를 구하기 위해 오는 유대교의 메시아)요, 살아있는 하나님의 아들'이라고 대답한 것이다. 이 대답을 들은 예수의 반응이 흥미롭다.

예수께서 대답하여 이르시되, 바요나 시몬아 네가 복이 있도다. 이를 네게 알게 한 이는 혈육이 아니요, 하늘에 계신 내 아버지시니라.

또 내가 네게 이르노니 너는 베드로라, 내가 이 반석 위에 내 교회를 세우리니 음부의 권세가 이기지 못하리라.

내가 천국 열쇠를 네게 주리니 네가 땅에서 무엇이든지 매면 하늘에서도 매일 것이요, 네가 땅에서 무엇이든지 풀면 하늘에서도 풀리리라 하시고…

예수는 먼저 제자의 이름을 정식으로 부른다. 시몬은 이름이고 성은 바요나다. 대개는 그냥 시몬으로 부르지만, 성을 붙여서 정식으로 이름을 부른 것이다. 한마디로 정색하고 말한 것이다. 그리고 시몬에게 넓고 편편한 돌, 즉 반석(磐石)이라는 뜻의 베드로라는 호칭을 붙여준다. 그다음부터가 중요하다. '내가 이 반석 위에 내 교회를 세우리니…'.

지금까지 266대를 내려온 로마 교황청의 교황 계보에서 베드로를 초대 교황으로 추앙하고, 교황청 교회를 베드로 성당으로 부르는 이유가 바로 여기에 있다. 그리고 그 교회는 그 어떤 사악한 기운, 예를 들어 지옥의 마왕이라 할지라도 이기지 못하리라 한 것이다. 예수는 여기서 더 나아가 시몬에게 천국 열쇠를 준다. 인간의 궁극적인 소망, 천국행을 확약 받고 나아가 다른 사람의 천국행 결정권도 받은 것이다. 그리고 또한 네가 이 땅에서 벌이는 모든 일이 하늘에서도 똑같이 이뤄진다는 엄청난 말까지 해줬다. 이 순간 시몬은 예수의 수제자로서 베드로가 됐고, 천국의 열쇠를 받음으로써 인간의 수준을 넘어 사실상 신의 경지에 오르게 된 것이다. 즉, 말 한마디 잘해서 인간으로서는 도저히 오를 수 없는 신의 지경에 이른 것이다. 물론 예수가 평소 시몬의 행동을 눈여겨봐 뒀는데 중요

성 베드로, 루벤스 유화 그림, 스페인 마드리드 프라도 미술관 소장. 베드로를 그린 그림이나 조각에는 그가 예수로부터 받은 천국열쇠가 들려있다.

한 순간 대답까지 잘하니까 그를 수제자로 삼은 것이지, 평소 행실이 잘못됐는데도 대답 하나 잘했다고 그에게 이런 엄청난 축복을 주지는 않았을 것이다. 하지만 반대로 아무리 행실이 바르고 뛰어났다 하더라도 중요한 순간에 이와 같은 답변을 하지 못했다면 천국 열쇠는커녕 베드로라는 호칭도 받지 못했을 것이다. 그래서 시몬 베드로야말로 말 한마디 잘해서 인류 역사상 최고의 축복과 보상을 받은 사람이라고 한 것이다.

그런데 눈 밝은 독자들은 짐작하겠지만 말 한마디로 역사에 남을 인생 대박을 친 위의 사람들 모두가 그 후일담은 결코 아름답지가 않다. 먼저, 선조는 조선 5백 년 역사를 통틀어 최고 경지에 이른 엄청난 석학들과 경세가, 문장가, 장수들을 두루 갖추었음에도 사림의 붕당정치를 방조하고 급변하는 국제정세를 무시해서 임진왜란을 자초해 백성을 도탄에 빠지게 하고 나라를 결딴냈다. 그의 재위 기간 조선에는 이황과 이이, 조식, 서경덕, 유성룡, 이항복, 이덕형, 정철, 허균, 허준, 김성일, 이준경, 이산해, 이발, 박순, 정여립, 정인홍, 정언신, 이순신, 권율 등 조선조 최고의 위인들이 즐비했다. 하지만 사림이 붕당을 이뤄 사색당파의 시작인 동인과 서인이 갈라진 것이 이때의 일이다. 또한 조선 왕조 518년 동안 거의 백여 차례에 이르는 정변과 사화, 환국, 옥사, 출척, 민란 가운데 최악의 당쟁도 선조대에 일어났다. 서인의 송강 정철이 주도해, 정여립 모반사건을 핑계로 동인들을 거의 천여 명이나 주살한 것이다. 기축옥사로 불리는 전대미문의 반대파 학살사건은 당시에도 증거가 부족하고 혐의가 부풀려졌다는 항변이 많았지만, 선조는 학살을 방치한다. 급격히 커가던 동인들의 세를 꺾어 놓으려는 심사였다. 그러고는 불과 1년여 만에 이번에는 세자 건저문제[13]로 정철을 귀양 보내는 등 서인을 탄압하고 다시 동인을 등용한다. 기축옥사가 1589년에 일어났으니 임진왜란이 터지기 불과 3년 전이고 세자 건저문제는 임진왜란 발발 불과 1년 전이다. 1588년 유럽에서는 스페인 무적함대가 영·란 연합함대에 패

13 광해군을 세자로 책봉하자는 문제. 당초 동·서 양당이 합의한 일이었으나, 선조가 광해군보다 신성군에 마음이 있는 것을 안 동인들이 발을 빼자 서인 정철이 혼자 광해군의 건저를 주장한 형국이 됐고, 결국 선조로부터 미움을 받는다.

배해 유럽의 패권이 바뀌고 있었고 아시아에서는 누르하치가 만주를 통일해 여진족의 세력이 급팽창하던 때다. 1590년에는 일본에서도 도요토미 히데요시가 전국을 통일해 동아시아 정세가 급변하고 있었지만, 조선은 그저 당쟁으로 해가 뜨고 지는 나날의 연속이었을 뿐이다. 그해 일본은 인도를 거쳐 아프리카 희망봉을 돌고 포르투갈과 스페인을 거쳐 로마와 베네치아 등을 둘러보고 교황을 알현했던 덴쇼 유럽 소년 사절단이 8년 만에 귀국해서 도요토미에게 서양 사정을 보고하고, 그 앞에서 서양악기를 연주할 정도로 국제정세에 밝았다. 히데요시가 '명을 치려고 하니 조선은 길을 비키라'고 한 이른바 정명가도(征明假道) 요구는 통일 후 군벌을 다스리기 위한 필요에서도 나왔지만, 또 한편 중국을 넘어 인도까지 이르는 대제국을 건설하겠다는 야심과 이를 뒷받침해 준 국제정세 파악, 그리고 지리적 정보 획득에 따른 자신감에서 비롯됐다. 하지만 기축옥사에 이어 세자 건저 문제로 조선의 지도부는 골육상쟁을 주고받은 철천지원수로 갈라졌다. 이에 따라 일본의 정세를 살피러 간 서인의 정사 황윤길과 동인의 부사 김성일이 정반대의 보고를 올림으로써 아무 조치도 하지 않는 무대책으로 허송세월을 했을 뿐이다. 심지어 성(城)을 고치고 무기를 닦는 일조차 금했다. 그렇잖아도 일본의 침략설로 민심이 뒤숭숭한데 진짜로 성을 수리하고 무기를 준비하면 민심이 더욱 어지러워져 나라가 혼란해진다는 참으로 어처구니없는 궤변의 논리에 빠진 것이다. 임진왜란이 일어나기 불과 6개월 전에는 조선에 온 일본 통신사 겐소(玄蘇)가 '내년에 (쳐들어)올 테니, 반드시 이를 전하라'고 말해서 이 말을 조정에 보고한 오억령을 민심을 어지럽혔다는 이유로 파직하는 일까지 벌어졌다. 이 모든 일을 방치하고, 당쟁을 조장하고 사실을 외면한 채 희망을 바탕으로 정세를 오판한 인물이 다름 아닌 선조다.

명종은 생전에 하성군이 총명하다고 칭송했지만, 나중에 사림의 붕당정치를 예언하며 경계했던 재상 이준경은 '하성군이 명철하기는 하지만 그릇이 큰 인물은 아니다. 예의가 바르기는 해도 절대 겸손한 성품은 아니다'라는 평을 남겼다. 훗날의 역사를 보면 이준경의 예언은 정확했다고 할 수 있다. 선조는 조선왕조에서 처음으로 적실의 소생이 아닌 서자 출신 왕이었다. 그는 평생 이 콤플렉스를 안고 살았다. 때문에 끊임없이 사람을 불신하고 감시하면서 사림의 대결과 암투를 이용해 자신의 권좌를 지켜냈다. 심지어 자신의 아들조차 불신해 광해군의 세자 지위를 불안케 만들었다. 이는 나중에 광해군이 권좌를 지키기 위해 폐모살제(廢母殺弟)를 하게 만드는 결과로 이어졌고, 더 나아가 인조반정으로, 종국에는 정묘호란과 병자호란까지 초래하게 만든 원인을 제공했다고 볼 수 있다. 조선 중기의 극심한 혼란과 전란, 병화가 어쩌면 선조의 용렬함에서 시작된 측면이 있는 것이다. 수많은 왕실 종친들 가운데 가장 명철했던 하성군은 콤플렉스라는 마음의 상처를 치유하지 못하고 누군가 이를 건드릴 때마다 앙심을 품고 속을 끓이다가 최고의 신하들을 거느리고도 결국 암군(暗君)이 되고 말았던 것이다.

선조가 자신이 서자 출신이라는 사실에 얼마나 콤플렉스를 느끼며 앙앙불락했는지를 잘 보여주는 일화가 있다. 선조 수정실록을 보면 1578년(선조 11년) 5월 11일 선조는 자신의 생부 덕흥대원군 사당의 이름을 정하는 것을 놓고 토의하던 중에 경연관 허봉이[14] 선조의 할머니 창빈 안씨를 첩이라고 칭하자 발끈한다. 허봉의 말을 그대로 옮겨 보자.

> 전하께서 안빈(安嬪)을 우리 조모라고 하시는 것도 역시 매우 잘못입니다. 비록 대원군이 계시더라도 적모(嫡母)에 압존(壓尊) 되어 감히 자기 어머니에게 어머니라고 부르지 못하는 법인데, 더구나 전하께서는 대궐에 들어와 대통(大統)을 이어받았으니 어찌 감히 조모라고 일컬을 수 있습니까? (중략) 안빈은 바로 첩모이기 때문에 시조의 사당에 들어갈 수가 없고 다만 사실(私室)에서 제사해야 합니다. (殿下稱安嬪爲我祖, 亦甚非也。雖大院君在, 亦壓於嫡, 而不敢母其母, 況殿下入承大統, 安敢稱祖乎?(중략) 安嬪是妾母, 不可入始祖之廟, 只合祭之私室)

14 허봉은 동·서 붕당 때 동인의 창당 멤버로 『홍길동』의 저자 허균의 형이며 허난설헌의 오라비다. 그는 율곡 이이와 동향 강릉 출신이었지만 율곡이 서인 편을 든다며 율곡의 탄핵에 앞장섰다.

화가 치민 선조는 "허봉이 무슨 의도로 감히 이런 이야기를 하는가?"고 노기를 띠었는데, 좌의정 홍섬이 나서 '허봉은 옛글만 읽었을 뿐 경험이 없어 그런 것이니, 젊은 선비의 기개를 포용하심이 옳다'고 달래서 선조는 하는 수없이 화를 가라앉힐 수밖에 없었다.

맹랑하지만 정곡을 찌르는 답변으로 영조의 계비가 됐던 정순왕후는 어찌 됐을까? 안타깝지만 그녀도 명예롭기는커녕 엄청난 오명(汚名)의 소유자가 됐다. 영조 당시 노론 당파 정치의 중심에 그녀가 있었다. 그녀의 오빠 김귀주는 세손이었던 정조의 외척과 대립해 공격하는 노론 벽파의 거두였다.[15] 정순왕후는 정조가 죽은 후에는 대왕대비로서 수렴청정을 하며 신유박해를 일으켜 조선 후기 최고의 인재라 할 수 있는 정약용 형제 등 노론 시파 제거에 앞장섰다. 대동기문[16]에는 정순왕후의 강한 성격을 짐작게 하는 일화가 전해진다. 삼간택에서 드디어 왕비로 간택된 경주 김씨 규수는 드디어 왕실에 들어가 입을 옷을 맞추기 위해 먼저 치수를 쟀다. 상궁이 옷의 치수를 재기 위해 잠시 돌아서 줄 것을 요청했는데, 그러자 15살의 경주 김씨 처자가 추상같은 어조로 나이 많은 상궁을 이렇게 쏘

15 김귀주는 정조의 외할아버지 홍봉한을 공격하는 공홍(攻洪)파의 좌장으로, 홍봉한 세력을 몰아냈다.

16 1926년 강효석이 편찬한 책. 태조대 배극렴(裵克廉)으로부터 시작하여 고종대 민영환(閔泳煥)에 이르기까지 총 716항의 역대 인물들의 전기. 일화가 실려 있다.

아붙였다는 것이다. "네가 돌아서면 되지, 감히 나더러 돌아서라고 하는가?" 아마 이것이 수렴청정으로 여주(女主)라는 평가를 받기도 했던 정순왕후의 내면의 본 모습이었을 것이다. 정순왕후는 결국, 중종의 계비로 을사사화의 배후 주역이라고 할 수 있는 문정왕후, 순조의 원비로서 시증조모인 정순왕후의 척족 경주 김씨 일파를 제거해서 자신의 친정인 안동 김씨들의 60년 세도정치 길을 열어준 순원왕후[17], 그리고 아예 나라를 말아먹었다 해도 지나치지 않을 고종비 명성황후와 더불어 조선의 4대 악후(惡后)에 이름을 올리게 된다.

그러면 밥에 뉘를 올려 선비의 신분을 물었던 총명한 청풍 김씨 처자, 현종비 명성왕후의 후일담은 어땠을까? 안타깝지만 그녀도 역시 당시 조정의 신하들로부터 문정왕후에 비견된다는 악평을 들었다. 자신의 아들 숙종이 어린 나이에 보위에 오른 데다 당시 왕실엔 숙종보다 나이도 많고 신망도 높은 종친들이 많아서 그녀의 불안했던 심정은 이해가 간다. 특히 억울하게 죽은 소현세자의 직손도 살아 있어서, 이 때문에 조정과 민간에도 인조의 둘째 아들인 효종의 직계로 왕통이 계속되는 것에 대한 불만이 꽤나 퍼져 있었다. 이에 불안을 느낀 그녀는 종친들을 제거할 목적으로 친정아버지 김우명을 사주

17 최근 발견된 그녀의 언문 편지 33통을 보면, 안동 김씨 전횡에 반대하고 견제한 흔적이 있지만, 그녀의 수렴청정 기간에 최악의 세도정치가 펼쳐졌으므로 4대 악후의 오명을 피하기 어렵다.

해 홍수의 변[18]이라는 고변 사건을 일으켰으나 조사 끝에 무고로 밝혀져 오히려 자신의 아버지가 목숨이 위태로운 지경에 이르게 된다. 조선시대에 무고 죄는 반좌(反座)라 하여 거짓으로 죄를 씌운 자에게는 그 죄에 해당하는 형벌을 받게 돼 있었기 때문이다. 그러자 명성왕후는 전례 없이 어전회의에 나타나 통곡을 하며 친정아버지를 변호해 목숨을 살려낸다. 하지만 이 일로 김우명은 다시는 조정에 복귀하지 못한 채 불명예를 안고 죽었고 남인들은 '문정왕후가 환생한 것 같다'며 대비를 비판했다. 절치부심한 명성왕후는 이후 자신의 사촌 오라비 김석주를 동원해서 외척 정치의 전성시대를 연다. 숙종 초기 서인이 남인을 역모로 몰아 대대적으로 제거한 대표적인 사건이 경신환국 이른바 경신대출척인데, 이 사건의 주모자가 바로 김석주고 그 배후는 명성왕후였다. 명성왕후의 성정(性情)은 그녀가 자신의 며느리 장희빈에게 사약을 내리도록 아들 숙종을 닦달했다는 예화에서도 짐작하고도 남는다. 무엇이 여배우 김태희로 상상되는, 재색을 겸비한 청풍 김씨 처자를 이토록 그악스러운 악후(惡后)로 만들었을까?

말 한마디로 인류 역사에서 최고의 대박을 친 베드로는 그 후 어찌 됐을까? 예수로부터 엄청난 칭찬을 받고 천국 열쇠까

18 왕실 종친들이 궁녀들과 사통해 사생아를 낳는 등 궁내 질서를 어지럽혔다는 고변 사건. 여러 궁녀들이 고문 끝에 숨질 정도로 삼사(三司)의 철저한 조사에도 불구하고 결국 무고로 밝혀졌다.

지 받았지만, 최후의 만찬에서 끝까지 스승을 따를 것이며 함께 죽을 수도 있다고 호언장담했던 것과 달리 베드로는 막상 예수가 체포되자 새벽닭이 울 때까지 세 번이나 부인했다. 물론 베드로는 닭 울음소리를 듣고 '나를 세 번 부인하리라'던 예수의 말씀이 생각나 통곡하고 회개했다. 그리곤 선교여행에 나서 결국 로마에서 네로에게 십자가에 못 박혀 죽는 순교를 당한다. 하지만 앞에서 본 루벤스 그림에서 드러나듯이 베드로는 천국 열쇠를 쥐었음에도 늘 후회와 근심 어린 표정으로 묘사될 만큼, 스승을 부인한 죄과의 오명을 벗지 못하고 있다.

조선시대 최고의 명문가 출신으로 출중한 용모에 배움도 많았고 총명하기까지 했던 사람들이, 그리고 인류 역사상 최고의 복을 받은 베드로까지 현실에서 최고의 지위에 올랐는데도 이들은 이후, 무엇 때문에 자신의 이름을 더럽힌 표상으로 남았을까?[19]

나는 이들의 그릇이 더러워졌기 때문이라고 본다. 앞서도 잠시 언급했지만 사람의 그릇은 '말'을 먹고 자란다. 이들은

---

19 물론 베드로는 회개와 순교로 이 굴레를 벗었다고 보는 것이 타당하다. 임진왜란 직전 학봉 김성일이 '일본은 쳐들어 오지 않을 것'이라는 잘못된 보고로 역사에 씻을 수 없는 오점을 남겼지만, 이후 경상도 초유사로 나서 의병과 관군을 모아, 1차 진주성 싸움을 지휘해 승리하고 공적조서에는 자신의 이름조차 거론하지 않았으며, 2차 전투를 대비하느라 고군분투하다 병사함으로써 그나마 명예를 지킨 것과 같다고 할 수 있을 것이다. 인간은 누구나 실수나 잘못을 할 수 있다. 이를 깨달았을 때 즉시 고치면 되는데, 베드로는 예수로부터, 학봉은 퇴계로부터 '혼의 말'을 들으면서 잘못을 고칠 수 있는 인성을 길렀을 것이다.

청소년기에 좋은 가문에서 좋은 교육으로 좋은 말을 들으며 반듯하고 아름다우며 큰 그릇으로 자라났을 것이다. 그런데 이들이 왕이 되고 왕비가 되면서, 이들의 그릇은 더러워지고 금이 가거나 심지어 그릇이 아예 깨져 버린 사람도 있다고 하겠다. 나는 그릇이 아예 깨진 사람으로 인조를 꼽는다. 인조는 선조의 첫 손자로 할아버지 선조로부터 귀여움을 독차지하며 자랐다. 특히 남편의 아들이 무려 14명이나 됐지만, 정작 자신은 아들을 낳지 못했던 선조의 정비 의인왕후는 어린 능양군(후일 인조)을 매일 궁으로 불러 각별히 애정을 쏟았다고 한다. 능양군도 대단히 영특해서 이런 할아버지 할머니의 기대에 부응했다고 하니, 인조 역시 어릴 때는 반듯하고 아름다운 그릇으로 또 큰 그릇으로 잘 자랐을 것이다. 하지만 광해군 집권 후 자신의 동생 능창군이 억울하게 역모에 걸려 죽임을 당하고 아버지 정안군마저 화병으로 죽으면서, 능양군은 절치부심 복수의 칼을 간다. 그리고 마침내 반정에 성공해서 광해군을 쫓아내고 정권을 잡았다. 하지만 반정공신인 서인들의 주도권 다툼에 늘 노심초사하며 주눅 들어 지낼 수밖에 없었다. 집권에 성공했지만 1년 만에 이괄의 난을 당해 공주까지 도망가야 했고 피신 전날 밤에는 유몽인 등 남인 대신 47명이 서인들로부터 척살되는 끔찍한 일을 겪어야 했다. 게다가 서인들의 논리를 좇아 중립외교를 버리고 향명배금(向明排金, 명나라를 섬기고 후금을 배척한다)을 천명했다가 두 차례나 국난을 초래해 오랑캐 앞에서 무릎을 꿇고 머리를 땅에 찧어 이마에서 피가 나는 삼궤구고두의 치욕까지 겪어야 했다. 한마디로 대신은 물론 일반 백성 앞에서조차 체면이 서지 않는 굴욕을 당한 것이다. 그러다 보니 인조는 늘 자신도 권좌에서 밀려날까 전전긍긍했는데 집권 서인들은 또 원당과 낙당, 한당, 산당으로 갈려 싸움에만 몰두했다. 권좌는 불안하고 국정은 어지러운 이런 콤플렉스가 극대화되면서 인조는 청나라에 포로로 끌려가 갖은 고생을 하고 8년 만에 돌아온 자신의 장남 소현세자를 6개월 만에 독살하고 며느리는 물론 손자들까지 죽도록 사주한 비정의 인간이 됐다. 이 정도면 인성(人性)의 그릇이 완전히 깨졌다고 밖에 말할 수 없다.

앞서 예로 든 선조와 명성왕후, 정순왕후도 조선의 고질병인 정쟁의 한가운데로 들어서면서 아름답고 반듯했던 인성의 그릇이 추하게 더러워지고, 금이 가는 일이 일어났다고 볼 수 있을 것이다. 정쟁에 시달리고 또 스스로 정쟁의 주역이 되면서 그들의 인성은 깨끗한 물을 담아도 지저분한 물이 되거나 금이 가서 물이 새는 그릇이 돼 버렸다. 심지어는 아예 깨져서 한 방울의 물도 담을 수 없는 사금파리가 돼 버린 것이다.

인성이란 청소년기에 기본 틀이 완성되지만 한번 만들어진 그릇이 언제나 그 모양 그대로 남아 있는 것은 아니다. 인성이란 사람들과 교유하면서 끊임없이 변화하기 때문에 청소년기에 이미 그 기본 틀이 완성됐다 할지라도 이후에도 얼마든지 변할 수 있다. 그래서 어떤 사람들과 어떻게 교유하며 사는 지가 중요하다. 교유의 핵심은 커뮤니케이션 즉 어떤 '말'을 주고 받느냐 하는 것이다. 그래서 사람의 그릇, 즉 인성은 '말'을 먹고 자란다고 한 것이다.

사람의 인성은 나쁜 말을 계속 들으면 당연히 위축되고 쪼그라들 수 밖에 없다. 마음에 병이 있는 사람들, 콤플렉스가 있는 사람들이 이를 극복하지 못하면 그 사람의 인성은 반듯하고 아름다울 수가 없다. 선조는 평생 서자출신이라는 콤플렉스를 벗지 못해 스스로 자신의 그릇을 작게 만들었다. 또 명성왕후와 정순왕후는 아들의 권좌를 지켜내거나 자신의 친정 경주 김씨 일문의 권력을 지켜내기 위해 스스로 당쟁의 한복판에 뛰어들어 음모와 배신 모함과 저주로 악한 '말'을 주고 받으면서 자신들의 그릇에 수많은 흠과 생채기를 만들었다고 할 것이다. 나쁜 '말'이 운명을 나쁘게 만들어 간 것이다.

생명의 말

생명의 말은 무엇보다 마음의 상처를 치유해 주는 말이다. 고통으로 힘들어하는 사람에게 위안을 주고 절망에 빠진 사람에게 희망을 주는 말이다. 조직의 갈등을 가라앉히고 화합과 통합으로 이끌어 주는 말이다. 분노를 가라앉히고 이해를 돕는 사랑과 용서의 말이다. 그래서 나라를 구하고 인류를 구하는 말이기도 하다.

어떤 '말'이 이런 힘을 가지는가? 과연 '말'은 죽어가는 사람을 살릴 수 있을까? '말'에는 진정 생명력이 있는가?

1870년대 말, 미국 보스턴의 매사추세츠 구빈원의 지하 병동에는 오로지 벽만 쳐다본 채, 절대로 입을 열지 않는 애니(앤의 애칭)라는 14살 어린 소녀가 있었다. 애니는 당시 미국 동북부에서 가장 천대받는 집단이었던 아일랜드 이민자의 딸이었다. 어머니는 애니가 여덟 살 때 결핵으로 세 아이를 남겨 놓고 세상을 떴고, 알코올 중독자였던 아버지는 2년 후 세 아이를 두고 집을 나가 버렸다. 그러자 친척들은 건강했던 애니의 여동생 메리만 거두기로 하고 애니와 남동생 지미는 듀크스버리의 병약자를 위한 구빈원으로 보내 버렸다. 사실상 버린 것이다. 애니는 다섯 살 때 트라코마라[20]는 질병을 앓아 눈이 거의 멀었고, 지미는 결핵성 고관절염에 걸려 거동이 몹시 불편했기 때문이다. 어린 두 남매는 1876년 2월에 구빈원에 보내졌는데, 거기서 3개월 만에 동생 지미가 숨을 거둔다. 애니는 어린 시절 시력을 거의 잃은 가운데서도 남동생을 열심히 돌봤었는데, 그 동생마저 죽자 절망에 빠진다. 세상 천지에 누구

20 트라코마(Trachoma): 클라미디아 트라코마티스라는 박테리아에 의한 감염병으로 눈꺼풀의 안쪽 표면이 거칠어지는 병이다. 치료하지 않고 놔두면 감염이 반복되면서 안구 각막이나 표면을 붕괴시켜서 영구 실명으로 이어질 수 있다.

하나 애니에게 관심을 갖는 사람이 없었다. 결국 애니는 심각한 우울증에 걸려 수시로 자살을 시도하고 괴성을 지르며 마치 짐승처럼 변해갔다. 회복 불능 판정이 내려졌고 애니는 정신병동 지하 독방에 감금 수용됐다. 절망과 분노, 미움과 증오가 온 몸을 휘감을 때는 맹수처럼 난폭해졌고, 그러다 지치고 힘이 빠지면 스스로를 철저히 고립시켰다. 절대로 사람을 보지 않았다. 오로지 벽만 바라보고 지냈다. 소녀는 완전히 미친 사람이었다. 의사들은 모두 손을 들었고 그 누구도 정신 병동 지하 독방의 그녀에게 관심을 두지 않았다. 그저 어서 미치광이가 죽기만을 기다리며 방치했다.

그렇게 오로지 죽음만을 기다리던 그때, 보스턴 정신병원의 퇴직 간호사였던 67살의 로라(Laura)라는 할머니가 구빈원의 정신 병동을 찾아온다. 로라는 날마다 정신 병동의 지하 병실을 찾아 애니를 상대로 얘기를 시작했다. 맛있는 음식을 싸오기도 하고 재미있는 얘기도 해주고 늘 소녀를 위해 간절한 기도를 해 주었다. 하지만 애니는 대꾸는커녕 오로지 벽만 향한 채 단 한번도 얼굴을 돌리지 않았다고 한다. 그런 나날이 이어져 어느새 8개월의 시간이 흐르고 계절도 바뀌었다. 보스턴은 가을이 일찍 찾아온다. 어느 날 로라는 애니를 면회 가기 전, 들판을 산책하다가 활짝 핀 국화를 보고 한 묶음을 꺾어 애니에게 들고 간다. 그리고 역시 돌아앉아 벽만 쳐다보고 외면하는 애니를 향해 꽃을 밀어 놓으며 '오늘 네 생각이 나서 꽃을 꺾어왔다'고 말한다. 그 순간 기적이 일어났다. 거의 4년을 말 한마디 않고 마지막 1년은 오로지 벽만 쳐다보고 살던 애니가 몸을 돌려, 로라 할머니를 바라보며 '정말 내 생각을 했어?'라고 물은 것이다. 이때부터 두 사람 간에 대화가 시작됐다.

두 달 후 애니는 지옥 같았던 구빈원을 4년 만에 벗어나 로라의 집으로 거처를 옮긴다. 그리고 퍼킨스 시각장애인 학교에 들어가 처음으로 손끝 촉각으로 글 읽는 법을 배우기 시작했고 1886년 학교를 졸업하면서는 졸업생 대표로 연설을 했다. 이 소녀가 바로 앤 설리번이다. 자신보다 더 심한 장애로, (헬렌켈러 자신의 표현을 빌면) '허깨비 세계에 사는 유령' 같았던 귀머거리이자 장님인 소녀, 헬렌 켈러를 세계적인 교육가이자 사

Johanna Mansfield Sullivan Macy,(1866.4~1936.10) 흔히 앤 설리번(Anne Sullivan)으로 불리는데, 헬렌 켈러를 가르친 평생의 스승으로 유명한 미국의 교육가다.

상가로 키워낸 분이다. 그 자신 역시 정신과 의사이자 심리학 교수로, 사회운동가로 20세기 미국의 위대한 사상가 중의 한 명이 됐다.

헬렌 켈러의 자서전 『나의 스승 설리번』을 보면, 앤은 64살이 돼서야 이 시절의 끔찍하고 참혹했던 기억을 제자이자 평생의 동반자였던 헬렌 켈러에게 털어 놓는다. 그리고 어느 겨울날, 앤은 어린 시절의 일기장을 모두 불쏘시개로 태워 버렸다. 헬렌 켈러가 소중한 일기를 왜 태우느냐고 묻자 앤은 '너무 불쾌하고 적개심에 들끓고 편향됐었기 때문'이라고 담담하게 말했다고 한다. 절망에 빠져 오로지 죽음만을 기다리던 소녀, 의사들도 포기했던 소녀를 절망에서 구해내 마침내 훌륭한 사상가로 만들어 내고, 또한 앤 설리번이 자신보다 훨씬 더 장애가 심했던 헬렌 켈러를 세계적인 사상가로 키워내도록 한 것은 보스턴 구빈원 정신 병동의 지하 병실을 끊임없이 찾아갔던 로라 할머니의 '말'이었다. 절망을 희망으로, 패배를 승리로, 죽음을 부활로 바꿔놓은 말이다. '생명의 말'이다.

앞에서 얘기했던 말의 네 가지 분류와 커뮤니케이션적 관점에서 살펴보면 로라는 애니에게 틀림없이 가슴의 언어, 이해와 공감의 언어로 말을 했을 테지만 처음 앤에게는 그저 입술의 언어, 머리의 언어로만 들렸을 것이다. 그것이 오랜 시간의 축적으로 서서히 앤에게 가슴의 언어로 들리기 시작했을 것이다. 그리고 들국화 꽃다발의 비언어적 커뮤니케이션이 더해져 '혼의 말'이 되는 순간 둘 사이에는 '영혼의 대화'가 이뤄진 것이라고 하겠다. 그렇게 해서 정신 병동 지하 독실의 한 마리 짐승에 불과하던 소녀가, 불가능을 가능으로 바꿔 놓는 기적의 스승이 된 것이다.

2009년 1월, 필자는 미국 중북부의 디트로이트를 찾았다. 세계에서 매년 첫 번째로 열리는 자동차 전시회, 디트로이트 모터쇼를 취재하기 위해서다. 2년 연속으로 같은 전시회를 취재하러 간 길이지만 느낌은 1년 전과 확연히 달랐다. 불과 몇 달 전 미국 월가의 4대 투자은행 리먼 브러더스의 붕괴를 시작으로 미국발 금융위기가 터지면서 세계경제가 곤두박질치는 와중에 열린 것이어서 그랬다. 특히 그 해 봄에는, 미국의 3대 자동차 회사 가운데 크라이슬러와 GM은 결국 파산을 하고 만다. 세계를 휩쓸던 미국의 자동차 산업이 이처럼 최악의 한파를 겪고 있는 와중에 열린 모터 쇼여서, 한해 전과 비교하면 전시장 면적은 거의 절반으로 줄었고, 전시장을 메우던 늘씬한 홍보모델들도 없어 차라리 썰렁할 지경이었다. 그래서 '미국 자동차 산업의 위기'에 초점을 맞춰 르포 기사를 쓰기 위해 디트로이트 구석구석을 찾아다녔던 기억이 아직도 생생하다. 디트로이트 북쪽에는 노스브룩(northbrook)이라는 동네가 있다. 유색인종들이 많이 살고 주민의 대부분이 저소득층인 전형적인 미국 대도시의 빈민가다. 1950년대 이곳의 초등학교 학생들을 상대로 한 추적연구가 시작됐다. 당시 이미 100년의 역사를 자랑하는 시카고의 노스브룩 학교 졸업생들의 빛나는 사회적 진출이 화제가 되던 시기라 같은 이름을 가진 다른 지역의 어린이들은 과연 어떤 결과가 나올까 하는 호기심 차원의 비교 연구였다고 한다. 그런데 디트로이트 노스브룩의 초등학교 학부모들은 70~80%가 마약과 도박, 알코올 중독 등에 빠져 정상적인 생활을 하는 사람이 드물었다. 조사는 이 아이들의 10년 후, 20년 후 직업과 소득, 생활환경 등을 추적했는데 1980년대 이 조사에 참여했던 한 사회복지학과생의 석사논문은 이 같은 환경에서 자란 아이들은 70~80%가 자신들의 부모처럼 마약과 도박, 알코올 중독 등에 빠져서 사회 하층민으로 살아가고 있음을 실증하고, 이런 결과는 어디서나 같을 것이라고 결론을 제시했다. 이때 초등학교에 부임한 한 교장 선생님이 우연히 이 논문을 읽게 된다. 교장 선생님은 50년대 당시의 졸업생들을 일일이 찾아다니며 현장조사를 했다. 결과는 특이했다. 일반적인 예측은 정확히 맞았지만, 특정 학년의 졸업생들은 정반대의 결과가 나온 것이다. 특정 학년 졸업생들의 90%는 교수와 의사, 변호사, 회계사 등 이른바 사회의 엘리트 지도층으로 자리 잡고 있는 것이었다. 교장 선생님은 졸업생들에게 비결을 물었다. '일반적인 예측으론 당신들 대부분은 사회의 저소득층이 돼 있어야 하고, 다른 학년 졸업생들은 그 예측이 맞았는데 왜 유독 당신들 학년만 예외적인가?' 그 학년 졸업생들은 앞다투어 답을 했다.

'우리들 5~6학년 때 여자 선생님 한 분이 새로 왔습니다. 기도가 뜨거운 독실한 신앙인이었습니다. 그분은 우리를 사랑으로 대해 줬습니다. 어린 시절 우리는 외로웠습니다. 아버지도 어머니도 우리를 사람 취급하지 않았습니다. 어떤 사람도 우리에게 관심을 준 적이 없었습니다. 누구도 우리를 사람으로 대해 주지 않았습니다. 우리는 버려진 아이들이었습니다. 그런데 그 선생님이 우리를 하나하나 붙잡고 기도하고, 칭찬하고 격려해 줬습니다. 우리의 얘기를 들어 줬습니다. 우리는 어디서도 그런 칭찬을 받아본 적이 없었습니다. 우리는 한 번도 그런 사랑을 받아 본 적이 없었습니다. 우리는 선생님의 사랑을 받으면서 변하기 시작했습니다. 그리고 우리의 인생의 방향이 달라졌습니다. 우리는 그 선생님의 사랑을 잊을 수 없습니다.'

참으로 가슴 뭉클한 얘기가 아닐 수 없다. 'To Sir with Love' 같은 영화에서나 봤음직한 얘기가 현실에서 일어나고 있었던 것이다.

한 가지 예를 더 살펴보자. 이번엔 우리나라 이야기다. 1970년대, 지리산 언저리의 시골 농고를 나와 울산 현대 중공업에 입사한 한 젊은이 얘기다. 현대 정주영 회장이 자신의 측근들에게 털어놓았고 정태기 치유상담 대학원장이 정 회장으로부터 직접 들었다는 얘기다. 이 청년은 시골에서 대기업에 입사한 덕분에 동네 장로님의 딸을 아내로 맞이하는 행운아가 됐다. 울산에서 신혼살림을 차렸는데 어느 날부터 활달하던 남편이 집에 오면 말이 없고 한숨만 내쉬더라는 것이다. 아내는 영문을 모른 채 그저 일이 힘들어서 그렇겠거니 하고 답답한 가슴만 부여잡고 지냈는데 어느 날 시내버스를 타고 남편 회사 근처를 지나다가 한 무더기의 사람들을 발견했다. 아줌마들이 울산 현대공단의 담벼락 주위에 모여서 풀을 뜯고 있었다. 그런데 그 풀 뜯는 아줌마들의 작업반장이 자신의 남편이더라는 것이다. 정 회장의 말을 빌면 '신입사원 3천 명 가운데, 어떻게 그렇게 무식한 놈이 들어왔는지 아무짝에도 쓸모가 없어서 그저 풀 뽑는 아줌마들 관리하는 일이나 시킨 것'이었다고 했다. 남편의 침묵과 한숨의 원인을 눈치챈 어린 새댁은 그날 저녁 남편이 퇴근하자 마주 앉아 밥을 먹다가 뜬금없이 '당신은 꼭 잘될 거야' 라고 말을 했다. 잠자리에 들어서는 이불 속에서 남편의 손을 잡고 '당신은 틀림없이 성공할 거야'라고 얘기했다. 새벽에 깨면 또 옆자리에 누운 남편의 손을 잡고 '당신은 반드시 큰 일을 할 거야'라고 속삭였다. '당신은 꼭 잘 돼, 하나님이 당신을 꼭 성공시킬 거야' 잠들기 전 남편의 손을 잡고 이렇게 말했고, 새벽에 잠이 깨면 또 남편의 손을 잡고 이렇게 속삭였다는 것이다. 그러기를 서너 달, 이 젊은 신랑의 태도가 변하더라는 것이다. 표정이 밝아지고 음성이 달라지고 걸음걸이가 달라지더라는 것이다. 정 회장이 전한 이 청년의 말에 의하면, 풀을 뜯기는 뜯는데 그렇게 신이 날 수 없더라는 것이다. 풀을 뜯으면서 노래를 부르는데 순식간에 7백 곡이 외워지더라는 것이었다. 시간이 흘러 겨울이 되자, 더 이상 잡초제거 작업이 없어지자 공장의 구내식당 청소로 작업이 바뀌었다. 어느 날 정 회장이 울산에 내려가 공장 구석구석을 둘러보는데 전에 없이 식당이 훤하고 깨끗해졌더라는 것이다. 왜 이렇게 식당이 훤해졌느냐고 물어봤더니, '누구누구가 환경정리를 담당하면서 이렇게 달라졌다'라는 것이다. 정 회장은 처음엔 모른 척했다고 한다. 그러고는 뭐든 문제가 있는 곳에는 그 친구를 데려다 시키라고 지시를 했는데, 놀랍게도 이 사람이 가면 몇 달 안에 반드시 문제가 해결되더라는 것이다. 적자 나는 회사에 보내면 흑자가 나고, 분규가 있는 곳에 보내면 분규가 사라지더라는 것이다. 이 사람은 결국 시골 농고 출신의 정규학력으로 현대 계열사의 사장이 됐고, 정 회장은 자신의 마음에 가장 아끼는 사람이라고 얘기했다는 것이다. 현대가 금강산 관광을 시작한 초기, 적자가 계속되자 정 회장은 이미 은퇴를 했던 이분을 다시 데려다 금강산 관광을 담당하던 현대아산에 투입했고, 회사는 6개월 만에 흑자로 돌아섰다고까지 술회했다.

죽어가던 소녀를 살려내고, 사회의 낙오자로 살 수밖에 없었던 아이들을 사회 지도층으로 길러내고, 실의에 빠졌던 신입사원을 회사의 최고 경영자로 길러낸 것은 '말'이었다. 퇴역 간호사 로라가 앤 설리번에게 해 준 말, 노스브룩 아이들에게 선생님이 해 준 말, 시골 농고 출신의 신입사원에게 아내가 밤마다 새벽마다 들려준 말, 그것은 '혼의 말'이었다. 사람을 살리는 '생명의 말'이었다.

굳이 카멜레온 효과를 다시 거론할 이유가 없다. 말은 사람을 최면시키는 힘이 있다. 같은 말을 자꾸 반복해 들으면 사람의 영적(靈的)인 자성(磁性)이 그 말 쪽으로 끌려가게 되어 있다. 따라서 어떤 말을 듣느냐에 따라 그 사람의 운명이 달라진다는 것이다. '믿음이란 바라는 것들의 실상'이라는 말이 있다. 어떤 믿음을 가지고 스스로 끊임없이 되뇌고 노력하다 보면, 반드시 그 바라는 것을 이루게 된다는 것이다. 말은 들으면 들을수록, 되뇌면 되뇔수록 그걸 쫓아가게 하는 능력이 있다는 것이다. 혹자는 그래서 말은 순항(크루즈) 미사일이라고도 했다. 말은 그런 기능을 한다. '말씀이 육신이 된다'는 성경 구절은 바로 말의 이런 속성을 꿰뚫어 본 데서 나온 말씀이라고 할 것이다.

죽음의 말

지금은 사라졌지만 불과 10여 년 전만 해도 우리 사회에는 사실상 공인된 사창가 골목이 버젓이 자리하고 있었다. 나는 사회부 초년병 기자 시절에 유명한 청량리 588골목을 가

본 적이 있다. 당시 사회부 기자는 새벽부터 변사체를 부검하는 장면까지 참관해 볼 정도로 사회의 온갖 구석구석을 뒤지고 다니던 터라 마침 출입처인 청량리 경찰서 관내에 전국에서 가장 유명한 곳이 있으니 호기심이 생겼던 것이다. 하지만 잘못 기웃거리다간 무슨 봉변을 당할지 모른다는 생각에 회사 로고가 붙은 취재차량을 타고 골목을 순회하며 구경을 했다. 예상은 했었지만 광경은 충격이었다. 유리로 된 쇼윈도 같은 건물 안에 사람들이 상품처럼 늘어서 있는 것도 놀라웠는데 더 놀란 것은 야한 옷을 입고 들어서 있는 젊은 여성들이 한결같이 늘씬하고 얼굴마저 빼어난 미인이었다는 사실이다. 짧은 구경을 마치고 나서 취재차에 동승했던 우리는 전원이 한결같은 소감을 말했다. '미스코리아 대회에 나가도 빠지지 않을 애들이 어째서 저기서 저런 일을 하고 있나?'

90년대 말, 서울의 한 대학에서 청량리의 이 여성들을 상대로 설문조사를 했다. 여성들이 조사에 많이 응하지 않아서 51명 만을 조사했는데, 답변 결과는 놀라웠다. 어려서 이들이 부모로부터 들은 말 가운데 공통적으로 가장 많이 들었던 말은 '저 웬쑤'라는 것이었다. 2위가 '나가서 뒈지지 않고…', 3위는 '밥이나 축내는 년'이라는 말이었다고 한다. 경제적으로 어려웠던 지난 시절을 돌이켜 보면 우리는 주위에서 그런 말들이 그저 습관처럼 횡행하던 때를 기억으로 갖고 있다. 지금도 이른바 시대극이라 불리는 아침 드라마를 보면 여자로 태어났다는 이유 하나만으로 어릴 때부터 차별과 학대, 무차별적인 언어폭력 속에서 성장하는 드라마 주인공들이 심심치 않게 묘사된다. 드라마에서는 다행스럽게도 고난 속에서 성장한 주인공들이 역경을 딛고 성공하는 훈훈한 스토리로 그려지지만, 실제 현실에서는 대부분 전혀 다른 결과로 나타났던 것이다. 빛나는 외모를 갖춘 젊은 여성들이 남들의 부러움을 사기는커녕 어째서 지옥 같은 삶으로 내팽개쳐진 것일까? 그것은 이들이 어려서부터 들어온 '말'에서 기인한다고 볼 수 있다. 바로 듣는 사람의 영혼을 파괴하는 '죽음의 말'이다.

아직 자아가 형성되지 않은 어린 나이에, 다른 누구도 아닌 자신의 최대 보호자가 돼 주어야 할 부모로부터 이런 죽음의 말을 들으며 죽음의 운명으로 내몰린 것이다. 죽음의 말을 들으며 자란 아이들은 자존감이나 긍정적 사고, 희망이나 삶에 대한 의지 등을 가질 수 없다. 죽음의 말로 영혼이 파괴된 아이들에게 세상은 누구 하나 의지할 데 없는 곳이고 그저 비관과 부정, 패배의식과 절망 밖에는 생각할 겨를조차 없었을 것이다. 설사 경제적으로 궁핍하다 해도 부모의 사랑을 받고 자랐으면 최소한 정상적인 생활인으로 살아가든가, 나아가 뛰어난 용모를 활용해 주위의 부러움을 독차지하며 살아갔을 훌륭한 재목들이 살아서 이렇게 지옥을 경험하는 참혹한 상황으로 내몰린 것이다.

누가, 무엇이 그들의 삶을 지옥으로 내몰았는가? 다른 누구도 아닌 그들의 부모, 그 부모가 내뱉은 '말'이 그들을 이렇게 만든 것이다. 그럼 과연 그네들의 부모는 자신의 딸들이 진정 거리의 여인이 되기를 바라서 그런 말을 한 것일까? 세상에 어느 부모가 그런 마음을 가지겠는가? 그럼 그 부모들은 왜 그런 죽음의 말들을 어린 자식들에게 퍼부었을까? 진정 '자식이 웬쑤'여서, '나가서 뒈지길' 바래서 그런 말을 했을까? 그 부모들 역시 자신의 부모들로부터 죽음의 말을 들으며 자랐고, 그래서 자신들의 삶이 결코 행복하지 않음으로 해서 자신의 자식들에게 역시 똑같은 죽음의 말을 물려준 것이 대부분이다. 마음에 상처를 입고, 그 상처를 치유하지 못 해서 자신이 가장 사랑해 줘야 할 가장 가까운 사람들, 자신의 어린 자식들에게 독설을, 죽음의 말을 내뱉은 것이다. 그런 말들이 어떻게 작용하는지, 어떤 결과로 나타날지 생각조차 못 하면서 그저 습관적으로 '말'을 퍼부은 것이다.

얼마 전 30대 가장이 두 살배기 어린아이가 보는 앞에서 외국인 출신 아내를 무차별 폭행하는 장면이 보도된 일이 있다. 온 사회가 공분하고 한·베트남 간 외교 문제로까지 비화돼 총리가 베트남 대사에게 사과하는 일까지 벌어졌다. 그때 나는 무엇보다 엄마가 무차별 폭행당하는 장면을 보며 경기에 가까운 울음을 터뜨리던 아이가 걱정됐다. 아직 말도 못 하는 어린 아이 앞에서 벌이는 부모의 싸움은 특히, 자신이 가장 의지하는 엄마가 무차별적으로 두들겨 맞는 모습은 아이에게는 하늘이 무너지는 공포로 엄습한다. 미국 정신신경학회의 연구에 따르면 아이들이 어린 시절에 받은 심한 충격은 물리적으론 신경막 세포에 손상을 가져와 경기나 뇌전증의 직접적인 원인이 되고, 정신적으론 트라우마로 남아 조현병이나 정신분열증의 원인이 된다고 한다. 사형수가 형 집행 전에 느끼는 뇌파의 크기가 700사이클에 이르는데, 부모가 싸울 때 말 못 하는 어린이가 느끼는 심리 불안의 뇌파도 역시 700사이클이라고 한다. 즉 부모의 싸움은 사형수가 죽음의 공포 앞에서 느끼는 정도의 어마어마한 충격을 어린아이에게 주는 것이다. 이 아이가 받았을 엄청난 상처를 치료해 주지 못하면, 이 아이는 정상적으로 성장하기가 어려울 수밖에 없다. 대인 공포증을 갖게 되고 심한 경우에는 자폐증이 올 수도 있고, 신체적으로도 이상이 올 수 있다.

영양분이 많은 깨끗한 물을 먹고 자라야 할 어린 묘목에게 양분은커녕 독이 든 오염수를 주게 되면 설사 그 묘목이 죽지 않는다 해도 건강하게 자랄 수 없거니와 묘목 자체가 독성으로 오염돼 아무짝에도 쓸모없게 된다. 그래서 나무를 알려면 그 나무가 뿌리내린 토양과 성장하면서 겪은 기후를 알아야 하는 것처럼, 사람을 알려면 태어나고 성장해 온 가정과 교우관계 등 성장환경을 살펴보는 것이 중요하다.[21] 조선시대 우리

21 정태기, 내면세계의 치유, 상담과 치유, 2010

나라에서는 이른바 권벌(權閥)을 유지하기 위한 족혼(族婚)의 수단으로 보학(譜學) 연구가 크게 유행이었지만, 미국에서는 사람을 연구하기 위한 교육심리학의 방법으로 가문 연구, 가계도 연구가 성행했다. 지금도 인구에 회자되는 미국의 유명 가문으로 조나단과 사라(Jonathan & Sarah)의 후손, 그리고 이와 비교되는 몇몇 가문이 있다.

말, 그 위대한 유산

2008년 가을, 뉴욕특파원으로 있던 필자는 매사추세츠 주의 작은 시골마을 노스 댐프턴(Northampton)을 찾았다. 미국인들이 공통으로 자신들의 역사에서 가장 훌륭하다고 꼽는 한 가문의 창시자 조나단 에드워즈 (Jonathan Edwards 1703~1758)의 흔적을 찾아보기 위함이었다.

조나단 에드워즈는 부인 사라와의 사이에서 12명의 자녀를 두었는데, 11명이 장성해 다시 82명의 손자와 손녀를 낳았다. 이 집안 출신 가운데 70명이 미국 역사 책에 등재됐을 정도다. 8대를 내려오는 동안 부통령이 나왔고, 인구 6백만 이상 대도시 시장이 3명 배출됐다. 연방 상원의원이 2명, 하원의원 3명, 예일과 프린스턴 등 굴지의 명문대 총장이 13명, 교수 65명, 의사 68명, 성직자 116명, 군인 76명, 저술가 85명, 변호사 149

명, 판·검사 48명, 고위 공직자 82명, 세계적 기업인 75명, 위대한 발명가 25명이 배출됐다.[22] 반면 조나단 에드워즈와 비슷한 시기에 뉴욕에서 살았던 마크 슐츠(Marc Schultz)라는 사람의 가문은 5대를 내려오는 동안 5년 이상 교도소 복역자가 96명, 매춘부 65명, 알코올 중독자 58명, 이름조차 못 쓰는 문맹자가 460명, 정부로부터 보조금을 받는 극빈 생활자가 286명이었다. 슐츠의 후손들이 각종 보조금을 수령해서, 세금을 축낸 것이 1억 5천만 달러나 됐다. 무엇이 비슷한 시기 미국의 비슷한 지역에 살았던 두 사람의 후대를 이토록 극명하게 갈라 놓았을까?

미국인들은 두 가문을 비교 연구하며 놀라운 사실을 발견한다. 조나단은 가난한 목사였던 반면, 슐츠는 뉴욕에서 술집을 운영해 당대에 돈을 많이 번 사업가였다. 슐츠는 어렵게 자수성가한 만큼 자녀들이 자신처럼 힘들게 살지 않기를 바라는 마음에서 자녀들에게 적지 않은 유산을 물려줬다. 조나단은 가난했기에 자녀들에게 금전적 유산은 거의 물려줄 수가 없었다. 조나단은 대신 가정을 학교로 생각하고 교육에 힘썼다. 여자아이들도 남자아이들과 똑같이 고등교육을 시켰다. 당시엔 미국에도 흔치 않았던 일이다. 그리고 목사였던 만큼 성경 읽기와 독서에 힘쓰도록 아이들을 유도하고 가르쳤다. 필자는

22 조나단과 슐츠 두 가문을 똑같이 5대씩 비교 연구한 자료에는 이 숫자가 좀 더 적다. 여기서는 조나단 가문을 8대까지 조사한 최신 자료를 인용했다. 슐츠가문은 5대까지 연구만 나와 있다.

매사추세츠 노스댐프턴의 (Massachusetts Northampton)의 제일교회(First Church), 조나단 에드워즈가 장년시절 목회를 하던 곳이다. 예배방의 한쪽 벽면에는 조나단 에드워즈의 흉상부조가 있다.

코네티컷 뉴헤이븐에 사는 조나단의 8대 손을 찾아 인터뷰하고, 그와 함께 조나단이 다녔던 예일대를 방문해 도서관에서 그가 필사한 성경과 일기장을 살펴볼 수 있었다. 1723년 8월 13일 조나단 에드워즈는 자신의 일기에 '성경을 철저히 아는 일이 내 인생에 얼마나 큰 도움이 되는지 모른다'고 썼다. (여담이지만, 조나단의 8대 손을 만나 명함을 받고 참으로 기묘한 생각이 들었다. '세상에 돈을 쓰는 것이 직업인 사람도 있구나'. 그의 직업이 자선사업가라고 돼 있는 것이었다. 그는 록펠러의 증손녀와 결혼했는데, 부인이 엄청난 유산을 물려받은 만큼 이를 잘 관리하고 좋은 일에 쓰는 것이 자신의 직업이라고 했다.) 반면, 슐츠는 성경에 무관심했고 자녀들에게 독서를 가르치지 않았다. 가정은 그저 의식주 기능을 갖춘 곳으로만 생각했다. 두 가문의 가장 결정적인 차이는 부부관계였다. 연구자들은 '조나단과 사라는 금슬이 너무 좋았다'며 '부부가 서로 사랑하며 행복하게 살았기 때문에 자손들이 자연스럽게 훌륭한 인물로 자라났다'고 평가했다. 연구자들은 결론적으로 이렇게 권유한다. "아이들을 훌륭하게 키우고 싶습니까? 그러면 아이들보다는 부부관계에 더 신경 쓰십시오. 부부가 믿음으로 서로를 존경하고 배려하고 살 때 자녀들은 자연스럽게 위대한 인물로 자라날 것입니다" 뉴욕 특파원 시절 취재해 보도했던 이 리포트가 아직도 인터넷에서 떠돌고 있어 필자로서는 그저 감사할 뿐이다.

뉴욕시 교육위원회가 이런 연구 조사 결과를 발표하자, 비슷한 류의 연구물이 쏟아진다. 조나단의 어릴 적 주일학교 친구인 맥스 쥬크(Max Juke) 가문에 대한 연구도 나왔다. 맥스의 후손들은 5대를 내려오는 동안 1,292명이 탄생했는데 유아기에 사망한 사람이 309명, 거지가 310명, 신체 불구자 440명, 매춘부 50명, 도둑 60명, 살인자가 70명 나왔다. 별 볼일 없이 산 사람이 53명이었고, 정상 생활자는 20여 명에 불과한 것으로 나타났다. 맥스는 어릴 때는 주일학교를 다녔지만 성장하면서는 신앙생활과는 거리가 먼 삶을 살았고 경제적으로도 넉넉지 못했다.

미주리주의 세인트 루이스에 있는 워싱턴 대학에도 또 다른 가문을 연구한 비교 연구가 있다. 이 학교의 사회복지대학 도서관 1층 북쪽 벽에는 조나단 가문과 스미스와 제니(Smith & Jenny)에 대한 비교표가 걸려있다. 스미스와 제니는 조나단과 같은 시기에 같은 매사추세츠 안에서 불과 100킬로미터 정도

떨어진 곳에서 살았던 사람들이다. 스미스와 제니도 조나단과 사라처럼 자녀들을 11명 낳아 길렀다. 워싱턴대 조사팀은 두 가문을 똑같이 8대 246년간의 기간을 조사했다. 결과는 판이했다. 스미스와 제니 가문에서는 사형수가 109명이 나왔다. 후손의 1/3은 정신병원에서 사망했고, 절반 이상이 문맹자로, 또 마약사범과 알코올 중독자, 범죄자의 길을 걸었다. 이 가문의 후손들에 의해 선량한 미국 시민 800여 명이 살해됐다.

똑같은 시기, 거의 같은 지역에 살았던 두 집안의 내력이 이토록 달라진 이유는 단순하다. 조나단은 평범했지만 부부가 화목하고, 정직하고 성실하게 살았다. 신앙생활을 했기에 아이들을 하나님의 선물로 여기고, 사랑으로 정성으로 아이들을 키웠다.[23] 반면, 스미스 가정에는 알코올 중독과 도박이 끊이지 않았고 부부 사이도 극도로 나빴다고 한다. 생활 태도가 바르지 못했고 당연히 신앙도 없었다.

기독교인들은 조나단이 목사였던 만큼, 신앙의 유무가 조나단 가문과 다른 가문들의 가장 큰 차이라고 말한다. 나는 이를 부인할 생각은 없지만, 부모가 자녀를 키울 때 사랑으로 키웠는지 아닌지가 보다 근본적인 차이라고 생각한다. 부모가 사랑으로 자녀를 대하면, 그때 그들에게서 나오는 말은 일차적으로 이해와 공감의 언어요, 나아가 혼의 언어, '생명의 말'이 된다.

23 정태기, 내면 세계의 치유1.2, 상담과 치유, 2010

반면 부모가 자녀에게 이해와 공감이 없는 입술의 언어나 머리의 언어로만 키우게 되면, 그 아이들은 감수성을 키울 수 없다. 아무리 옳은 소리라도 그것이 아이들에게 잔소리로 여겨지면 아이들의 자신감을 망가뜨리고 따라서 창의력의 원천을 메마르게 한다. 게다가 부모가 보여주는 비언어적 커뮤니케이션 즉 생활태도가, 알코올 중독이나 마약, 도박, 매춘 등으로 얼룩질 때 그 아이들이 듣고 보는 말은 바로 '죽음의 말'일 수밖에 없다. 어려서부터 부모들이 하는 죽음의 말로 그 영혼이 파괴됐는데 어떻게 바르고 건강하게 자랄 수 있겠는가?

미국에서 가장 훌륭한 집안으로 꼽히는 가문의 창시자가 목사였던 만큼, 미국의 신학교들은 경쟁적으로 조나단과 사라 가문을 연구한다. 과학적 근거가 뒷받침되는 것은 아니어서 소개하기가 조금 꺼려지기도 하지만, 흥미 있는 주장이어서 소개한다. 미국 캘리포니아주 파사데나에는 세계 90여 개국 110여 개 교파에서 유학 온 학생들 3천여 명이 다니는 초교파 신학교가 있다. 북미에서 가장 많은 목회자와 선교사 등을 배출한 유명한 풀러 신학교(Fuller Theological Seminary)다. 그 안에는 세 개의 대학원이 있는데, 심리 대학원에서 상담학을 가르치는 데이비드 옥스버그 교수는 부모로부터 받은 영적 유산을 물질적인 값으로 환산해 보았다고 한다. 옥스버그 박사의 주장에 따르면, 부모가 서로 사랑하고 존경하는 모습을 한 번 볼 때마다 자녀는 4천 달러 정도의 영적 유산을 물려받는다고 한다. 이것을 조나단 가문에 대비해 보면, 자녀들은 아침 일찍부터 아버지와 어머니가 정답게 마주 앉아 예배드리는 모습을 본다. 또 일을 마치고 집에 들어온 아버지가 저녁식사를 준비하거나 집안일을 하는 어머니를 가볍게 포옹하며 사랑한다고 속삭이는 모습을 보고 그 말을 듣는다. 또 잠자리에 들기 전 부모님께 굿나잇 인사를 하려고 방문을 열어보면, 두 분은 어김없이 다정하게 앉아 함께 성경을 보거나 기도하는 모습을 보게 된다는 것이다. 이렇게 하루에 세 번 부모가 다정하고 화목하게 사랑하는 모습을 보고 듣는 것만으로도 자녀들은 매일 만 2천 달러의 영적 유산을 받는다는 것이다.[24] 하루 만 달러씩만 잡아도 일 년이면 365만 달러, 10년이면 3천6백5십만 달러, 20년이면 7천3백만 달러의 유산을 받는다는 계산이다. 이 유산의 좋은 점은 세금을 내지 않아도 되고 또 자식에게 대대로 상속된다는 것이다. 자식은 곧 부모를 닮기 때문이다. 이렇게 어마어마한 유산을 받아 쌓았으니, 이 아이들의 영적 능력이 얼마나 풍요로웠겠느냐는 것이다. 그러므로 조나단 가문의 자녀들은 자신감과 창의력을 가지고 고난에 쉽게 굴복하지 않으며 어려운 일에도 도전하는 용기를 갖출 수 있었다는 것이다. 소망이 없는 곳에서 소망을 일궈낼 줄 알고 부정의 기운을 긍정의 에너지로 바꿀 수 있었다는 것이다. 이것이 미국 최고

24 정태기, 내면 세계의 치유 1.2, 상담과 치유, 2010

의 가문을 일군 비결이라는 것이다.

조나단 가문과 스미스 가문을 비교해 보면, 지능지수는 스미스 가문의 사람들이 오히려 더 높았다고 한다. 돈이 많았던 슐츠 가문, 머리가 좋았던 스미스 가문, 조나단의 어릴 적 친구였던 쥬크 가문 모두 행복한 가정을 꾸리지 못함으로 해서 자녀들을 죽음의 구렁텅이로 내몰았지만, 조나단과 사라는 행복한 가정을 만듦으로써 자녀들을 생명의 초원으로 이끌었다. 행복한 가정에서는 너무도 당연히 생명의 말이 오갔을 것이고, 불행한 가정에서는 늘 죽음의 말들이 횡행했을 것이다. 그 '말'의 차이가 자자손손 대를 이어가며 어마어마한 차이를 만들어 낸 것이다.

플라톤의 '가정 사다리'론

자녀 교육 얘기가 나온 김에 하나만 더 언급하고 가려고 한다. 인류의 위대한 스승 플라톤이 주장한 이론이다. 플라톤은 수많은 제자를 가르치면서 똑같은 조건에서 공부해도 월등하게 성과를 내는 학생과 전혀 그렇지 못한 학생이 있다는 사실에 의문을 가졌다. 플라톤은 그 원인이 성장환경, 보다 근본적으로는 가정에 있다고 생각했다. 부모가 어떤 사람이냐에 따라 자녀들의 삶이 크게 달라진다는 것이다. 플라톤은 이를 '가정 사다리'라는 개념으로 설명한다. 플라톤은 '가정이란 아버지와 어머니라는 두 기둥을 중심으로 이루어진 하나의 집단'이라고 설명한다. 두 기둥이 양쪽에 튼튼하게 서 있을 때 그 집에 사는 사람은 안정감을 갖는다. 또 아버지와 어머니가 서로 깊이 이해하고 존중하며 사랑하는 관계일 때, 아버지 기둥과 어머니 기둥 사이에 여러 개의 연결축이 형성된다. 즉 아버지와 어머니 두 기둥이 연결축으로 이어지는 사다리가 만들어지는 것이다. 사랑의 사다리, 가정 사다리라는 것이다. 아이들은 어머니와 아버지 사이에 이어진 이 사랑의 사다리를 오르내리며 사는데, 사다리가 튼튼하면 여기서 살아가는 아이들도 떨어지지 않고 안전하게 살아갈 수 있다는 것이다. 즉 정신도 몸도 함께 건강해진다. 반면 어머니 기둥과 아버지 기둥 사이에 불화가 일어나면 자연히 두 기둥 사이의 연결축도 몇 개 되지 않을뿐더러 그나마 부실한 축이 많다. 이 사다리에서 노는 아이들은 늘 불안에 시달리거나 자칫 추락할 수도 있다. 아이들은 가정이라는 사랑의 사다리를 붙들고 놀 수밖에 없는데 흔들리는 사다리, 부서진 사다리에서 놀아야 하는 아이들은 불안과 공포에 떨 수밖에 없고 때로는 추락해 심각한 부상을 입는다는 것이다. 플라톤은 결론적으로 '인생의 성공 여부, 행복의 여부는 아버지와 어머니 사이의 사랑의 사다리, 즉 가정이라는 사다리와 밀접한 관계가 있다'고 했다. 부모의 사랑, 가정의 화목이 아이들을 바르고 건강하게 키우는 최고의 유산이라는 사실을 플라톤은 이미 2천 년 전에 설파했고, 앞에서 본 미국의 네 가문은 이를 웅변적으로 입증하고 있다.

현대 정신건강학도 이 같은 이론을 뒷받침한다. 강북삼성병원의 정신과 노경선 교수는 한국 가족치료학회에 발표한 논문에서 '청소년들의 성장과정에서 무엇보다 중요한 것은 애정 어린 보살핌과 안정적인 가족 간의 유대감'임을 강조했다. 노 교수는 '전 세계에 고작 2천만 명 정도가 살고 있는 유대인이 노벨상 수상자의 65%를 차지하고 있는데, 유대인의 머리가 비상해서가 아니라 유대인들의 가정에 그 배경이 있다'고 주장했다. 2003년 11월 10일 자 더 타임지(The Time紙)에는 국민 지능지수와 경제적 번영의 상관관계를 분석한 기사[25]가 실렸는데 한국을 비롯해서 일본, 대만, 중국, 홍콩, 싱가포르 등 태평양 연안 국가 국민들의 평균 IQ가 105 정도로 가장 높게 나왔다. 홍콩이 107로 1위, 한국이 106으로 2위지만, 국가별 랭킹에선 홍콩과 중국(100)을 한 국가로 보고 합산해, 한국이 1위였다. 논문의 요지는 '동아시아 지역 국민들의 우수한 지능이 이 지역 경제번영의 주요 원인이라는 것이다.

유대인 아이들은 전통적인 유대교 가정환경에서 부모의 사랑을 충분히 체험하고, 덕분에 성인이 돼서도 크고 튼튼한 그

25 영국 얼스터 대학의 심리학 교수 리처드 린과 핀란드 헬싱키 대학의 타투 반하넨 공동연구, '세계 185개국 국민 평균 IQ와 세계 60개국의 IQ 및 국민소득 조사'

릇으로 지낼 수 있다고 한다. 인간은 본래 큰 그릇으로 가정에 보내지지만 성장과정에서 부모 관계가 나빠 가정 분위기가 흔들리고 불안하면 아이의 그릇은 점점 위축된다는 것이다. 또한 너무 심하게 가정이 흔들리면 금이 가기 시작하고 결국 이런 마음의 그릇을 가진 사람은 건강한 일, 사람을 받아들이는 일, 창의적인 일을 감당해 내지 못한다는 것이다. 노 교수는 '결국 인재는 건강한 가정이 바탕이 되어야 만들어진다'는 결론을 내린다.

이와 똑같은 얘기를 치유상담 대학원의 정태기 원장은 유대인의 정신적 지도자였던 구드리치(Goodrich) 박사로부터 직접 들었다고 소개한다. 구드리치 박사는 유대교 랍비이면서, 노벨상 수상자가 22명이나 거쳐간 명문대 세인트루이스의 워싱턴 대학교에서 17년을 봉직한 석학이다. 구드리치의 결론도 유대인들의 가정교육 방식이 아이들을 큰 그릇으로 만들었고, 그 결과 노벨상은 '유대인에게는 그저 문밖에 나가 주워오는 수고만 하면 되는 것'이라고 했다는 것이다. 구드리치는 유대교 가정교육의 네 가지를 꼽으면서 기도와 경전 읽기, 찬송을 꼽고 그리고 부부간의 사랑을 들었다. 기도와 경전 읽기, 찬송은 극히 종교적인 것이지만 비종교적으로 설명하자면 절대자에 대한 순종과 감사, 자신을 돌아보는 경건한 영적 체험이라고 할 수 있다. 자신을 한없이 낮추고 생활에서 절제하는 습관을 기르는 것이다. 이것은 대단히 중요하지만 꼭 유대교만의 특성은 아니다. 다른 종교도, 또 종교 없이도 갖출 수 있는 특성이다.

구드리치 박사의 얘기를 길게 늘어놓은 이유가 따로 있다. 정태기 원장이 구드리치에게 물었다는 것이다. '가정의 화목이 중요하다고 했는데, 그러면 노벨상 수상자 부모는 이혼한 사람이 없다는 말이냐?'고 정곡을 찌른 것이다. 구드리치는 뜻밖의 대답을 내놨는데, 유대인 노벨상 수상자의 1/3은 이혼한 가정의 자녀라고 했다. '그럼, 부부의 사랑과 화목은 어찌 된 거냐?'고 하자 비록 아이를 혼자 키워도 아이들 앞에서 어머니나 아버지가 기도와 경전 읽기, 찬송을 부르는 경건한 생활을 하고 이웃을 사랑하는 모습을 보이면 그 결과는 똑같다고 말했다고 한다.

여기서 우리는 플라톤의 사다리 이론이나 조나단과 사라 가문에 대한 연구 이론을 조금은 수정할 필요를 느낀다. 현대로 오면서 경제가 발달하고 여권이 신장된 사회에서는 이혼율이 급격히 증가한다. 안타깝지만 어쩔 수 없는 일이고 그래서 편부 편모슬하의 자녀들도 급격히 늘고 있다. 부모가 조나단과 사라처럼 서로 사랑하는 화목한 가정이면 더없이 좋겠지만, 부부가 서로 뜻이 안 맞아 같이 살면서 앙앙불락하기보다는 차라리 부부가 헤어져서 비록 편부나 편모슬하라고 하더라도 그 사랑을 온전히 아이에게 쏟을 수 있는 평온한 가정이 아이들에게는 훨씬 나은 것이다. 그러면 비록 한쪽은 없더라도 가정은 화평하고, 또 부족한 부분을 메우려는 보상심리로 인해 남은 한쪽 부모의 사랑이 더 강해져서 모자란 부분을 온전히 채워줄 수도 있다. 그렇게 자란 아이들은 정신적으로 더 성숙할 수도 있을 것이다.

나는 여기에 하나를 덧붙이고자 한다. 부모의 사랑, 가정의 화목이야말로 바로 '말'에서 시작되고 '말'에서 끝난다는 것이다. 부모와 자식이 이해와 공감의 언어, 나아가 경청(傾聽)을 하면서 여기에 더해 표정과 몸짓을 얹은 비언어적 커뮤니케이션을 더한 혼의 언어로 '영혼의 대화'를 하면 그 가정은 바로 조나단과 사라가 일군 것 같은 위대한 가문을 만들어 갈 수 있을 것이다.

4장

말의 품격, 내공과 기술

말의 품격

말의 내공

말의 기술

기술의 정수, 유머

말의 품격, 내공과 기술

2019년 6월 1일 경북 안동의 하회 마을 북서쪽 낙동강 변의 만송정(萬松亭) 숲에 백발의 노 작가 김훈(72)이 700여 명의 청중과 마주 앉았다. 그가 진행하는 '백두대간 인문캠프'의 기행길 오후 강좌였다. 노 작가는 나지막한 소리로 "우리 사회는 매일 악다구니와 쌍소리, 욕지거리로 날이 지고 샌다. 몇 년째다. 남의 고통을 이해하는 능력이 없어진 세상이랄까…" 라고 탄식했다.

평소 작가의 재기 넘치는 단문체 글 솜씨에 탄복했던 필자는 이 시대 병리 현상의 정곡을 찌르는 그의 일갈에 곪은 상처가 터지는 듯한 아픔과 속 시원함을 느꼈다. 잠시, 그가 이런 진단을 내놓은 배경 설명을 들어보자. 김훈은 그의 전작 '자전거 여행'에서 "인간의 삶은 감추어야 하고 또 드러나야 한다. 하회의 집들은 감추어진 삶과 드러나는 삶의 꿈을 동시에 구현한다"고 평했다. 그가 인문캠프의 종착지로 하회 마을을 택한 이유를 우리는 이어지는 다음 설명에서 짐작할 수 있다. "이곳에 오면 집과 길, 자연이 적당히 아름다운 거리를 유지하면서 비스듬하게 서로를 응시한다. 모든 존재가 직접 대면하지 않고 약간씩 비껴가면서 조화를 이루고 있다"고 설명한다. 그런데 지금 우리의 '현대 사회는 이런 전통을 전혀 이어받지 못하고 있다'는 것이다. "전통이 우리에게 가르쳐준 인간에 대한 경외심이나 연민, 남의 고통을 동감할 수 있는 감수성을 상실했다"고 비판한다. "세상의 목소리를 들어보면, 왜 떠들었는지조차 알 수가 없게 됐다. 어수선하고 천박한 세상이다. 우리 사회의 모두가 혓바닥을 너무 빨리 놀린다. 다들 혀를 놀리는데, 그 혀가 생각을 경유해 나오지 않았고 혀가 날뛰도록 내버려 두는 사회로 전락했다. 나한테 침 뱉으면 너한테 가래침 뱉는 격으로 서로를 공격하기 바쁘다"고 했다. 김훈은 현시대의 이런 천박함의 배경으로, "한곳을 오래 바라보는 능력이 없어졌기 때문"이라고 진단했다. "새가 알을 품듯, 선비들이 몇 개월 동안 틀어박혀 하나의 사유에 집중하듯, 몇 달이고 기다리고 조용히 기다리는 성실을 완전히 상실했다. 과거 그러한 전통들은 깊이 있는 사유와 창작을 가능하게 했다"고 분석했다.[26] 김훈의 다음 말이 폐부를 찌른다. "현재 우리가 사는 곳은 천박한 잔재주의 세계가 됐다", "이런 나라가 또 있을 수 있을까 싶다."

김훈은 이날 안동의 역사와 전통을 예로 들어 많은 이야기를 했다. 유교의 성지, 징비록의 고민 등 전통의 상징으로서 안동과 직업 혁명가인 이육사와 의성 김씨와 고성 이씨 가문 등 항일 독립운동의 총본산으로서 개혁의 안동 등 전통과 개혁의 조화와 가능성에 대한 질문을 던졌다. 그러나 김훈이 정작 강조하고 싶었던 것은 하회 마을 집들의 앉음새를 예로 들어 제기한 '비스듬히 외면한 존재의 품격'이었다는 생각이 든다. 그의 말을 다시 한번 새겨들어 보자.

> "집과 집 사이의 길들은 물이 흘러가듯 굽이친다. 길이 달려들지 않고 옆으로 돌아가는 구조다. 존재와 존재가 맞닥뜨리지 않고, 아름다운 거리를 유지하며 서로 비스듬히 응시하는 관계…. 저들은 간격 위에서 평화를 이룩한다."

이 시대를 사는 사람도 대부분 이렇게 살고 싶을 것이다. 문제는 이런 아날로그적 평화로움이 더 이상은 허용되지 않는다는 데 있다. 현관문을 열면 바로 몇 걸음을 두고 앞집과 맞닥

---

26 중앙일보, 2019. 6.3에서 인용

뜨려야 하는 아파트 주거 시대다. '아름다운 거리'를 유지한다는 것은 원천적으로 불가능하다. 그래서 이 시대 사람들은 물리적 거리의 맞닥뜨림을 피하기 위해 마음의 벽을 쌓음으로써 '거리'를 유지하려 드는지도 모른다. 이런 인위적인 간격 위에서 작위적인 평화를 살아내려고 애쓴다. 이른바, 현대인들이 추구하는 프라이버시(privacy)다. 문제는 인위적 프라이버시는 사람을 소외시키고, 소외된 인간은 스스로 고립감 속에 함몰됨으로써 인간에 대한 경외심이나 연민, 남의 고통을 공감할 수 있는 감수성을 상실하게 된다는 것이다. 그래서 무시로 남의 영역에 침범해 들어가면서도 또 나의 영역을 침범해 들어오는 누군가에 대해 그것이 무엇이든지 간에 핏발선 감정을 드러내고, 결국 매일 매일을 악다구니와 쌍소리 욕지거리를 주고 받는 '말의 전쟁', 말의 난투극을 벌이는 시대가 된 것이다.

말의 품격

말은 그 사람의 품성을 드러낸다. 무심코 던진 한마디에 그 사람의 인격과 수준이 고스란히 묻어나기 때문이다. 한자의 품(品)은 입 구(口)자가 세 개 모여 있다. 말이 쌓이고 쌓이면 곧 그 사람의 인품을 이룬다는 뜻이 아니겠는가? 인품이란 그 사람의 격과 수준, 품격을 말한다. 품격이란 한마디로 예의와 염치다. 상대를 배려해서 예의를 갖추고 스스로 경계해서 부끄러움을 아는 마음을 갖는 것이다. 작가 이기주는 『말의 품격』에서 '사람이 지닌 고유한 향기는 말에서 뿜어져 나온다'고 했다[27]. '말은 마음의 소리며, 사람의 마음을 얻는 것은 우주를 얻는 것과 같다'고도 했다.

같은 말을 뒤집어 생각해 볼 필요가 있다. 말이 품격을 잃으면 그 사람에게서는 악취가 난다. 내장 속에서 독소에 찌든 악취를 밖으로 끄집어 냈으니, 말하는 사람은 일단 속이 시원할 것이다. 욕설이 갖는 단 하나 긍정적 효과다.

하지만 순간적으로 메스껍거나 더부룩했던 속이 시원해지는 효과는 있겠지만, 다음 순간 말이 풍기는 악취가 자신을 감싸게 됨으로써 사람들은 그를 피하려 들 것이다. 뱉은 말의 값이 엄청나게 커지는 것이다. 문제는 그게 받아야 할 값이 아니라 지불해야 할 값이라는 점이다. 더욱이 그 말이 듣는 사람을 직접 향하게 되면 상대는 말의 독소를 온몸으로 맞게 되고, 그러면 순식간에 독소에 오염됨으로써 똑같이 독기를 내뿜게 될 가능성이 커진다. 결국 작가 김훈이 말했던 '나한테 침을 뱉으면 너한테는 가래침을 내뱉으며 서로 공격하기에 바쁜 형국'이 되는 것이다. 이런 것이 세태가 되면 그때는 개인이 지불해

27 이기주, 말의 품격, 황소북스, 2017

야 할 말의 값을 넘어 사회가 지불해야 할 말의 값으로 커진다. 한마디로, 품격을 잃은 사회가 되는 것이다. 그런 사회는 발전을 기대하기는커녕 퇴행만을 거듭하는 사회로 전락한다. 자고 일어나면 오로지 반대파 공격을 위한 소재 찾기에 골몰하고, 그래서 온갖 가시가 돋친 거친 말로 상대를 비방하고, 공격을 받으면 어떻게든 더 독한 말로 앙갚음하기에 바쁘다. 조선시대 못난 조상들의 당쟁이 그러했다. 그 결과 조선 후기 사회는 발전은커녕 후퇴만을 거듭하다가 결국은 이웃에게 나라까지 빼앗기고 말았다.[28]

말은 곧 그 사람의 인격이 됨과 동시에 그 사람이 거하는 장소를 만들고, 또 그 사람이 먹는 음식이 되기도 한다. 악취가 풍기는 말은 그 사람이 거하는 장소를 더러운 곳으로 만들고, 그의 영혼은 오염된 말을 생산하면서 시들고 병들게 된다. 결국 더러운 말은 그 사람의 주변은 물론 내면까지 더러운 것으로 만드는 것이다. 속담에 '칼에 베인 상처는 금방 아물지만, 말에 베인 상처는 평생 아물지 않는다'는 말이 있다. 그만큼 말의 독소는 진하고 오래간다.

한 사회를, 또 국가를 이끄는 지도자는 그 말이 전달되는 수용층의 범위가 넓은 만큼(영향력이 큰 만큼) 품격 있는 말을 사용해야 한다. 지도자의 말이 곧 그 사회의 품격을 대표하고 사회에

28 조선후기 당쟁의 본질에 대해서는 뒤에 다시 살펴 보기로 한다.

결정적 영향을 미치기 때문이다. '말은 한 사람의 입에서 나오지만, 천 사람의 귀로 들어가고 만 사람의 입으로 옮겨진다고 한다.'[29] 말이 품격을 갖추려면 먼저 상대를 존중하는 배려와 예의가 있어야 하고, 다음은 말하는 자신의 인격을 나타내는 관용과 절제가 담겨야 한다. 범부의 말이 이럴진대 하물며 지도적 위치에 있는 사람의 말은 어떻겠는가?

2009년 미국에서는 사상 최초의 흑인 대통령이 탄생했다. 불과 얼마 전까지만 해도 나는 미국인들로부터 '흑인 대통령이란 말은 미국을 모르는 사람들의 얘기다. 미국인 70%가 백인이고 그들의 내면을 알면 흑인이 대통령이 된다는 건 절대 불가능하다. 꿈도 꾸지 말라'는 얘기를 들었던 터라 무엇이 불가능을 가능케 한 것인지 알아보고 싶었다. 오바마의 당선과정과 이후 그의 대통령직 수행을 살펴보면서 나는 사상 최초의 역사가 만들어진 것은 단연코 그의 '말'이라는 결론에 도달했다. 오바마, 그는 어떤 말을 어떻게 했는가?

오바마의 연설은 국내에도 잘 알려져 있다. 그는 대중의 열렬한 호응을 이끌어 내고 뛰어난 말솜씨로 청중을 사로잡는다. 격한 감정을 표출하기 위해 소리를 높이기도 하지만 반면, 연설 중간에 무려 50여 초 간 침묵함으로써 청중의 감정을 한계점까지 끌어올리는 놀라운 반전을 선보이기도 했다. 연설

29 이기주, 말의 품격, 황소북스, 2017, p,138

을 하다가 갑자기 노래를 선창함으로써 그 자리의 모든 청중이 격한 감정으로 다 같이 어메이징 그레이스(Amazing Grace)[30]를 따라 부르도록 하는 등 가히 연설의 달인만이 할 수 있는 온갖 기법을 보여줬다. 내가 그의 연설을 생방송으로 지켜보며 감동했던 것은 2008년 11월 4일 이른바 슈퍼 화요일의 투표에서 당선이 확정되고, 그날 밤 시카고 그랜드파크에서 당선 수락 연설에 나섰을 때였다. 주재지 뉴욕을 떠나 워싱턴에서 3박 4일 동안 거의 매시간 투, 개표 상황을 국내에 전하던 특집 뉴스의 막바지라서 보다 편안한 기분으로 그의 말과 표정 몸짓을 지켜볼 수 있었는데, 오바마는 역시 기대를 저버리지 않았다. 그는 연설 중간에 미국 사회가 풀어야 할 과제를 툭 던져놓고는 먼저 자신이 '우리는 할 수 있습니다.(Yes, we can)'라고 했다. 두 번 세 번 이 같은 말이 반복되자, 청중들은 순식간에 다음 과제에 대해 목소리를 높여 'Yes, we can'을 외쳤다. 그것은 무려 6번이나 반복됐다. 연설자와 청중이 혼연일체가 돼서 모두 다 같이 연설을 완성해 나간 것이다. 참으로 감동적인 장면이었다. 이때부터 나는 그의 연설문을 읽어보는 게 취미가 됐다. 그리고 놀라운 사실을 발견했다. 그의 연설문 전체가 품격

30 Amazing Grace는 노예상인 출신인 존 뉴턴이 과거를 회개하고 더러운 죄를 사하여 준 하나님께 감사하는 마음으로 쓴 가사에 영국 민요곡이 결합된 노래다. 이 노래가 계기가 되어 영국에서 노예제가 철폐됐다. 2015년 오바마는 흑인 집단피살 장례식의 추모연설에서 이 노래를 불렀다.

으로 가득 차 있는 것이었다. 연설은 늘 희망과 긍정, 용기와 자신감, 용서와 화합, 그리고 미래로의 전진을 얘기하고 있었다. 또, 언제 어디서든 자신의 반대자들에 대해서도 존경과 경의를 표하고, 그들을 폄하하거나 조롱하고 비웃지 않았으며, 편가르기를 하거나 미움과 증오 분노를 부추기지 않았다. 또 국정의 어려움과 역경과 고난을 솔직하게 고백하고, 국가적 과제 해결에 동참을 호소할 때 결코 품위를 잃지 않았다.

오바마 정권이 출범하고 반년쯤 흘렀을 때는 전년도에 발생한 미국 발 금융위기 상황이 절정을 향해 치닫고 있는 국면이었다. 이때 그는 교육세를 올리기 위해 이른바 '부자증세' 연설에 나섰다. 오바마는 먼저 미국 공립교육의 실상을 솔직하게 고백했다. 가난한 집의 자식들이 얼마나 열악한 상황에서 형편없는 교육을 받고 있는지, 가난의 대물림을 계속할 수밖에 없는지 등을 얘기했다. 나는 당시에 미국의 공립학교 교육현장을 취재한 적이 있어서 이 상황이 단박에 이해가 됐다. 내가 살고 근무하던 뉴저지와 뉴욕은 미국 전체에서 최상위권의 부유한 지역이지만, 변두리 서민들이 사는 빈민가의 교육시설은 정말 열악하기 그지없었다. 맨하튼 할렘가와 뉴저지의 저지시티 중, 고등학교를 취재하고선, 어떻게 이런 시설에서 아이들을 가르치고 있는지 도무지 이해할 수가 없었다. 그런 곳들과 비교하면 우리나라의 교육 시설이 백배 우수했다. 물론 특파원이나 상사 주재원들의 자녀가 다니던 이른바 부유한 지역의 중, 고등학교들은 공립학교지만 우리나라 최고 대학교들보다도 시설이 더 좋았다. 한마디로, 미국의 극심한 빈부격차가 같은 공립학교의 시설에서 극명하게 반영되고 있었다. 오바마는 이 현실을 솔직하게 인정했다. 그리고 이대로 가면 미국은 삼류 국가로 전락할 수밖에 없다고 말했다. "상황을 이대로 방치할 수 없습니다. 교육을 개혁해야 합니다. 열악한 시설을 개선하고 우리 아이들이 좀 더 나은 환경에서 교육을 받을 수 있게 해야 합니다. 문제는 돈인데 지금 경제가 어려워서 누구나 돈을 내기가 쉽지 않습니다. 따라서 여유 있는 사람들이 돈을 좀 더 내야 합니다. 능력 있는 국민들이 돈을 좀 더 내서 우리 아이들을, 나라의 미래를 희망으로 가져가도록 호소합니다. 이것은 우리 아이들을 위한, 우리의 미래에 대한 고귀한 투자입니다. 기꺼이 이 고귀한 투자에 나설 우리 이웃들에게 우리는 모두 존경과 감사의 마음을 전해 줍시다."

감동하지 않을 수 없었다. 국가 최고 지도자의 이런 호소를 듣고 세금을 더 내는 것을 기분 나빠할 부자는 많지 않을 것이다. 나는 특파원을 나가기 직전, 이른바 '강남 부자들에게 세금폭탄을 안기겠다'는 당시 지도층의 얘기를 기억하고 있었기에 오바마의 이 연설은 정말 신선한 충격이었다. 이른바 '부자증세'라는 똑같은 얘기를 한편에서는 박탈감과 적개심을 부추기며 국민을 편가르기 하는 방법으로 펼쳐 놓은 반면, 바다 건너 다른 쪽에서는 돈을 더 낼 사람들에게 명분과 명예를 안겨주었다. 이를 통해 부자와 서민, 가진 자와 못 가진 자를 편가르기 하는 것이 아니라 서로를 존중하고 화합하게 해 사회의 통합을 이루도록 한 것이다. 말의 품격이란 바로 이런 것이다.

청중의 호응을 이끌어 내기 위해 사실을 과장하거나 왜곡하고 이념을 덧씌우지 않으며 상대를 적으로 만듦으로써 자신의 지지층을 결집하는 편가르기를 하지 않고, 미움과 증오 분노를 부추겨서 군중심리를 자극하는 선동을 하지 않는다. 저속한 표현으로 대중의 말초적 신경을 자극하기보다는 정중하고 예의를 갖춘 표현으로 상대의 인격을 존중해 주고, 그리고 긍정과 희망, 절제와 인내, 사랑과 용서, 통합을 얘기하는 것이다. 연설하는 사람이나 듣는 사람이나 모두가 자신이 속한 국가와 사회에 대해, 또 자신의 선조들이 꾸려온 역사에 대해 긍정의 마음으로 자부심을 갖게 하는 말을 하는 것이다. 그런 식으로 말을 하면 재미도 없고 마치 지루하게 이어지는 교장선생님의 훈화처럼 고리타분할 것이라고 예단할 수도 있지만, 오바마는 뛰어난 호소력으로 이런 선입견을 여지없이 깨뜨렸다. 말의 품격이 갖는 힘을 보여준 것이다. 그의 말은 뜨거운 반응으로 청중의 공감으로 이끌어냈고, 청중들 스스로 그의 말을 경청하려드는 효과도 가져왔다.

학생들의 시선을 끌기 위해, 일부러 저속한 표현을 쓰거나 자극적이고 선동적인 내용으로 스스로 품격을 떨어뜨리는 일부 인터넷 강사들, 오로지 조회 수를 늘리기 위해 자극적인 제목을 달거나 욕지거리와 비속어를 입에 달고 사는 인터넷 논객들을 보면, 꼭 이래야만 하는가 싶어 참으로 개탄스럽다. 하물며 이른바 지도자를 자처하는 정치인들이 미움과 증오 분노를 부추기며 국민의 편을 가르고, 상대를 향해 저주에 가까운 독설을 퍼부어 대는 것은 국가와 사회는 물론 자기 자신에게조차 도움이 되지 않는다. 설사 그런 독설로 잠시 권력을 잡고 영화를 누린다 한들, 시간이 지나면 그 사람의 이름은 오욕의 대명사로 오르내리게 될 뿐이다.

지도자의 말이 품격을 갖추려면 무엇보다 말과 행동이 일치해야 한다. 지도자의 말이 행동과 달라지면 신뢰를 잃게 되고, 그때의 말은 결과적으로 가장 품격 없는 말이 된다. 그래서 지도자는 자신의 말이 행동과 달라졌을 때, 또 과거에 했던 말이 시간이 지나 달라졌다면 사과하기를 주저해서는 안 된다. 꾸밈없이 사과하고 솔직하게 그 이유를 설명해야 한다. 이것이 그나마 품격을 유지하는 비결이다. 변명을 하는 것은 품격을 더욱 떨어뜨리는 일일뿐이다. 속칭 '내로남불'은 절대 해서는 안 되는 최악의 변명이다. 지도자가 되고자 하는 사람이나, 어쩌다 지도적 위치에 오른 사람이나 말이 품격을 잃으면 그의 인격은 형편없이 추락하고 만다. 비록 살아서 영화를 누릴지라도 지도자였다는 이유만으로 그는 죽은 후에 반드시 치욕스런 불명예의 대명사가 된다.

조선시대 수많은 성리학자들 가운데 국가에서 공식적으로

소위 성인(聖人)의 반열에 올린 사람은 송시열이 유일하다. 문묘에 모셔지고(종사되고) 종묘에도 배향됨으로써 성현으로 추앙받은 사람은 적지 않지만, 공자와 맹자처럼 성(姓) 뒤에 성인을 의미하는 자(子) 자를 붙임으로써 나라가 성현임을 공식으로 인정해 준 유일한 인물이다. 청나라 말기 변법자강운동을 주장했던 양계초가 조선의 성리학을 치하하기 위해 퇴계를 일컬어 '이부자(李夫子)'라고 칭한 일이 있다. 조선 후기 퇴계와 율곡의 저술을 책으로 편찬하며 두 사람을 각각 이자(李子)로 거론한 적이 있지만,[31] 각각 한 번씩 개인적 차원의 일이었고 조선왕조가 공식으로 칭한 적은 없다. 송시열은 조선왕조실록에 3천 번이 넘게 거론된 유일한 인물이다. 인조부터 숙종까지 4대에 걸쳐 임금으로부터 무려 167회의 출사를 요청받았고, 37번 나갔지만 그때마다 얼마 후에는 스스로 벼슬을 버리고 고향으로 돌아가 출세와 영달에 초연한 모습을 보였다. 오죽하면 노론을 증오했던 정조가 그를 송자(宋子)로 추숭하고, 215권에 달하는 방대한 분량의 송자대전(宋子大典)을 출간하도록 했겠는가? 그토록 대단한 성리학자지만, 그는 서인 노론의 영수로 늘 당쟁의 한복판에 섰고 수많은 정적을 만들어내며 자신과 생각이 다른 사람들을 사문난적으로 몰아 핍박하고 목숨을 빼앗았

31 이덕일, 송시열과 그들의 나라, 김영사,2016, p.20 이도중은 율곡의 책을 편찬하며 '李子性理書, 이자성리서'라고 했고 성호 이익은 퇴계의 책에 '李子粹語, 이자수어'라고 이름을 붙인 적이 있다.

송시열(1607.12.30 - 1689.7.19) 노론의 영수로 이언적, 이이, 이황, 김집, 박세채와 함께 조선의 최고 영예인 문묘종사와 종묘배향을 동시에 이룬 최고 6현 중 한 명이다.

다. 그 결과 자신도 83세의 나이에 객지에서 사약을 받고 비참하게 죽었다. 그의 죽음을 기록한 문서도 극명하게 엇갈려서 '별이 떨어지고 하늘에서 붉은 기운이 뻗쳤다'는 기술이 있는가 하면 '약을 거부하려고 드러누워 뻗대는 그의 입을 강제로 벌려서 사약을 들이부었다'고 죽음조차 조롱하는 글도 있다. 그뿐만이 아니다. 송시열의 노론 당으로부터 핍박을 받았던 영남 남인들의 지역에서는 그의 사후 3백 년이 넘은 오늘날까지도 집에서 기르는 개를 '시열이'라고 부르며, 걷어차고 구박하다가 복날에는 기어코 그 시열이를 잡아먹는 풍속을 지탱해 왔다.

송시열은 살아서 대로(大老)로 대접받았고 사후엔 성인으로 추숭 되었지만, 오늘날엔 조선 후기 3백여 년의 시간 동안 사회발전을 가로막은 위선적 성리학의 주모자로 낙인찍히고, 심지어 자신의 이름은 지금도 오욕의 대명사로 취급받고 있다. 퇴계와 율곡은 화폐의 주인공이 되고 정도전 조광조 정약용이 교과서에서 개혁가로 대학자로 평가받는 것에 비하면 송시열에 대한 대접은 초라하기 그지없다. 그가 이런 수모를 알게 된다면 저승에서도 통탄하지 않겠는가? 조선왕조에서 최고의 성현으로 공식 추앙받은 그는 왜, 살아서는 물론 죽어서까지 논란의 중심에 있고, 심지어 개 취급을 받으며 극과 극의 평가를 받고 있을까?

그의 말이 품격을 잃었기 때문이다. 그가 예송논쟁에서 보여준 주장과 논거를 보면, 송시열은 논쟁에서 궁지에 몰릴 때마다 현란한 논리와 방대한 학식으로 전세를 역전시키고, 오히려 상대의 약점을 공격하며 수세에서 벗어나 공세를 취하곤 했다.[32] 물론 그의 공세는 자신의 목숨을 보전하기 위한 필사의 방어였다. 조선에서 당쟁에서 패한다는 것은 곧 목숨을 내놓아야 하는 일이다. 그러다 보니 이것은 단순히 논쟁이라기보다는 목숨을 건 전쟁이었다. 칼 대신 말을 들었지만, 이때의 말은 칼보다 무서웠다. 이른바 '말의 전쟁'이다. 전쟁은 오로지 이기는 것이 선(善)이다. 전쟁에서 룰을 지킨다는 것은 어리석

32 여기서 송시열과 허목,윤휴, 윤선도 등이 벌인 예송논쟁을 자세히 소개할 필요는 없다. 송시열이 주장한 사종지설의 정이불체 체이부정 등의 논리는 국리민복과는 전혀 상관없는 공리공론으로, 정쟁을 위한 수단일 뿐이었다.

음의 대명사일 뿐이다. 일찍이 송양지인(宋襄之仁)[33]이라는 고사도 있지 않은가? 그렇기에 목숨을 건 전쟁에서 송시열이 온갖 수단과 방법을 동원해 적을 무너뜨린 것을 꼭 나쁘다고 비난할 일은 아닐지도 모른다. 실제로 허목과 윤선도 측에서 먼저 송시열을 처단하라는 상소를 올렸고, 또 당시 당파싸움은 왕이 자신의 권력 유지를 위해 일부러 싸움을 방조하고 이를 이용하는 측면도 강했다. 상대가 먼저 칼을 뽑았고, 지면 목숨을 내놓아야 하는 상황에서 상대에 대한 배려와 예의, 사랑과 용서, 인내와 화합을 얘기할 수는 없었을 것이다. 그래서 일면 이해도 되지만, 그러나 송시열의 말은 잔학했고 그가 내세운 명분과 실제 행동에는 엄청난 간극이 있었다. 그것은 어쩌면 성리학 세계관의 한계였을지도 모른다. 성리학의 최고봉이 주장하는 명분은 상황에 따라 말이 달라서, 자신이 하면 도덕이지만 똑같은 일을 정적들이 하면 패륜이었다. 요즘 말로 '내가 하면 로맨스, 남이 하면 불륜'이라는 철저한 내로남불의 논리였다. 성리학 자체가 위선의 학문이었다고 비판을 받는 것도 성리학자들의 말이 이렇게 신뢰를 잃었기 때문이었다.

송시열은 향명배청(向明背淸)을 줄기차게 주장한 철저한 모화론자였다. 그래서 북벌을 추진한 효종에게 중용돼 친청파였던

33 송나라 양공(襄公)이 초나라를 칠 때, 적이 도강 후 진영을 갖추기 전에 치자고 했으나 양공은 비록 적이라도 강을 건너 포진한 후에 치는게 도리라며 기다리다가 오히려 대패했다는 일화.

김자점 일당의 제거에 앞장섰고, 삼전도의 치욕을 입에 달고 살면서 대청복수론(對淸復讐論)과 대명의리론(對明義理論)을 주장했다. 그러나 송시열을 비롯한 서인들의 속내는 전혀 달랐다. 당시 실제로 북벌을 주창했던 사람은 병조판서 박서와 원두표(병자호란 남한산성 항전때, 청 건국의 전설적인 장수 양굴리(청 태조의 사위)를 죽이는 유일한 전투성과를 지휘한 인물, 훈련대장 이완 등 극소수에 불과했다. 대부분의 서인들은 입으로는 북벌을 주장했지만, 실제로는 북벌이 불가능하다고 반대했다. 그 선두에 송시열이 있었다. 말로는 북벌로 치욕을 갚자는 북벌설치(北伐雪恥)를 주장했지만, 군비증강에는 결사적으로 반대했다.[34] 민생이 중요하다는 이유였다. 송시열은 이른바 정유봉사(丁酉封事)라는 밀봉 상소를 올려 13가지 이유로 북벌을 반대하며 임금인 효종을 대놓고 비난했다.

> 전하가 재위한 8년 동안 세월만 흘렀을 뿐 한 치의 실효도 없었습니다. 위로는 명나라 황제께 보답하고 아래로는 신하와 백성의 기대에 부응하지 못함이 어찌 오늘에 이를 수 있습니까? 백성이 원망하고 하늘이 노해, 안에서 떠들고 밖에서 공갈하여 망할 위기가 조석(朝夕) 이르렀습니다.[35]

34 이덕일, 조선선비 당쟁사, 인문서원, 2018, p.191

35 이덕일, 조선선비 당쟁사, 인문서원, 2018, p.193

효종의 통치행위를 전면적으로 부정하면서 송시열은 주희의 핑계를 댄다. "주자가 처음에는 남송의 효종에게 금나라를 쳐 북벌하는 의리에 대해 간곡하게 말했으나, 20년 후에는 북벌에 관해 다시 말하지 않았다"는 논리였다. 송시열로서는 자신이 최고의 성현으로 여기는 주희가 했던 말이고 행동이니 따르는 것이 당연하다는 논리지만, 구차한 변명이었다. 겉말과 속말이 달랐다. 말이 품격을 잃은 것이다.

북벌에 대한 이중적인 태도로 효종과 갈등에 빠졌던 송시열의 자가당착은 어느 날 효종이 급서함으로써 자연스럽게 해소됐다. 이어지는 예송논쟁에서도 송시열은 또 이중적 태도를 보인다. 스스로 효종을 왕으로 모셨으면서도 장자가 아니라 차자라는 이유로 왕이 아닌 사대 부가의 예법을 따르도록 주장해 왕권 견제에 나선 것이다. 하지만 송시열의 이중적 논리는 두고두고 자신의 발목을 잡는다. 당장 2차 예송논쟁에서 서인들은 '왕을 사대부로 여긴' 논리 탓에 궁지에 몰리면서 남인에게 정권을 내주었다. 이번에도 송시열 등 서인을 구한 것은 현종의 급서였다. 효종은 귀밑에 난 종기에 침을 맞다가 과다출혈로 숨졌는데, 현종은 서인을 몰아내고 남인을 등용하는 순간부터 뚜렷한 병명을 알 수 없는 증상을 보이다 갑자기 숨진다. 현종의 의문사 끝에 14살의 어린 숙종이 등극함으로써 서인들은 전면 축출 위기를 가까스로 모면하고 다시 권력에도 복귀하지만(경신환국), 후에 기사환국으로 정세가 급변하자 송시열은 다시 '효종에 대한 역적'이라는 비판을 받아 귀양을 가고, 끝내는 불귀의 객이 되고 말았다.

현종이 급서하기 전, 평소 명나라 황제를 숭배하면서 청나라에 복수하겠다고 누누이 떠들고 다닌 송시열 등 서인 주류 세력들에게 진짜 복수의 기회가 왔다. 청에서 이른바 '삼번의 난'이 일어나 중국 대륙의 남부 전체가 전쟁터로 변하면서 청의 지배력이 크게 흔들리는 절호가 기회가 온 것이다. 앞서 효종은 송시열과의 유명한 기해 독대에서 자신은 청에 9년간 볼모로 잡혀 있어서 오랑캐의 사정을 잘 안다며 '10만 정병을 길러 관(산해관)으로 진격하면 중원의 의사와 호걸 중에 어찌 호응하는 자가 없겠는가?'며 북벌을 설득했다. 하지만 송시열은 임금의 면전에서는 수기형가(修己形家) 논리로 북벌을 반대하고, 어전을 물러나서는 '삼전도 치욕을 씻기 위한 복수'를 주장했다. 그런데 정작 절호의 복수 기회가 오자 송시열 등 서인은 그토록 강조했던 북벌의 '북'자도 꺼내지 않았다. 오히려 북벌에 나서자고 주장한 남인 윤휴를 격렬히 비난한다. 물론 효종 사후 북벌을 위한 군비증강은 사실상 전면 중단 상태였기 때문에 윤휴 등 극소수를 제외하면 임금부터 신하까지 북벌을 찬성한 사람은 거의 없었다. 입으로는 늘 떠들었던 북벌이지만, 실제 실행 가능한 상황이 되자 속내를 드러낼 수밖에 없었던 것이다. 즉, 북벌은 실제론 자신들의 명분 유지를 위한 구호에 지나지 않았던 것이고, 내심으론 북벌을 꿈도 꾸지 않은 것이다. 말과 실제 행동이 다른 위선이었다.

송시열은 앞서 삼전도 비문을 지은 이경석도 비판했다. 삼전도 비문은 항복문서였던 만큼 모두들 극구 사양했고, 결국 인조가 예문관 제학이던 이경석을 지목해 비문찬술을 명했다. 이경석은 어쩔 수 없이 조정의 대표로 '항복문서'를 지었던 것이다. 이경석은 효종 대엔 영의정에 이르렀는데, 청이 재침략 의사를 비추며 위협하자 스스로 국경까지 나가 구명 외교에 나섰다가 포로로 붙잡혀 백마산성에 감금됐고, 수차례 살해 위협에 시달리는 등 목숨을 걸고 나라를 구한 인물이었다. 그런 그가 현종 때 임금이 왕비의 신병 치료차 온양행궁으로 행차했을 때 신하들 누구도 문안하지 않았다고 세태를 비판하자, 돌연 이경석이 삼전도 비문을 지었다고 공격하고 나선 것이다. 이는 송시열의 거주지가 온양과 가까운 회덕인 만큼 이경석이 자신을 지목해 비판한 것으로 생각한 때문이었다. 그런데 송시열이 이경석의 삼전도 비문 찬술을 비난하려면 적어도 병자호란에서 자신은 떳떳한 구석이 있어야 했다. 하지만 송시열 자신도 병자호란 당시 인조를 모시고 삼전도에서 굴욕을 겪었던 장본인이었다. 이를 두고 후세는 '뭐 묻은 개가 뭐 묻은 개를 나무라는 격'이라고 했다. 요즘 말로 '내로남불'의 전형이다. 이 사건은 나중에 이경석이 자신의 비판은 송시열이 아니라 이상진 등 다른 사람들을 가리킨 것이라고 해명하고, 더 이상 대응하지 않음으로써 오히려 이경석의 명성만 높여주고 송시열이 비난받는 사건이 된다. 애초 한낱 산림처사에 불과하던 송시열을 극진하게 대접하고 조정으로 이끌어 준 사람이 다름 아닌 이경석이었기 때문이다.

예송논쟁과 북벌론에서 허적과 윤휴 등 남인들과 1.2차 전을 치른 송시열은 주자에 대한 해석을 두고 윤휴와 3차전을 치른다. 윤휴는 주희가 중용을 주석한 [중용장구]에 문제가 있음을 지적하며, 새롭게 [중용구]를 펴냈는데, 송시열은 윤휴에게 편지를 보내 중용구를 철회하라고 요구하다 듣지 않자, 직접 윤휴를 찾아가 따졌다. 송시열이 '주자의 해석이 그릇되고 그대의 학설이 옳단 말인가?'라고 하자, 윤휴는 '천하의 많은 이치를 어찌 주자만 알고 나는 모른단 말인가? 그대는 자사(子思)의 뜻을 주자만 알고 나는 알 수 없다고 생각하는가?' 라고 반박했다. 이로써 두 사람은 돌아올 수 없는 다리를 건넌다. 송시열은 '주자를 모멸하는 것은 사문난적(斯文亂賊)이니 그 해가 홍수나 맹수보다 심하다'고 했고, 이때부터 송시열의 서인들은 윤휴를 가리킬 때, 적휴(賊鑴), 참적(讒賊)이라고 했다.[36] 말이 칼이 됐고, 비수가 되어 상대를 찌른 것이다. 학문적 논쟁이 결국 '말의 전쟁'으로 비화한 것이다. 현종에서 숙종대에 이르기까지 당파싸움은 두 차례의 예송논쟁과 네 차례의 환국에서 보여지듯 격렬하기 짝이 없었고, 그 사이사이에도 '홍수의 변'

36 이덕일, 조선선비 당쟁사, 인문서원, 2018, p 224

이니 '허견옥사'니 '임술고변'이니 해서 터무니없는 음모와 조작된 역모사건으로 얼룩져 있다.[37] 결국 윤휴는 어이없는 모함으로 사약을 받았고, 그 주된 이유는 그가 송시열로부터 사문난적으로 지목당한 때문이었다. 물론 윤휴가 진정한 북벌론자였기 때문에 중국에서 삼번의 난이 진압되자 청을 의식한 숙종이 죽이지 않을 수 없었다는 분석도 있다.

숙종 6년(1680), 경신환국(경신대출척이라고도 한다)으로 서인이 다시 집권하면서 송시열은 대로(大老)로 대접받는다. 숙종은 임술고변 이후 흉흉해진 민심을 가라앉히기 위해 송시열과 박세채 윤증 등 당대의 명망가들에게 출사를 종용하는데, 송시열의 출사 소식은 젊은 사류들을 흥분시켰다. 이때만 해도 젊은 사류들은 송시열을 강직한 성품으로 믿어 의심치 않았다고 한다. 송시열이 회덕을 떠나 여주에 이르자 숙종은 승지 조지겸을 보내 맞아오게 하는 파격적인 대우를 한다. 조지겸은 여기서 송시열에게 임술고변의 전말을 자세히 보고하고 실행자 김익훈의 처벌을 주장했다. 삼사의 조사로 이미 고변자체가 무고임이 밝혀졌으니 조지겸의 보고는 당시 조정 전반의 분위기를 반영한 것이었다. 보고를 들은 송시열은 "그런 자는 죽어도

37 홍수의 변은 앞서 4장에서 설명한 바 있다. 허견 옥사는 삼복의 변으로도 알려지는 역모사건으로 이의 결말이 경신환국이다. 임술고변은 경신환국 이후 서인들이 남인을 마저 제거하기 위해 벌인 정치공작이다. 명성왕후의 4촌 오라비인 김석주가 배후조종하고 김석주의 처외숙인 김익훈이 실행했다.

애석할 것이 없다"고 답한다. 이 말이 전해지자 젊은 사류들은 환호했다. 드디어 정의가 세워진다는 기대가 컸다. 그런데, 정작 서울에 도착한 송시열은 무고사건에 대해 언급을 회피한다. 대신 효종의 세실 문제와 태조 이성계의 시호를 더 하자고 주장했다. 효종의 세실 문제란 그가 북벌대의를 주장한 공을 감안해 비록 사후 2대 밖에 지나지 않았지만(원래 위패를 옮기는 문제는 4대가 돼야 논의한다), 그의 위패를 옮기지 않고 신실(神室)을 만들자는 것이고 태조의 시호를 더하자는 주장은 이성계가 위화도 회군을 통해 명나라를 황제를 섬기는 '의를 밝히고 윤리를 바로 잡았다'는 것으로 소의정륜(昭義正倫)이란 시호를 더하자는 주장이었다. 난데없는 얘기에 조정은 어리둥절했는데 이는 송시열의 노회한 절충안이었다. 효종 세실 문제를 제안함으로써 자신이 효종의 종통을 부인했다는 비난을 상쇄하고, 동시에 태조에 소의정륜 시호를 더함으로써 조선의 진정한 왕은 명나라 황제라는 자신의 기존 입장을 견지하기 위한 것이었다. 이 문제는 논의 끝에 효종의 세실 문제만 송시열의 주장을 채택하고 태조의 시호는 정의광덕(正義廣德)을 올리는 것으로 일단락됐다. 정작 조야의 관심은 따로 있었는데, 송시열은 이에 대해서는 일언반구도 하지 않았다. 바로 임술고변의 주모자 김익훈의 처리 문제였다. 송시열은 숙종이 이를 거듭 묻자, 마지 못해 대답한다. "김익훈의 조부 김장생은 저의 스승이온데, 신이 익훈을 잘못 인도해 이 지경에 이르렀습니다. 잘못은 신에게 있사오니 통촉하여 주십시오"

송시열의 이 답변으로, 거짓으로 역모를 조작해 반대파를 죽인 임술고변의 무고자 김익훈은 목숨을 건진다. 자신의 개인적인 인연을 들어 죄가 명백한 거짓 고변자를 보호한 것이다. 대의명분을 목숨처럼 중시하면서 늘 도심(道心)을 논하고 인심(人心)을 경계하라고 가르친 대로(大老)가 막상 현실에서는 입버릇처럼 말해 온 대의명분, 도심을 헌신짝처럼 버린 것이다. 결국 그동안 그가 말해 온 것은 위선임이 드러났다. 비난 여론이 커지자 송시열은 '나는 나의 허물을 탓했을 뿐, 그를 변호하지 않았다'고 변명을 한다. 더 이상 송시열에게서 '말의 품격'을 기대하기는 어려워진 셈이다. '우리 편은 무조건 지킨다'는 진영논리, 이중성과 위선을 확인시켜 줬을 뿐이다.

이 일을 계기로 서인은 중진 노장파들의 노론(老論)과 젊은 사류들의 소론(少論)으로 갈라지기 시작한다. 젊은 사류들의 지지를 받고 있던 윤증은 과천까지 올라왔다가 박세채와의 대화 끝에 출사를 고사하고 돌아간다. 박세채도 뒤를 따랐다. 윤증은 자신이 출사하기 위한 조건으로 세 가지를 물었는데 박세채는 셋 모두 어렵다고 했다. '첫째는 서인과 남인을 화평케 할 수 있겠는가? 둘째는 정치에 부당하게 간여하는 삼척가(김석주, 김만기, 민정중 등 세 외척) 세력을 제거할 수 있겠는가? 세 번째는 집권당 사람들이 오로지 자파의 사람만 등용하는 편협한 인재 등용을 바로잡을 수 있겠는가?'였다. 하지만 집권 서인들은 첫째 가해자인 서인을 옹호하고, 둘째 척신들과 야합했으며, 셋째 자기네 인물들만 등용했다.[38] 윤증이 제시한 정국 수습 3대 방안은 오늘날의 표현으로 치면 닫힌 정치에서 열린 정치로, 투쟁의 정치에서 화해의 정치로, 증오의 정치에서 사랑의 정치로 나가자는 것[39]이라고 하겠다. 어쩌면 3백 년 후 오늘날의 정치 상황과 똑같이 닮았다. 하지만 당시 집권세력은 이를 받아들일 의사가 전혀 없었고, 그 중심에 송시열이 있었다.

윤증 부자를 대했던 송시열의 행동도 편협했다. 윤증의 아버지 윤선거는 애초 송시열의 친한 친구였고, 아들 윤증은 송시열의 제자였다. 윤선거는 송시열이 윤휴를 사문난적으로 몰아 공격할 때, 윤휴와 절교하라는 송시열의 강권을 마지못해 받아들인다. 하지만 윤선거는 송시열이 지나치다며 황산 서원과 동학사에서 두 차례에 걸쳐 송시열과 논쟁을 벌였다. 문제는 윤선거 사후에 불거졌다. 윤선거는 현종 10년에 사망했는데, 먼저 윤휴가 윤선거 사망에 대한 조의문을 보내왔다. 당시 대세 권력이던 송시열의 눈 밖에 날 것을 의식해 이를 받지 말자는 의견이 있었지만 윤증은 조의문은 받는 것이 예의라며 접수한다. 하지만 윤증은 곧 후회한다. 윤휴가 보내온 조의문

38 이덕일, 조선선비 당쟁사, 인문서원, 2018 p. 259
철저한 진영논리에 따른 진영정치의 결과물이다.

39 이덕일, 조선선비 당쟁사, 인문서원, 2018 p. 260

에 아버지 윤선거가 송시열에 끌려 다녔다고 비난하는 구절이 들어 있었던 것이다. 그렇지만 사태는 이미 엎질러진 물이 된다. 윤증이 윤휴의 조의문을 받았다는 소식이 송시열에게 전해진 것이다. 처음엔 '천지가 어두운데 별 하나가 높게 빛났다'고 제문을 써주었던 송시열은 윤증이 윤휴의 조의문을 접수했다는 소식을 듣고는 태도를 바꾼다. 윤선거 부자가 자신의 강권을 무시하고 몰래 윤휴와 통교했다고 의심하기 시작한 것이다. 이 상황에서 윤증은 박세채에게 아버지 행장을 지어달라고 부탁하고 현종 14년에는 스승인 송시열에게 아버지 비명을 써 달라고 요청한다. 송시열은 이를 수락했다. 그리고 약 반 년 만에 비문을 보냈다. 그런데 송시열은 박세채가 지은 행장을 그대로 비문에 옮긴 후에 이렇게 덧붙이기만 했다. "현석(박세채)이 윤선거를 극찬했기에 나는 그대로 기술하고 창작하지는 않는다." 윤선거에 대한 조롱이었다.

윤선거는 병자호란 때 가족을 이끌고 강화도로 피난을 가서는 동료들과 위급한 상황이 오면 살아서 치욕을 당하지 말고, 순절하자고 약속을 했었다. 하지만 막상 강화도가 함락되자 친구들은 물론 자신의 부인까지 자결을 택했는데, 윤선거는 그만 구차하게 살아남았다. 전부터 친하게 지내던 종실(宗室) 진원 군이 남한산성에서 농성 중인 인조에게 항복을 권하는 오랑캐의 사절로 보내지는데, 이때 진원 군의 노비를 자처해 따라나서 목숨을 건진 것이다. 윤선거는 이를 두고두고 부끄러워하여 효종 때는 참회의 상소를 올렸고, 이후 고향에 은거해 평생토록 벼슬과 재혼도 포기하고 학문에만 몰두하며 속죄의 삶을 살았다. 그래서 당대 많은 선비들로부터 동정과 용서를 받았는데, 송시열은 이를 다시 힐난한 것이다.

윤증은 여러 차례 송시열에게 편지를 보내 아버지 비문을 고쳐줄 것을 요청했다. 하지만 송시열은 요지부동이었고, 이런 말까지 들려왔다. "공(윤선거)은 고니와 같으나, 나는 땅속의 벌레와 같을 뿐이다. 그런데 내가 공을 따른 지 오래되었지만, 그 깊은 학문은 엿보지도 못했다." 명분과 의리의 나라 조선에서 씻을 수 없는 콤플렉스를 안고 은자의 삶을 살았던 윤선거의 삶과 학문을 비꼬았던 것이다.[40] 앞서 송시열이 이경석을 비판했던 것과 일맥상통하는 대목이다. 윤증은 그러나 수모에도 불구하고 일단 스승에 대한 도리와 예의를 지킨다. 숙종이 즉위하고 2차 예송논쟁이 계속되면서 송시열이 공격을 받자 '송시열은 자신의 스승'이고 자신 역시 예송논쟁에 책임이 있다며 사헌부 집의라는 벼슬 제수도 마다하고 낙향해 고향 논산에서 칩거했다. 그리고 천리 길을 걸어 경상도 장기까지 송시열을 찾아간다. 송시열은 2차 예송논쟁에서 패해 함경도 덕원으로 귀양갔다가 다시 장기로 유배지를 옮긴 상태였다. 송시열은 그곳에서 남인들을 공격하는 '주자대전차'를 찬술하고

40 이덕일, 송시열과 그들의 나라, 김영사, 2016. p. 288

있었다. 천리 길을 찾아온 제자이자 친구의 아들에게 송시열은 본문을 거의 그대로 둔 채 지엽적인 글자 몇 개만 고쳐주고는 이렇게 말했다. "내 자신이 박세채를 산악같이 존경하므로 그의 중망을 빌어서 쓰는 것이 마땅하지 않겠는가?" 이는 박세채가 윤선거의 행장을 쓰며, "실로 높은 산악이다"라고 한 것을 빗대 조롱한 것이다.

이때부터 윤증은 송시열과 영원히 결별한다. 그 이후의 과정이 앞서 기술했던 경신환국 후 숙종의 세 명망가(송시열, 윤증, 박세채) 출사 요청이었다. 후세 사람들은 이를 두고 '회니시비'[41] 라고 불렀다. 나와 의견이 다름을 용납하지 않고 그것이 곧 틀렸다고 결론짓는 독선과 독단이 가져온 결과였다. 여기에 상대방을 배려하는 예의나 포용, 화해나 통합은 없었다. 편협한 사고와 행동이 수십 년 지기와 제자인 그 아들까지도 적으로 만들고 서로 목숨을 뺏고 뺏기는 전쟁으로 비화하도록 만든 것이다. 주자학 절대주의를 고집하는 송시열과 주자학의 상대주의를 주장한 윤휴와의 대결은 중세유럽의 마녀사냥과 하등 다를 바 없었다. 그 와중에 윤휴가 먼저 목숨을 잃었고, 송시열 자신도 당쟁에 밀려 목숨을 잃는다. 송시열의 노론과 윤증의 소론도 철천지원수가 된다.

송시열 당대에 있었던 환국이나 고변, 옥사가 일어날 때마다

41 송시열이 살던 대전의 회덕과 윤증이 살던 논산 이성의 지명을 따서 부르는 이름이다.

적게는 수십에서 많게는 수백 명이 목숨을 잃었다. 피는 피를 부르고 복수는 복수를 낳았다. 한 가족의 멸문지화는 다음번엔 삼족을 멸하는 것으로 확대됐고, 그다음에 기회를 잡은 피해자 측은 구족을 멸하는 것으로 복수했다. 입으론 도덕과 윤리를 외쳤지만 현실에선 죽느냐 사느냐의 전쟁만이 있었을 뿐이다. 이기는 것이 곧 선이요, 지는 것은 악이었다. 따라서 공작과 음모, 거짓과 조작, 선동, 야합, 배신 등 모든 수단이 동원됐고, 내 편이 아니면 왕이라도 독살이나 암살을 하려 들었다. 형제와 자식, 며느리와 손자까지도 역적 혐의를 씌워 죽여 버렸다. 도덕과 의리를 숭상하고 충과 효를 실천하며 예의와 염치를 기본 도리로 가르치고 살았던 사회지만 실상은 이처럼 겉과 속이 완전히 달랐다. 춘추대의를 논하는 성리학 가르침의 모든 것이 현실 세계에선 완전히 거꾸로였다. 철저한 위선이요, 엄청난 자기모순이었다.

이런 모순과 위선은 송시열 당대와 이후의 조선 후기를 내내 관통한다. 성리학은 조선이 멸망할 때까지 지배이념이었고, 이를 절대적 교리로 집대성한 송시열은 위대한 성인으로 추숭됐다. 그의 이념적 후예인 노론은 조선의 멸망 그 순간까지 절대적 지배층이었다. 이완용은 구한말 노론의 좌장이었다. 그에게 일본과의 합방은 명에서 일본으로 사대의 대상을 바꾼 것에 불과한 것이었다.[42] 노론의 지배이념과 현실 정치의

42 이덕일, 송시열과 그들의 나라, 김영사, 2016

행동 논리에 따르면, 한.일합방도 얼마든지 자기 합리화가 가능한 것이었다. 말과 행동이 다르고, 내로남불을 당연시해 온 마당에 자기 합리화가 불가능한 일은 거의 없었다. 실제로 이완용은 '한.일 합방이야 말로 미개한 조선 백성과 동양평화를 위한 것'이라고 강변했다. 품격을 잃은 말이 횡행하는 시대가 수백 년을 흐르자, 나라를 팔아먹는 일까지 떳떳한 일로 둔갑한 것이다. 참으로 대단한 자기 합리화다. 말과 행동이 다른 것을 부끄러워하지 않고, 당파의 이익을 위해서는 음모와 조작도 서슴지 않았고, 내로남불과 적반하장을 당연한 것으로 여겼다. 말의 품격, 예의와 염치를 완전히 상실한 시대였다. 어쩌면 이것이 그들이 주창해 온 춘추대의(春秋大義)의 속내였는지도 모를 일이다.

조선을 멸망으로 이끌었던 당시의 지배층 노론과 지배이념인 성리학에 대한 비판은 오늘날 우리 사회에서 거의 공통적이다. 그런데 최근 전혀 새로운 국면이 전개됐다. 이념이 좌우로 극명하게 갈리면서, 노론과 성리학의 위선에 대한 비판은 공통적이되 서로 상대편을 향해 노론의 후예라고 비난하기 시작한 것이다. 좌파는 '노론이 나라를 팔아먹고 일제 강점기 귀족으로 변했으며, 해방 후엔 친일파가 정권을 잡았고 그 후예들이 반공을 내세우며 우파를 이뤄 현대 한국의 주류가 됐다'고 비난한다. 그래서 이른바 '주류세력의 교체'야말로 노론의 후예와 일제 잔재 청산이라는 시대적 과제라고 주장한다. 반면 우파는 '친일파는 좌, 우 모두에 있었는데, 북한 정권의 반대파 숙청 명분이 친일파 제거였다며 불순한 의도를 제기한다. 이념을 앞세운 공리공론과 관념주의, 실용 배격과 현실 무시, 말과 행동이 다른 위선, 반미 반일과 친중 친북 노선, 자신들이 하면 정의지만 남들이 하면 불의로 내모는 내로남불의 행태 등 좌파의 생각과 행동이 노론의 행태를 빼닮았다고 비판한다. 조선을 말아 먹었던 분열과 대립, 사회 발전에 하등 도움 안 되는 관념적 논쟁과 갈등, 진영이 다르면 '의견이 다른 친구'가 아니라 '죽여 없애야 할 적'으로 보는 당쟁의 DNA가 또다시 발현되고 있다는 느낌이 드는 건 필자만의 기우일까?

품격 있는 말은 형식상의 예의와 배려를 넘어 그 내용에도 존중과 건설적 의지가 담겨야 한다. 부정과 절망 비관의 내용으로, 또 증오와 미움 분노와 질시의 내용으로는 품격을 말할 수 없다. 근거 없는 의혹 제기와 '아니면 말고'식의 무책임한 폭로, 말은 그럴 듯 하되 행동이 다르다거나, 자기에겐 관대하되 남에겐 추상같은 내로남불은 아무리 고상한 형식으로 포장해도 품격과는 동떨어진다. 남을 비판한다고 품격이 떨어지는 건 아니다. 비판은 얼마든지 가능하되 조롱과 비아냥으로 비판해선 안된다. 내로남불로는 절대 안 된다. 이간질은 더더욱 안된다. 그것은 품격이 아니다.

현대사의 위대한 영웅으로, 또 인류의 스승으로 거론되는 넬슨 만델라는 과거 남아프리카의 유명한 인종차별 정책 '아

넬슨 만델라

파르트헤이트'의 최대 피해자였다. 27년을 감옥에서 보내고 1990년에야 출소했는데, 다음 해 아프리카 민족회의 ANC 의장에 취임해 아파르트헤이트를 철폐시키면서 정국의 핵으로 부상한다. 93년엔 흑인들에게도 투표권을 부여하는 법안을 통과시켜 노벨평화상을 수상했고, 94년 마침내 남아공 최초의 자유, 평등 선거에서 최초의 흑인 대통령이 됐다. 그가 대통령이되자 정부 내 모든 백인들은 짐을 싸기 시작했다. 특히 그가 '진실과 화해 위원회(TRC)'를 만들어 '과거사 청산 작업'을 시작하자, 수그러들었던 내전 우려까지 다시 높아지기 시작했다. 그러나 그의 과거사 청산에는 전제조건이 있었다. '용서와 화해'였다. 그는 수많은 과거사 관련 자료들을 수집했고, 흑인들의 인종차별 반대투쟁을 화형이나 총살로 탄압한 자료를 남김없이 모았다. 그리고 피해자들의 무덤에 비석을 세워, 국가 폭력 피해자들이 잊히지 않도록 했다. 하지만 동시에 폭력의 가해자들이 진심으로 죄를 고백하고 뉘우치면 모두 사면을 해줬다. 단 한 명도 과거의 일로 처벌받지 않았다. 그는 '용서하되 잊지는 않는다'라는 슬로건으로 흑인들의 마음을 달랬고, 백인들에게는 남아공의 위기를 함께 해결해야 한다고 동참을 호소했다. 그의 진심 어린 호소에 떠나려던 백인들은 대부분 남아공에 남았고, 그로 인해 국가는 경제적 안정을 유지할 수 있었다. 만델라는 재임 기간 내내 민족의 화해 협력을 호소하고, 인종 간의 대립과 갈등, 격차를 시정하려는 노력을 계속했다. 그 모든 노력의 밑바탕에는 '화해와 관용'의 정신이 있었다. 94년 만델라의 대통령 취임 연설은 '말의 품격'이란 것이 진정 무엇인지를 보여줬다. 그는 인간 이하의 취급을 받으며, 동물적인 학대를 당해 온 흑인들을 향해 이렇게 말했다.

> "우리는 스스로에게 묻습니다. 이렇게 영리하고 아름답고 재능 있고 경이로운 존재인 나는 누구인가? 우리는 모두 신의 자녀들입니다."

미움과 고통, 한으로 얼룩진 흑인들의 가슴에 분노의 불을 지른 것이 아니라, 스스로의 자긍심과 품격을 높여줌으로써 증오와 적개심을 내려놓고 용서와 화해를 할 뿐 아니라, 인간의 고귀한 품위를 지킬 수 있게 했다. 긍정과 희망을 얘기했고 비관이 아닌 낙관으로 미래를 바라봤다. 그 결과 국가와 사회를 분열과 혼란이 아닌 공존과 화합, 미래로의 전진으로 이끌었다.

그는 말이 품격을 유지할 때, 특히 지도자의 말이 그러할 때, 개인과 사회 국가가 어떻게 발전할 수 있는지를 보여줬다. 만델라는 그렇게 해서 현대사의 위대한 거인이 됐다.[43]

말의 내공

말의 품격이 말을 담는 그릇이라면, 내공은 그 말이 갖는 내용과 깊이라고 할 수 있다. 앞서 '부자증세'를 논하는 한.미 양국의 지도자의 말에는 품격에서 차이가 있었음을 지적했다. 동시에 그 내용의 깊이, 즉 내공에서도 엄청난 차이가 났다. 말을 음식에 비유해 보면 음식을 내놓는 모양새와 이를 담아내

43 물론 말의 품격이나 내공과는 전혀 상관없이 대통령이 된 사람도 있다. 미국의 트럼프 대통령이다. 저급한 말로, 사실관계가 틀리는 말로 늘 논란을 일으켰는데, 단언컨대 '품격없는 대통령'으로 기록될 것이다.

는 그릇은 그 집안의 또는 그 식당의 격조를 나타내지만, 아무리 그릇과 모양새가 좋아도 음식 자체가 맛이 없다면 식사는 그것으로 끝이다. 어떤 변명도 무의미하다. 음식의 맛이 좋으려면 우선 재료가 신선하고 튼실해야 한다. 그래서 훌륭한 요리사들은 좋은 재료를 구하기 위해 손수 새벽시장을 찾아 나서고, 좋은 재료를 얻기 위해 귀한 돈을 아낌없이 쓴다. 말도 마찬가지다. 내공 있는 말을 위해선 공부가 돼 있거나, 경험에서 우러나오는 깊이가 있어야 한다. 남들이 다 아는, 누구나 하는 말보다는 나만이 할 수 있는, 나의 경험이 묻어 나오는 말을 하는 게 좋다. 진정한 말의 내공이다.

내공을 갖추려면 기본적으로 자신이 말하고자 하는 분야에 대해 소양을 갖춰야 한다. 무엇보다 사실관계가 정확해야 한다. 왜곡이나 과장, 오류가 있어서는 안 된다. 그리고 말하고자 하는 주제, 자신이 제시하고자 하는 주장과 정책에 대해 충분한 근거와 논리가 뒷받침돼야 한다. 쟁점이 있는 사안에 대해 어느 한쪽의 주장이나 논거만을 가지고 결론을 내려서는 안된다.

논란을 빚고 있는 탈원전 정책을 예로 들어보자. 국가의 백년대계라고 하는 에너지 정책을 바꾸는 것이고, 관련 산업에 대한 파급효과가 엄청나서 국가 경제 전체에 미치는 영향도 어마어마하다. 관련 학계와 인력수급에 대한 영향은 말할 것도 없다. 여기서 굳이 한 해 12조 원대의 흑자를 내던 국내 최대의 알짜 공기업이 불과 1년여 만에 1조 원대의 적자로 돌아서고, 이 분야 세계 최고 경쟁력을 갖고 있던 민간기업도 수주가 반 토막 나는 등의 얘기를 자세히 거론하고 싶지는 않다.[44] 원자력 발전소의 해외 수출이 막히면서 우리나라의 미래 먹거리 전망이 어두워지고 관련 학과는 폐지를 고려할 정도가 됐지만, 이것은 이 글의 논점이 아니기 때문이다. 짧게나마 이를 거론한 것은 탈원전이라는 정책은 이처럼 엄청난 파급효과를 부르는 정책이라는 점을 강조하기 위한 것일 뿐이다.

문제는 이런 엄청난 정책을 추진하기 위해 내놓은 논거가 빈약하고 사실관계에 오류가 있다는 것이다. 이 정책이 도입된 결정적 계기는 영화 〈판도라〉였다고 전해진다. 최고 정책결정권자가 이를 보고 눈물을 흘린 것이 계기가 돼 대선공약에 들어갔다는 것은 널리 알려진 사실이다. (물론 이게 논란이 되자, 당국은 부인했다. 영화를 본 건 사실이지만 꼭 이 때문에 정책이 결정된 것은 아니라는 것이다.) 영화는 일부의 사실을 기초로 대부분 허구를 버무려 만들어 내는 창작물이다. 극적 감동을 더하기 위해, 스토리를 각색하고 허구를 사실로 둔갑시키기도 한다. 오죽하면 현실감이 없는 일을 '영화 같다'고 하겠는가? 삼척동자도 아는 일이다. 그런데, 이런 허구의 창작물을 보고 감동해 엄청난 정책을 밀

44 여기서는 대통령의 말을 자세히 다룰 것이다. 최고 지도자이기에 그 말의 영향력이 가장 크기에 다루는 것이지 정치적 의도를 갖고 다루는 것이 아님을 분명히 해 둔다. 현직 대통령의 말을 당연히 더 많이 다룬다. 뒤에 전직 대통령도 상당량의 분량을 다룰 것이다. 논쟁을 피하기 위해, 최소 1년은 지난 말만 다루고자 한다.

어붙였다고 하면, 감성적 접근은 가능할지라도 이성적 설득력은 떨어질 수밖에 없다.

그보다는 오히려 개인적 경험을 얘기하는 게 훨씬 나았을 것이다. 대통령의 양산 사저와 고리 원자력 발전소는 직선거리로 12킬로미터도 안된다. 그야말로 지척의 거리다. 고리 원자력 발전소가 들어설 당시만 해도 일대는 한적한 어촌이었지만, 도시의 발달로 지금은 수백만의 부산과 울산 시민들 앞에 원자력 발전소가 훤하게 노출돼 있다. 이들은 막연한 불안감을 느끼고 살고 있는 것이 현실이다. 또 주변에는 이런 불안감을 자극하는 시민단체의 활동도 활발하다. 터무니없는 얘기지만 지역에선 원자폭탄을 껴안고 산다는 얘기까지 나올 정도다. 따라서 부울경 지역 사람들은 탈원전 정책에 대한 지지도가 예상외로 높다. 하물며 원자력 발전소와 속된 말로 엎어지면 코 닿을 데 사는 사람이라면, 원자력발전소가 싫은 것은 어쩌면 인지상정일 것이다.[45] 최고 결정권자가 자신의 이런 개인적 경험과 배경을 솔직히 털어놓고, 지역주민들의 우려와 불안에 대해 전문가들과 깊이 있는 토론을 거쳐 정책을 결정했으면 나중에 어떤 결과가 나오더라도 지금보다는 훨씬 설득력이 있었을 것이다.

45 탈원전정책 입안에 영향력이 컸던 동국대 김익중 교수는 "(문 대통령도) '저 고리원전 터지면 우리 집이 어떻게 되지?' 이 생각 했을 거야. 그래서 탈원전 생각을 오래전부터 했던 사람"이라고 주장했다. 2017.7.15. 조선일보

국가의 백년대계인 에너지 정책을 하루아침에 결정해 버린 성급함도 문제지만, 말이 나온 김에 과거 정부와 원전산업 관계자들의 안이함도 지적하지 않을 수 없다. 이들은 수백만 시민들의 불안과 거부감을 가볍게 봤다. 시민단체들이 기를 쓰고 반핵 탈원전 운동에 나섰고, 8백만 부울경 인구의 상당수가 이들의 주장에 내심 동조하는 민심 동향을 대수롭지 않게 여겼던 것이다. 과학자들의 설명을 무시하지는 않지만, 왜 굳이 그것이 내 집 마당에 있어야 하느냐는 이른바 님비(nimby)심리가 달아오르는 걸 간과했다. 그 결과는 정권교체 불과 2년여 만에 국가적으로 수십조 원의 손실을 가져오고 향후 수백조 원의 잠재 이익을 허공으로 날려버리는 결정으로 나타났다. 물론 진정으로 원자력발전이 위험하다면, 수백조 원이 아니라 수천 조 원을 날려도 옳은 정책일 것이다. 하지만 과학적으로 기술적으로 또 역사적으로 검증되지 않은 위험을 근거로 내린 결정은 더 많은 위험을 내포할 수밖에 없다.[46] 그 결과 탈원전 정책은 현 정부 내내 시빗거리가 됐고, 정권이 바뀌면 가장 먼저 뒤바뀔 운명이 됐다.

논리적 타당성과 과학적 합리성의 결여, 즉 말의 내공이 부족한 정책은 대중의 감성에 호소해야 하고, 그러다 보면 사실

46 원자력의 안전이나 또는 위험을 따져보는 것은 이 글의 초점이 아니다. 성급하고 근거가 부족한 결정으로 인해 두고두고 시비거리가 됐음을 지적하려는 것이다.

관계가 틀리는 일이 잦아진다. 2017년 6월 19일 '고리 1호기 영구 정지 선포식' 기념사에서 대통령은 "일본은 2011년 후쿠시마 원자력 발전소 사고로, 2016년 3월 현재 총 1,368명이 사망했다. 사고 이후 방사능 영향으로 인한 사망자나 암 환자 발생 수는 파악조차 불가능한 상황"이라고 했다.

1,368명이라는 숫자는 2016년 3월 '도쿄신문'의 보도에서 가져온 것이다. 도쿄신문은 사고 이후 6년이 지난 그때까지 '후쿠시마 원전 사고로 대피했다가 건강 악화로 숨진 사람이 모두 1,368명에 달한다'고 보도했다. 탈원전 정책의 전도사를 자처하는 김익중 동국대 의대 교수[47] 같은 이는 "(해당 통계는) 피난 간 사람들만 계산한 것으로 조사하면 사망자가 더 많아질 것"이라고 강조했다. 맞을지도 모른다. 하지만 도쿄신문의 원문에는 '사고로 대피했다가 건강 악화로 숨진'이라고 했지, 후쿠시마 발전소 사고로 인한 사망자라고는 표현하지 않았다. 정확하게 말하자면 '발전소 사고가 터진 이후 수용소 등지에서 지내다 건강과 질병악화 등으로 인한 사망자'였다. 유엔 산

47 김익중 교수는 2017년 7월 14일 서울 금호고 특강에서 '앞으로 300년간 일본과 북태평양 고등어,명태,대구는 절대 먹지 마라"고 했다. 또 '후쿠시마 사고후 일본인 60만 명이 더 죽었고, 10만 명이 이민갔으며, 일본땅 70%는 방사능에 오염됐다"고 주장하고 "우리나라 원전 사고발생 확률이 30%"라고 말했다. 이 발언으로 김교수는 원자력 전문가들의 집중 비판을 받았다. 그는 영화 '판도라'의 총괄자문을 맡았다. 미생물학 전공자인 그는 경주환경운동연합 의장을 지내는 등 탈핵운동을 주도해, 지지자들로부터 국내 최고의 탈핵권위자로 추종받는다.

하 '방사선 영향 과학조사위원회(UNSCEAR)'의 2014년 보고서에도 '후쿠시마 방사선에 노출된 발전소 직원이나 일반 주민 가운데 방사능으로 사망하거나 심각한 질병에 걸린 사례는 발견되지 않았다'라고 돼 있다. 영국의 환경 저널리스트 조지 몬비오는 오히려 "원자력 발전에 대해 중립적 의견이던 나를 후쿠시마 사태가 원자력 옹호론자로 만들었다"고 했다. '그렇게 큰 사고가 터졌는데도 방사선 희생자가 한 명도 나오지 않고 있기 때문'이라는 이유였다. CT 사진을 한번 찍으면 7mSV ~ 25mSV의 방사능에 피폭된다. 후쿠시마 사고 현장에서 오랜 시간 수습활동을 벌였던 인부 2만 5천여 명의 방사선 피폭량 조사 결과는 평균 12mSV였다. 물론 개별적으로는 이보다 훨씬 더 높은 피폭 수치를 기록한 사람도 있고, 이로 인해 건강이 악화된 사람도 있을 것이다. 그러나 후쿠시마 원전 사고로 인한 방사선 피폭으로 숨졌다고 공식 인정된 사람은 대통령의 연설 시점까지는 한 명도 없었다.

일본 정부는 즉각 공식적으로 우리나라에 문제를 제기했다. 결국 우리 정부는 '후쿠시마 발전소 사고로 인한 관련 사망자'라고 했어야 하는데, '관련'이라는 단어가 빠짐으로써 빚어진 오해'라고 변명을 해야만 했다. 이른바 외교 경로를 통한 '유감 표명'이 뒤따랐음도 물론이다. 대중의 감성에 호소하다가 사실관계가 틀려서 빚어진 일이다.

2017년 8월 16일이다. 세월호 참사 피해자 가족 200여 명이 청와대로 초청됐다. 2014년 4월 세월호 사고가 발생한 지 3년 만에 처음 있는 일이다. 그만큼 뜻깊은 자리였다. 그 자리에서 대통령은 "(박근혜 정부는) 선체 침몰을 눈앞에서 뻔히 지켜보면서도 승객을 단 한 명도 구조하지 못했을 정도로 대응에 있어서도 무능하고 무책임했다"고 비판했다. 하지만 이는 오류다. 사실관계가 틀렸다. 무엇보다 말의 의도를 의심받을 수 있다는 점에서 안 좋은 사례다. 지난 정부의 무능과 무책임을 강조하기 위해 사실관계를 왜곡했다고 의심받을 수 있기 때문이다. 세월호 승객은 476명이었다. 실종과 사망이 304명이다. 하도 기사를 많이 써서 기자라면 거의 외우다시피한 숫자요, 국민들도 웬만큼 관심 있는 사람이라면 귀에 익었을 수치다. 그럼, 172명이나 되는 인원은 어디로 갔는가? 172명은 구조됐다.

워낙 엄청난 일이었고 더욱이 아직 피어보지도 못한 꽃다운 청춘 수백 명이 한꺼번에 숨진 충격적인 사고였으니, 심정적으로는 이보다 더한 충격으로 느껴질 수도 있는 사안이다. 구조된 사람의 거의 두 배에 가까운 사람이 숨졌으니, 구조된 사람은 보이지 않았을 수도 있다. 구조 과정도 너무나 한심했다. 절체절명의 위급한 상황임에도 승객들에게 정확한 정보를 알려서 제대로 탈출을 독려한 경찰이나 구조대가 없었고, 더욱이 수백 명이 갇혀 있는 선실 안으로 뛰어 들어간 구조 대원이 한 명도 없었다. 현장에 도착한 구조 대원들 중 배에 사람이 얼마나 타고 있는지, 따라서 상황이 얼마나 심각해질 수 있는지를 파악한 사람이 아무도 없었다. 오로지 자기 힘이나 다른 승객의 도움으로 선실을 벗어난 승객들만 마치 주워 담듯이 배에 싣는 것이 구조의 거의 전부였을 뿐이다. 비판은 책으로 써도 모자랄 지경이다. 하지만 구조 과정이 아무리 엉터리였을지라도 172명이라는 숫자는 엄연하게 존재한다. 사고 소식에 생업을 팽개치고 달려간 수많은 어민들과 자신도 죽을지 모르는 절체절명의 위기에서 자기 몸에 밧줄을 묶고 한 명이라도 더 구하기 위해 애썼던 승객이 있었고, 자신은 배에 남아 희생되면서도 학생들을 내보낸 교사와 승무원이 있었다. 한심한 대응으로 온 국민의 지탄을 받았지만 그래도 수십 명을 구한 해양경찰이 있었다. 이들 역시도 자칫하다간 자신들의 목숨을 잃을 수 있는 상황이었다.[48]

구조대의 무능과 무책임을 비판하고 싶은 대통령의 심정은 충분히 이해가 간다. 온 국민의 심정을 대변했다고 해도 과언이 아닐 것이다. 그러나 사실관계가 틀리면 곤란하다. 가장 권위가 있어야 할 대통령의 말이기 때문이다. 대통령이 다음처럼 말한다고 해서 지난 정부의 무능과 무책임에 대한 비판이 약화되거나 면죄부를 주지 않는다. 오히려 훨씬 신뢰감을 높

48 해양경찰은 직선거리로 35킬로 바다를 30여분 만에 현장에 도착해 이미 60도 이상 기울어진 배에서 50분 동안 전체 구조자 172명의 절반 이상을 구조했다. 좀 더 나은 대응을 했더라면 하는 아쉬움은 크지만, 그렇다고 이들의 노고가 이렇게까지 폄하될 일은 아니다.

이고 공감을 받았을 것이다. 대통령은 이렇게 말했어야 한다.

"겨우 172명만이 구조됐습니다. 하지만, 민간인들의 구조가 오히려 돋보였고, 경찰과 전문구조대의 역할은 특별하지 못했습니다. 구조된 사람보다 무려 두 배에 가까운 304명이 희생됐습니다. 구조대는 스스로 탈출한 사람만 구조했을 뿐, 눈앞에서 뻔히 침몰을 지켜보면서도 한 사람도 선실로 뛰어들지 않았고 우왕좌왕했습니다. 무능하고 무책임했습니다."

사실관계가 틀린 말은 일단 신뢰가 깎인다. 감성을 자극해 처음엔 감동적으로 들리지만, 시간이 지나면 이성적 설득력이 떨어지게 된다. 말하는 사람의 의도를 의심받게 해 목적을 위해 거짓말을 한다는 지적도 받을 수 있다. 최고 지도자의 말이 의심을 사게 되면 국격까지 흔들리게 된다. 어설픈 참모들이 만든 연설문이 문제의 출발이지만, 책임은 오롯이 대통령 몫이 된다.

새 정부 들어 최저임금 인상과 52시간 근로제, 비정규직의 정규직화 등 새로운 경제정책이 논쟁이 됐다. 이른바 소득 주도 성장의 각론들이다. 특히 첫해 16.4%, 다음 해 10.9% 등의 급격한 최저임금 인상은 영세기업과 소상공인들에게 높은 비용으로 전가돼, 해고로 인한 실업률이 늘고 폐업하는 자영업자들이 속출하는 등 부작용이 터져 나왔다. 물론 직업 안전망 속의 최저임금 대상 근로자들에겐 실질임금이 상당한 정도로 오르는 긍정의 효과가 있다. 하지만 이는, 해고되지 않은 직업안전망 속 근로자들에 한정된 것이다. 비용과 이익의 한계선상에서 임금을 주고받던 상당수 영세업주와 근로자들은 폐업하거나 해고됨으로써 아예 생계 안전망 밖으로 내던져졌다. 안타깝게도 이 숫자가 더 많다. 그 결과 가구 소득이 줄어든 것으로 나타났다. 이는 처음부터 예상된 결과였다. 하지만 2018년 5월 31일 청와대 재정전략 회의에서는 "소득 주도 성장과 최저임금 증가의 긍정 효과가 90%"라며, "가구 소득 감소가 소득 주도 성장 실패라거나 최저임금의 급격한 증가 때문이라는 진단이 성급하게 내려지고 있는데, 정부가 잘 대응하지 못하고 있다는 생각이 든다"는 발언이 나왔다. 정책은 잘됐는데 홍보가 잘못됐다는 지적이다. 일주일 전, '소득격차가 심화된 것은 가슴 아픈 대목'이라고 정책의 부작용을 인정했던 것을 전면 부인하는 내용이었다. 수치는 변한 것이 없는데, 일주일 만에 정반대의 해석이 나온 것이다. 안전망에서 탈락한 다수의 사람들에는 눈을 감고 안전망 안에서 살아남은 소수 사람들의 결과에만 초점을 맞춘 것이다. 이렇게 되면 말이 너절해진다. '말의 내공'도 사라진다.

소득 주도 성장론이 현실에서 부작용을 빚자, 비판은 물밀듯 일어났다. 정통 경제학에는 근거도 없고 이론도 부족한 '이단 경제학'이라는 비판에서부터 '사이비 경제학', 심지어는 '주술 경제학 (Voodo Economics)'이라는 비판까지 쏟아졌다. '듣도 보도 못한 족보도 없는 이론'이라는 비판이 나오자, 2019년 4

월 1일 대통령은, "소득 주도 성장은 세계적으로 족보가 있는 얘기다. 원래 국제노동기구(ILO)가 오래전부터 임금 주도 성장을 주장해 왔고 이는 많은 나라에서 받아들여지고 있다"고 말했다. 워낙 공격을 받으니, 반박할 필요가 있었지만 대통령이 나서지 말고 이 정책을 설계한 사람들에게 시켰으면 좋았을 것이다.

경제학을 공부한 사람들은 그 말의 공허함을 안다. 경제사적으로 보면 케인즈의 수정자본주의론에서 재정 투입을 통한 내수 증대로 경제 위기 국면을 타개하자는 이론과 맞닿아 있고, 2008년 미국 발 금융위기를 겪으며 국제노동기구의 일부 학자들이 주장한 것은 맞다. 하지만 케인즈 이론은 미국의 뉴딜정책이 지속되는 동안 경제가 결코 나아지지 않아서 (미국이 대공황으로부터 탈출한 직접 계기는 2차 세계대전으로 군수 수요가 폭증한 데서 비롯됐다) 빛이 바랬고, 재정 투입을 통한 수요 유발 효과는 경제위기가 터졌을 때 이를 타개하기 위해 극히 한정된 시기와 공간에서만 유효하다는 것이 경제학계의 상식이다. 비유하자면 스테로이드 처방이라는 것이다. 일시적으로는 효과가 있지만, 장기처방을 하면 오히려 몸을 해치는 독이 된다는 것이다. 그래서 임금을 올려 경제를 성장시키는 것은 '마차가 말을 끄는', 거선마후(車先馬後) 경제학이라는 조롱까지 등장했다. 대통령이 직접 논쟁에 뛰어들다 보니, "고용된 노동자들의 소득수준이 높아진 것은 틀림없는 성과"라는 설명도 뒤따랐다. 하지만 앞서 봤듯이 일부만 맞는 말이다. 이러면 말이 초라해진다. 결국 야당으로부터 '난독증에 걸린 자화자찬'이라는 비판이 나왔다. 대통령이 '우리는 올바른 정책 기조로 가고 있다'고 하자, 다음날 한 중앙일간지는 '대통령이 국민 염장 지르는 발언을 했다'고 기명 칼럼까지 썼다.[49]

대통령은 2019년엔, '남북이 휴전선에서 무기를 내려놓고, 대화로 평화를 이뤘다'고 했다. 관점에 차이가 있을 수 있지만, 인류 역사상 '대화로 이룩한 평화'가 어떤 결과를 가져왔는지를 보면, 이런 말은 쉽게 해서는 안 되는 말이다. 2차 대전 직전인 1938년, 영국의 체임벌린 총리는 체코슬로바키아를 독일에 양보하고 히틀러와 평화협정을 맺는다. 그리고 귀국길에 비행기 트랩을 내리면서 히틀러와의 협정문을 흔들며, '이것이 우리 시대의 평화'라고 외쳤다. 하지만, 체코의 군수공장을 활용한 히틀러는 더욱 막강하게 무장했고, 그리고 불과 6개월 후 독일이 폴란드를 침공함으로써 2차 세계대전이 발발했다.

1973년 베트남과 미국이 맺은 평화협정은 캐나다 이란 헝가리 폴란드 4개국이 휴전을 감시하며 평화를 보장했고, 월남은 미국과 방위조약까지 체결했다. 총 인구의 90.5%는 월남에 있었고, 5%는 낮에는 월남, 밤에는 공산측이 지배하는 병합 지역에, 단지 4.5%만이 공산측 지배하에 있었다. 하지만 불

49 중앙일보, 2018. 8. 27. 전영기의 시시각각

과 2년 만에 전쟁은 재개됐고, 한 달여 만에 월남은 지구상에서 사라졌다. 중동전에서도 '대화로 만든 평화'의 결말은 언제나 전쟁 재개였음이 생생한 역사적 교훈이다. 따라서 '대화로 이룬 평화'라는 말은 이런 역사적 무게를 감당할 수 있어야 한다. 그래야 비로소 말에 무게가 실릴 수 있다.

우리 대통령이 이런 말을 하는 시기에 북한의 최고 지도자는 이렇게 말했다. "나는 어떤 고난과 난관이 앞을 막아서도 국가와 인민의 근본 이익에 관한 문제에서는 티끌만 한 양보와 타협도 하지 않을 것이다." "강력한 힘에 의해서만 평화와 안전이 보장되고 담보된다는 철리(哲理)를 명심하라"

굳이 두 말을 비교할 필요는 없다. 하지만 똑같은 사안을 두고 대화의 두 당사자가 완전히 다른 말을 하면, 저절로 비교가 되지 않을 수 없다. 명분에 집착해 현실에 눈을 감으면 그 말은 내공을 잃고 공허해진다.

한.일 관계가 경제 보복으로 비화되면서, 2019년 8월 대통령은 이런 말을 했다. "남북 경협으로 평화경제가 실현된다면 단숨에 일본 경제를 따라잡을 수 있다." 이어 광복절 경축사에선 "통일되면 세계경제 6위권이 되고, 2050년쯤 국민소득 7~8만 시대가 가능하다"고 했다. 일단 경제적으로 계산이 불가능한 말이다. 대통령은 '일본은 규모와 내수가 크기 때문'이라고 말해서, 남북경협이 되면 일본과 규모가 비슷해질 수 있다고 생각하는 것처럼 보였다. 노벨상 수상자의 숫자만큼이나 벌어져 있는 두 나라의 엄청난 기술격차는 제쳐두고, 또 남북이 합쳤을 때 마이너스 효과는 빼고 오로지 시너지 효과만 더한다 해도 일본의 내수와 경제규모의 절반도 되지 않는 현실과 동떨어진 말이다. 근거를 묻는 지적이 봇물을 이뤘지만 해명은 없었고, 몽상가적 발언이라는 비판이 뒤따랐다.[50]

세계경제에서 한국의 비중은 1.9%다. 일본은 6%다. 북한은 남한 경제의 2%를 넘지 못한다. 즉, 세계경제에서 차지하는 북한의 비중은 0.04% 수준이다. 산술 계산을 하면 남북이 합쳐 1.94%(1.9% + 0.04%)가 되는데, 아무리 시너지 효과를 더해도 6%를 단숨에 따라잡는 건 설명이 되지 않는다. 더욱이 독일도 통일 후 20년을 경제적 부담으로 헤맸음은 주지의 사실이다. 하물며 구동독의 경제규모는 서독의 17%였고, 국민소득은 서독의 63%였다. 북한 경제를 떠안았을 때의 부담은 상상을 초월할지도 모르는 것이 엄연한 현실이다. 이른바 '평화경제'가 말한 대로 이뤄지려면, 빨라도 이십 년 후, 늦어지면 30년이 걸릴지 50년이 걸릴지 모르는 한참 후의 일이다. 비판이 봇물을 이루자 '발언의 진의는 그런 게 아니다'라는 해명까지 해야

50 이 말의 근거는 골드만삭스 서울지점에 근무하던 권모씨의 세계경제 전망보고서 188호(2009.9.21.)였음이 나중에 밝혀졌다. 북한 광물자원의 가치를 당시 북한 GDP의 140배로 계산해, 이를 해외에 팔아서 다시 장기채에 투자해 얻는 수익을 포함한 극히 낙관적 전망이다. 보고서는 당시 홍콩같은 1국 2체제의 연방제를 상정해 통일한국의 경제규모를 추산했고, 북핵 리스크는 고려조차 하지 않았다.

했다. 남북통일에 대한 희망과 의지를 피력하고 남북화해 정책을 국민들에게 설득하려고 한 선의의 의도는 충분히 이해된다. 문제는 선의가 꼭 좋은 결과를 낳지는 않는다는 것이다. 뒷받침하는 근거와 논리가 사실적이지 않고, 희망과 관념에 기초하면 비판은 피할 수 없다. 세간의 첫 반응은 '진짜 그런 말을 했느냐?'는 것이었다. 심지어 대통령의 정신건강을 체크해 봐야 한다는 거친 말도 나왔다. 말의 내공이 떨어지면 결과는 참담하다. 대통령의 권위는 권력이 아닌 '말'에서 나온다. 권력이 있으니 머리는 숙이지만, 마음은 따르지 않게 된다. 그게 인지상정이다. 그러면서 권력의 기반도 약화된다.

대통령이 남북한 간의 평화경제를 언급한 지 불과 16시간 만에 북한은 미사일을 쏴대면서 '남조선은 맞을 짓을 하지 말라'고 독설을 했다. 속된 말로 '스타일을 구겨버린 것'이다.

일본의 경제 보복이 현실화하자 청와대 비서는 동학을 들먹이며 '죽창가'를 운운했다. 여당 의원은 임진왜란 때의 '의병'을 거론했다. 감성적으론 그럴 듯하지만, 동학과 임진왜란의 수많은 곡절을 제대로 안다면 이런 말은 할 수 없었을 것이다. 동학 때 죽창은 먼저 부패한 당시의 집권층을 겨냥한 것이었다. 집권층이 청나라 군사를 불러들여 농민군을 진압하려 들자 일본도 군사를 보냈고, 일본군은 청군을 격파해 사실상 조선의 병권을 장악하고 관군과 합세해 농민군 추탈에 나선다. 이때 동학군의 지도자들은 농민들에게 부적을 하나씩 나눠주며 '일본군의 총탄이 피해 갈 것'이라는 선동으로 우금치 전투로 백성을 내몰았다. 무지몽매한 지도자들의 선동 결과는 참혹했다. 일본군 한 명과 관군 한 명 등 모두 2명의 진압군이 쓰러질 때 동학군은 2만 6천여 명이 몰살당했다. 동학의 이런 역사적 사실을 알았다면 '죽창을 들자'는 따위의 말은 할 수가 없었을 것이다. 의병론 역시도 똑같다. 당장, '전쟁이 터졌는데, 관군은 어디 가고 의병을 운운하는가?'라는 비판이 나왔다. '그럼 대통령은 선조고, 집권 여당은 당시의 양반 집권층이냐?'는 비아냥도 뒤따랐다. '이런 말을 했을 때 어떤 반응이 나올까?'를 한 번이라도 고려했다면 그런 얼토당토않은 얘기는 할 수 없었을 것이다. 내공이 없는 말의 결과다.

포호빙하 임사이구(暴虎憑河 臨事而懼)라는 말이 있다. 논어에 나오는 말이다. '호랑이를 맨손으로 때려잡고 강(황하)을 걸어서 건너겠다'는 뜻이다. 한마디로 무모한 만용을 일컫는 말이다. 공자는 제자 안연과 자로에게 얘기하면서 '큰일을 할 때 이런(무모한) 사람과는 절대 일을 하지 않겠다. 전쟁을 할 때 오히려 두려운 마음으로 신중하게 임하는 사람과 같이 하겠다'고 했다.

잠시 역사를 되돌아볼 필요가 있다. 1636년, 아직 명이 멸망하기 전이다. 후금의 홍타이지는 청을 건국하고 황제에 올라 연호를 선포한다. 이른바 칭제건원이다. 10년 전 영원성 전투에서 패한 아버지 누르하치가 한을 품고 죽으면서도 당부한

'중원통일'의 위업을 기필코 이루고야 말겠다는 의지의 표현이었다. 그런데 중원 정벌을 위해서는 무엇보다 후방 안정이 필요했다. 조선을 눌러 놓아야 하는 것이다. 그래서 영원성 전투에서 명에게 패한 직후, 정세가 불안해지자 즉각 3만의 군대로 조선을 침략해 '형제지맹'을 맺어놓기도 했었다. 1627년의 정묘호란이다. 그리고 9년이 흘러, 만주의 심장 심양에서 칭제건원에 나선 것이다. 그 자리에 각국의 사신을 불러들였고, 황제에 오른 만큼 사신들에게 삼궤구고두(三跪九叩頭 세 번 절하고 머리를 아홉 번 땅에 찧는 예)의 신하로서의 예를 강요했다. 각국의 사신들이 머리를 조아렸지만 조선의 사신 나덕현과 이확은 거부했다. 오랑캐를 황제로 인정할 수 없다는 자존심의 발로이자, 조선에게 황제는 명나라 황제 하나뿐이라는 의리의 행동이었다. 기개가 대단한 듯 보였지만, 나덕현과 이확은 그 자리에서 청나라 관리와 군사들에게 두들겨 맞아 갓이 부서지고 옷이 찢기는 수모를 당했다. 치욕을 안긴 후, 홍타이지는 두 사신을 위로하고 국서를 들려 보내며 호위병을 붙여주기도 했다. 국서엔 10개월의 말미가 적혀 있었다. 그 안에 조선이 신하의 예를 갖추란 것이었다. 조선은 나덕현과 이확의 기개를 칭송했지만, 대비는 건성으로 했다. 압록강 너머 사정은 알아보려고도 하지 않았다. 결국 10개월이 되자마자 홍타이지는 친히 군대를 이끌고 쳐들어와, 지금의 서울 잠실 삼전도에서 인조의 이마가 찢어져 피를 철철 흘리도록 만들며 삼궤구고두의 예를 직접 받았다. 한양의 아녀자들이 유린되고 최소 수만에서 많게는 수 십만으로 추정되는 조선 백성이 포로로 잡혀가 만주족의 노예가 됐다. 임진왜란으로 전 국토가 유린된 지, 불과 38년 만의 일이다.

포호빙하는 지도자의 말이 무모했을 때, 즉 내공이 없을 때, 백성이 얼마나 고통을 당하는지를 경계한 말이다. 안타깝게도 다름 아닌 우리의 역사가 이 말의 의미를 생생하게 수도 없이 증언했다. 불과 400년도 안된 일이다.

북한이 남한 정부에 대해 하는 말도 실은 포호빙하에 다름 아니다. 그러다 보니 품격이라곤 찾아볼 수가 없다. 휴전 중인 상태에서 적에게 하는 말이니 그러려니 할 수 있지만, 그렇게 교양 없는 말본새에 의존할 수밖에 없는 처지가 참으로 딱하다. 말로 하는 허세 외에는 내세울 게 없음을 스스로 증명하는 것이기 때문이다. 내공이라곤 눈을 씻고 봐도 찾을 수 없는 말이다. 그런데, 어느 정권보다 북한을 친밀하게 대한 현 정부에 대해서도 북한은 막말을 서슴지 않았다. '허튼 망발' '오지랖 넓다' '겁먹은 개' '새벽잠 설쳐대며 허우적거리는 꼴'이라고 퍼부어 댔다. 이에 대한 정부의 반응은 '우리와는 쓰는 언어가 다르다'며 초연한 자세를 보였고, 대통령은 '북한의 몇 차례 우려스러운 행동에도 불구하고 대화 분위기가 흔들리지 않았다'고 했다. 그러자, 당장 다음날 북한은 '망발을 늘어놓았다.' '정말 보기 드물게 뻔뻔하다.' '웃겨도 세게 웃긴다' '아랫사람이 써 준 것을 졸졸 내리읽는다' '잔뜩 겁에 질려 똥줄을 갈기는 주제'라고 표현했다. '삶은 소대가리도 앙천대소 할 노릇'이라는 말도 했다. '특등 머저리'라고도 했다. 북한과 특별한 관계를 유지하던 정치인이 미사일 발사를 비판하자 '설태 낀 혓바닥을 마구 놀려대며 구린내를 풍기었다'고 기발한 비난도 쏟아냈다. 탈북한 전직 북한 외교관으로 국회의원이 된 태영호는 이를 북한의 '미친놈 전술' '급소 전술'이라고 설명했다. 화를 돋워 평정심을 무너뜨리려는 전략이라는 것인데, 참으로 어처구니없는 노릇이다.

그런데 막말에 대해 초연한 자세를 취하는 것을 '말의 품격'이나 '내공'과 연관 지어 생각할 수 있을까? 실소를 금치 못할 정도의 어처구니없는 말을 들었지만 우리 정부는 평정심을 견지하며 '북이 수위를 조절해서 다행'이라는 반응을 내놨다. 하지만 선의를 악의로 갚는 이런 막말에 대해 초연한 것은 말의 내공을 다진다거나 말의 품격을 유지하는 것과는 다른 문제다. 상대가 막말을 퍼부을 때 나는 품격 있고 내공이 담긴 말을 하는 것이 평정심을 유지하는 것이지, 아무 말도 하지 않는 것은 오히려 품격을 떨어뜨리고 내공이 없는 것으로 비칠 수 있다. 품격과 내공을 갖춘 말로 점잖게 그러나 따끔하게 타이르는 것이 평정심 있는 대응 방안이다. 온갖 조롱과 비아냥, 욕지거리를 듣고도 태연한 척하면 바보 취급을 당할 수 있다. 이웃들로부터도 하찮은 취급을 받거나 조롱당하는 빌미를 제공한다. 국제관계는 그만큼 냉혹하다. 결국, 동맹국 대통령으로부터 '브루클린의 임대 아파트에서 월세 114달러 13센트를 받는 것보다 한국에서 10억 달러를 받는 게 더 쉽다'는 허튼 소리를 들었고, 우리 대통령의 억양을 바보처럼 흉내 내는 조롱까지 당했다. 그런 소리를 하는 트럼프의 인격과 소양이 한심한 것이지만, 우리가 어떻게 비쳤길래 우스개 거리가 됐는지 개탄스러울 뿐이다. 이는 대통령 개인의 문제가 아니라 대통령으로 대표되는 국가의 위신과 국민의 자긍심과 직결되는 문제다. 중국으로부터는 '힘이 약하면 도망치거나 피해야 한다'는 비아냥을 들었고, 일본으로부터는 '한국은 믿을 수 없는 나라'라는 경멸을 받았다. 나라의 말이 내공을 잃으면, 그 나라는 동네북이 된다. 이 정부의 고위 인사가 쓴 표현을 빌리자면 '글로벌 호구'가 되는 것이다.

말이 내공을 갖추려면 소양이 있어야 하지만, 말하는 사람의 진심도 담겨야 한다. 화려하거나 매끄러운 말이 내공 있는 말은 아니다. 지식을 자랑하는 말도 내공과는 결이 다르다. 말의 내공은 그 사람의 지적 수준은 물론 인격과 품성의 깊이를 가늠케 하는 잣대다. 그래서 무언가 다른 의도를 가지고 이를 숨긴 채 하는 말은 의심을 사게 되고 나아가 그 사람의 인격까지 의심받게 만든다. 말이 내공을 갖출 때, 즉 소양과 진심을 담을 때, 비로소 그 사람이 인격도 완성된다고 할 것이다.

말의 기술

앞서 '혼의 대화'를 기술하며 표정과 몸짓으로 하는 비언어적 커뮤니케이션을 강조한 바 있다. 역사상 말을 가장 잘 구사한 사람은 서양에서 웅변가 키케로로 알려져 있다. 동양에선 전국시대 각 나라 제후들을 설득해 진나라에 대항할 연합군을 만든 합종설의 주창자 소진쯤이었을 것이다. 이에 대항해 연횡을 주장한 장의, 또 절대적으로 불리한 상황에서 오나라를 구슬려 적벽대전으로 몰고 간 제갈공명도 대단한 언술의 소유자였음을 짐작할 수 있다.

키케로의 웅변을 현대에 와서 가장 잘 구현한 사람은 뭇솔리니라고 한다. 뭇솔리니의 군중집회에 초청받았다가 군중을 사로잡는 연설에 감명을 받고 뭇솔리니를 능가하는 연설꾼으로 등장한 사람이 히틀러다. 그는 뭇솔리니로부터 군중을 휘어잡는 능력을 배웠고, 팔을 펼쳐들고 군중의 호응에 답하는 나치식 인사를 로마군의 인사법에서 차용해 왔다. 오늘날의 관점에서 나치식 인사는 우스꽝스러워 보이지만, 당시에는 최고의 비언어적 커뮤니케이션이었다.

21세기에 이런 비언어적 커뮤니케이션을 가장 잘 활용한 사람은 단연 미국의 전직 대통령 오바마다. 물론 그는 앞에서 본 것처럼 연설의 달인이다. 그런데 그의 연설을 자세히 분석해 보면 그는 비언어적 커뮤니케이션을 섞어 넣음으로 해서 연설의 효과를 극대화한다. 갑자기 한동안 말을 멈추고 고뇌의 표정을 짓거나, 노래를 선창하는 등의 기법은 앞서 설명했다. 놀라운 것은 대중연설뿐만 아니라 일대일의 대화에서 보여주는 그의 대화기법이다.

앞서 필자는 '가슴의 말'에 비언어적 커뮤니케이션 요소를 더하게 되면, 그때 그것은 '혼의 말'이 된다고 했었다. 비언어적 커뮤니케이션의 으뜸은 경청이고 그다음은 상대의 마음을 사로잡는 요소를 동원하는 것이다. 첫째 상대와의 물리적 거리를 좁히고, 둘째 상대를 향해 몸을 기울이며, 셋째 나의 시선을 상대의 눈에 맞추는 것이다. 네 번째는 상대의 말에 표정과 몸짓 그리고 음성으로 반응을 하라는 것이다. 다음 사진을 보

오바마 대통령의 이 사진들은 그가 사람들과 대화를 할 때 한결같이 상대를 향해 몸을 기울이고, 상대의 눈에 시선을 맞추고 있음을 보여준다. 설사 연출된 것이라고 해도 가히 비언어적 커뮤니케이션의 달인이라고 하겠다.

면, 오바마는 세 가지를 철저히 실천하고 있다. 이것이 동영상이었다면 네 번째 요소, 즉 표정과 몸짓 그리고 음성을 활용해 상대에게 반응하는 것도 볼 수 있었을 것이다. 오바마가 보여주는 이런 대화의 기술은 흑인 출신의, 정치경력도 일천한 새파란 젊은이로서는 도저히 불가능할 것 같았던 자리, 미국 최초의 흑인 대통령으로 우뚝 설 수 있도록 해 준 비결이었다. 그리고, 반대파가 적지 않고 퇴임한 지 불과 몇 년 도 안됐다는 약점에도 불구하고, 벌써 전설적인 역대 대통령들과 어깨를 나란히 하는 '위대한 대통령'으로 거론되는 이유다.

말하는 상대방을 주시하고 경청하는 자세의 중요성은 미국 대통령선거의 예화로 자주 회자된다. 1992년 미국 대통령선거 후보 토론회에 처음으로 도입된 타운홀 형식의[51] 토론회 때였다. 당시 대통령이던 부시 후보는 '미국 경제가 어려운데 후보자 개인은 어떤 영향이 있는가?'고 물은 흑인 여성의 질문에 자리에서 두서없이 답변하다, 지루한 듯 시계를 들여다봤다. 마치 다음 약속시간을 신경 쓰기라도 하는 것처럼. 반면, 클린턴은 부시가 답변을 마치자마자 자리에서 일어나 질문한 여성에게 다가가 눈을 맞추면서 대화를 이어갔다. 정치 분석가들은 두 후보의 현격한 대조가 시골 주지사 출신의 애송

51 타운홀(마을회관)에 모인 사람들을 상대로 하는 것처럼 후보자가 청중을 상대로 질문을 받고 직접 답하는 형식의 토론회다.

이가 현직 대통령을 누를 수 있었던, 미국 40대 대통령 선거의 결정적 장면이었다고 말한다.[52]

그런데 연설의 달인이라는 오바마도 어느 순간에는 말을 더듬으며, 문장을 제대로 꾸미지 못하는 경우를 자주 노출했다. 원고가 없는 상황에서 갑자기 말을 하게 됐을 때는 아주 어려워한 것이다. 자칫 잘못된 표현을 썼다가는 엄청난 책임이 따르는 만큼, 단어를 고르느라 더듬거렸음을 짐작할 수 있다. 반면, 오바마는 준비된 상황에서는 뛰어난 말솜씨를 보여줬다. 즉 철저한 준비로 말의 기술을 활용한 것이다. 실제로 오바마는 연설을 할 때 철저히 원고에 의지했고, 원고에 따라 톤을 조정하고 강약을 조절했으며, 숨 고르기를 했다. 그래서 오바마를 아는 사람들은 그야말로 '무대 연기에 뛰어난 배우'라고도 했다. 원고의 자막을 보여주는 프롬프터를 가장 잘 활용한 인물이라는 평도 있다. 대중연설에는 철저한 준비와 연출로 '말의 기술'을 활용했고, 일대일 대화에는 비언어적 요소를 동원한 '혼의 말'을 구사했던 것이다.

여기서 한 가지 유념할 대목이 있다. 연설의 달인이 말을 더듬을 때, 신뢰감은 오히려 더 높아진다는 것이다. 우리나라에선 대통령을 비롯한 정치 지도자들이 비서관 보좌관 회의를 하며, 준비한 원고를 읽는 모습을 자주 보게 된다. 방송이 지

52 김상범 외, 속지않는 국민이 거짓없는 대통령을 만든다, 위즈덤 하우스, 2012, p.186

도자의 육성을 원하고, 대통령은 더듬거리는 모습을 보여주지 않으려고 준비한 원고를 읽는 것이다. 하지만 이것은 안하느니만 못한 장면이다. 회의에서 좌장이 원고를 읽기 시작하면 누구도 긴장하지 않는다. 원고를 써 준 비서는 '보스가 틀리지 않고 잘 읽는지'를, 다른 비서관들은 '과연 보스가 저 말을 이해하고 읽을까'라고 생각하며 받아 적는 시늉을 할 뿐이다. TV로 지켜보는 사람들의 상당수도 '저 양반이 과연 저 어려운 용어를 이해했을까?'라고 생각하게 된다. 그래서 오히려 지도자의 약점만을 노출시킨다. 제대로 된 회의를 하려면, 좌장은 참석자들에게 말을 시키고 조용히 지켜보는 게 최선이다. 가끔씩 질문을 던져서 발언자의 지식을 점검하고 긴장시키면 금상첨화다. 누가 현황 파악을 제대로 하고 누가 합리적 대안을 제시하는지 살펴보면서 이 자리에서 결론을 낼지, 회의를 다시 열지를 고민하는 것이다. 그것이 제대로 된 회의고, 그래야 비서들이 또는 장관들이 긴장하고 지혜를 짜내기 위해 골몰한다. 방송사가 육성을 요구하면 현안이나 당면 과제를 또는 결론을, 더듬거리더라도 생각을 가다듬어 쉬운 말로 하는 것이 훨씬 좋다. 이렇게 말하려면 더듬을 수밖에 없다. 반면, 신뢰감은 훨씬 높아진다.

기술의 정수, 유머

대화의 기법, '말의 기술'을 논할 때 빼놓을 수 없는 게 있다. 바로 유머다. 유머는 딱딱한 분위기를 부드럽게 해주는 최고의 묘약, 아이스 브레이커다. 또한 말하는 사람에게 여유와 자신감을 갖게 해주고 듣는 사람에게는 호감을 준다. 유머가 효과를 발휘하면 말하는 사람에게 신뢰감까지 더해 준다. 유머는 또 사람들이 서로 핏대를 돋우는 심각한 상황에서 순식간에 분위기를 전환시켜 상황을 부드럽게 만들어 주기도 한다. 그러므로 유머를 제때 잘 구사하는 사람은 자연스럽게 대화의 주도권을 쥘 수 있다. 문제는 유머를 제대로 잘 구사하려면 많은 준비와 훈련, 즉 노력과 시간이 필요하다는 것이다. 자칫 생뚱맞은 유머를 구사했다간 오히려 망치기 십상이다.

2009년 뉴욕에서 유엔 출입 기자들의 연말 송년파티가 열렸을 때다. 영화에서처럼 남자들은 턱시도, 여성들은 어깨가 드러나는 드레스를 입었고 샴페인과 위스키 와인, 각종 치즈와 타파스 등 먹을 것이 즐비했다. 배우 니콜라스 케이지 등 이른바 셀럽들도 다수 참석해 분위기는 한껏 들떴다. 그런데 그날의 하이라이트를 장식한 것은 단연코 주인공인 반기문 유엔사무총장이었다. 반 총장은 파티 중간에 등장해 무려 30분 이상 연설을 했는데, 평생 그렇게 재미있고 유쾌한 연설은 들어본 적이 없었다. 연설 주제는 지난 1년 유엔의 과제들이었고, 그걸 해결하러 동분서주했던 사무총장과 수행기자들의 얘기, 그리고 앞으로의 유엔 과제 등이었다. 유엔 총회장에서 각국 대표의 연설을 통해 지루하고 반복적으로 딱딱하게 들었던 진부한 주제들이다. 귀에 딱지가 앉도록 들어온 이런 문제들을 연말 송년파티에서 다시금 들어야 하는 것인데, 반 총장은 이를 온갖 유머와 재치를 곁들어서 한바탕 마당극처럼 풀어내며 참석자들을 웃겼다. 연설 내내 웃음과 박수가 쏟아졌고 여기저기서 휘파람 소리가 그치질 않았다. 때로는 무슨 의미인지 몰라 납득이 잘 가지 않는 상황에서도 외국 기자들이 하도 웃어대는 바람에 덩달아 웃지 않을 수 없는 상황까지 생겼다. 우리가 익히 알던 '한국 사람' 반기문 사무총장이 아니었다. 서양문화에 완전히 녹아든 글로벌 외교관 유엔사무총장의 모습이었다. 궁금해진 한국 특파원단은 며칠 후 반 총장 측에 변신의 배경을 물어봤다. 반 총장측은 솔직하게 답을 해줬다. 단, 비보도를 전제로. 그날의 총장 연설문은 예상대로 메시지 작성팀이 거의 한 달 전부터 준비한 것이었고, 반 총장도 이날을 위해 며칠을 연습했다고 했다. 서양식 파티에서 주최자의 유머는 필수덕목이고 이를 위해서는 자신이 망가지는 것도 감수해야 하는데, 반 총장은 이를 기꺼이 받아들이고 준비했다는 것이다. 그날 주최자의 재치와 유머가 넘치는 연설로 파티는 화기애애했고, 반 총장 측은 수시로 까칠한 기사를 쏟아내던 외국 기자들과의 거리를 한층 좁힐 수 있었다. 많은 기자들의 시선이 호감으로 바뀐 것이 사실이다. 이 장면은 내가 직접 겪은 상황이지만, 백악관 출입 기자들의 연례 만찬 때면 늘 반복돼 온 장면이기도 하다. 이런 장면의 백미는 아마 2015년 4월 30일에 열린 백악관 출입 기자단의 연례 만찬 행사였을 것이다. 이날 오바마는 루터라는 코미디언을 자신의 이른바 '분노 통역사'로 등장시켜서 옆에서 자신의 말을 '통역'하도록 시켰다.[53] 자신이 겉으로 하는 말이 실제의 속마음과는 어떻게 다른지를 보여주는 블랙 코미디다. 대통령은 "빠르게 변하는 이 세상에서 백악관 출입 기자들의 연례 만찬과 같은 전통은 매우 중요합니다."라고 말한다. 그러자 분노 통역사는 "내 말은, '이게 진짜 뭐냐?', 내가 왜 꼭 여기에 와야 하는 거야?"라고 말한다. 이어서 오바마가 "서로 간의 차이에도 불구하고 중요한 이슈를 비춰주는 건 언론의 역할"이라고 말하자, 통역사는 "온갖 허튼소리로 백인들을 겁주는 건 폭스뉴스의 역할이다."고 말한 뒤, 기괴한 표정으로 "이슬람들이 클리블랜드로 쳐들어 온다. 모두 언덕으로 도망쳐"라고 소리 지른다. 자신에게 비판적인 폭스뉴스에 대해 이른바 '통역사'를 통해 신랄한 공격을 퍼부은 것이다. 이런 장면은 한동안 계속됐다. 코미디언이 들려주는 오바마의 속마음은 정말 '지랄' 같아서, 청중은 배꼽을 잡고 웃었지만 오바마는 웃음 한번 짓지 않고 심각한

53 https://www.youtube.com/watch?v=hl6TgIetxx0 유튜브에서 영상을 볼 수 있다.

표정으로 내내 연설을 하는 완벽한 연기를 선보였다. 대단한 조크, 기발한 코미디였다. 물론 청중 가운데는 이를 유머로 받아들이지 않고 심각하게 보는 사람도 있었다. 화면을 자세히 보면, 기분이 썩 좋아 보이지 않는 사람도 눈에 띈다. 하지만 이 한 편의 블랙코미디로 만찬장의 분위기는 화기애애해졌다. 대통령의 속마음과 이를 억누르고 정책을 추진해야 하는 고뇌를 솔직하게 표현하고, 또 자신에게 비판적인 야당과 언론에 대해 간접적으로나마 분풀이를 할 수 있는 기회를 가진 것이다. 말미에는 오바마 자신이 더욱 화를 내서 말하고 이에 코미디언은 '이젠 내가 필요 없다'며, 청중석의 영부인 미셸에게 다가가 "오바마가 미쳤나 봐요"라고 얘기하는 대목도 넣었다. 치밀하게 잘 짜인 각본을 오바마와 루터라는 배우들이 훌륭하게 연기해 낸 것이다. 이런 설정과 연설을 하기 위해서는 엄청난 준비와 연습이 필요하다. 별 대수롭지 않아 보이는 파티 연설에 왜 이렇게 공을 들일까라고 생각할 수도 있지만, 이게 바로 대국민 스킨십이고 이를 통해 대통령의 이미지를 만들 수 있다는 점에서 충분히 이해할 수 있는 대목이다. 그래서 이날을 위해 치밀하고 철저하게 또 기발한 방법들을 준비한다. 말의 기술을 적극 활용해서 말의 힘을 극대화시키는 것이다.

유머는 이를 구사하는 사람을 매력적으로 만든다. 듣는 사람을 편안케 하는 유머는 대개 남을 깎아내리기보다는 자신이 망가지는 쪽을 택함으로써 겸양과 배려를 바탕으로 깔고 있다. 이른바 휴머니즘이다. 그런 점에서 남을 깎아내리거나 조롱하는 가학적인 웃음 자아내기는 진정한 유머라고 할 수 없다. 또 듣고 나면 허망한 말장난에 불과하다면 그것은 품격 있는 유머는 아니다. 남을 조롱하거나 비웃지 않고 존중해 주는 배려, 그리고 웃음 속에 위트와 촌철살인의 의미가 함축돼 있다면 더 이상 바랄 것이 없다. 진정한 휴머니스트만이 유머리스트가 될 수 있다[54]는 얘기는 이런 배경에서 나온 얘기다. 유머의 최대 강점은 어색한 분위기를 누그러뜨리는 아이스브레이킹에도 있지만, 남으로부터 공격을 받을 때 이를 우회적으로 또 여유롭고 품격있게 받아칠 수 있다는 점에 있다. 이때의 유머는 진정 고품격의 유머가 된다.

필자는 2012년 겨울, 18대 대통령선거의 후보자 토론 사회를 준비하면서, 처음으로 '말의 기술'에 대해 고민을 했었다. 명색이 대통령 후보자 토론회다. 거의 모든 국민이 지켜보는 생방송이다. 자칫 말실수를 한다거나 후보자들이 쓰는 용어나 말을 알아듣지 못하면 낭패가 아닐 수 없다. 토론이 과열돼서 다른 방향으로 흘러가도 안되고, 어느 한쪽이 기회를 독점하도록 내버려 둬도 안된다. 한쪽으로 치우치지 않도록 균형을 잡아야 하지만, 동시에 있는 그대로의 상황이 고스란히 전해지도록 해야 한다. 한쪽의 실력이 월등하고 다른 쪽의 실력이

54 밥 돌(김병찬 역), 위대한 대통령의 위트, 아테네, 2018, p. 512

형편없다면 이것을 시청자가 알 수 있게 해야지, 사회자가 가려서는 안 되는 것이다. 누구도 위기를 대신해 줄 수 없고, 어떤 변명으로도 빠져나갈 수가 없다. 모든 순간이 기록으로 남게 되는 역사적 장면이기도 하다. 영광스런 기회지만, 동시에 최대의 위기이기도 한 것이다. 그래서 어느 때보다 많은 준비를 했던 기억이 난다. 그 중에서 『속지 않는 국민이 거짓 없는 대통령을 만든다』라는 좀 길었던 제목의 책을 밑줄 쳐가며 열심히 읽었던 기억이 생생하다.[55] 미국 대통령 선거의 토론회를 속속들이 분석해 놓은 책이었는데, 가장 눈길을 끌었던 대목은 1984년 대통령 선거 2차 토론회 현장이었다. 레이건은 당시 벌써 74세였고, 상대방 민주당의 먼데일 후보는 17살이나 적은 57세였다. 1차 토론회에서 레이건은 답변을 제대로 못하고 토론의 흐름을 놓치기도 해서 '치매를 앓고 있다'는 소문까지 퍼진 상태였다. '볼티모어 선'의 외교담당 기자가 질문했다. "당신은 이미 역사상 가장 고령의 대통령입니다. 1차 토론 후 당신의 참모들은 당신이 피로를 느꼈다고 얘기했습니다. 쿠바 사태가 일어났을 때, 케네디는 며칠 동안 잠을 거의 자지 못하고 업무를 수행했습니다. 앞으로 이런 상황이 또 일어난다면 이를 감당할 수 있습니까?" 패널로서는 정당한 질문이었지만,

55 김상범 외, 속지않는 국민이 거짓없는 대통령을 만든다, 위즈덤 하우스, 2012, 앞서 인용한 책이다.

레이건으로서는 가장 아픈 곳을 찔린 셈이다. 먼데일은 정말 하고 싶었던 질문을 손도 대지 않고 푼 것이기도 했다. 아마 2012년에 필자가 이런 질문을 했더라면, 나는 그쪽 당 지지자들로부터 무시무시한 공격을 받아 만신창이가 됐을지도 모른다.[56] 레이건으로서는 최대의 위기였다. 그런데 그 위기를 레이건은 한순간에 역전시켜 버렸다. 그것도 여유롭고 품격 있게. 레이건은 정색을 하고선, "나는 이번 선거에서 나이 문제를 제기하지 않을 것임을 밝힙니다. 나는 먼데일 후보가 나보다 젊기 때문에 경험이 부족하다고, 정치적으로 악용하지 않을 것입니다."라고 했다. 방청석의 웃음과 박수소리가 그치자 로마의 격언을 인용해 "나이가 많은 사람이 젊은이들의 실수를 바로잡아 주지 못한다면, 국가는 존재하지 않을 것입니다"라고 덧붙였다. 전국의 시청자와 먼데일도 파안대소했다. 레이건의 이 한 마디로 선거는 끝난 셈이 됐다. 미국 50개 주 가운데 49개 주에서 레이건이 이겼다. 탁월한 유머, '말의 기술'이 가져온 결과다. 말이 나온 김에 레이건이 구사하는 유머, 말의 기술을 좀 더 살펴보기로 하자.

1981년 3월 30일 워싱턴의 힐튼 호텔 앞에서 대통령 레이건은 존 힝클리주니어의 권총 저격을 받았다. 범행 동기는 영

56 우리나라 선거 토론회에서는 사회자가 후보에게 개별 질문을 직접 하지 못하게 하고 있다. 공통질문이거나 사전에 양측이 합의한 주제에 관해서만 질문이 가능하다.

화 '택시 드라이버'에 출연한 여배우 조디 포스터의 관심을 끌기 위한 것이라는 황당한 이유였다. 어쨌든 현직 미국 대통령이 피격당한 사실 자체만으로 톱뉴스였고, 부상 정도는 초미의 관심사였다. 구급차에 실린 레이건은 "이거 새 양복인데 낸시(영부인)가 잔소리를 하겠어"라고 해서 일단 사람들을 안심시켰다. 병원으로 옮겨진 레이건을 지혈하기 위해 간호사들이 그의 몸에 손을 대자 레이건은 "우리 낸시에게 허락을 받았나?"라고 말해서 극도의 긴장 속에 가슴을 졸이던 의료진과 비서들의 긴장을 풀어줬다. 레이건은 뒤늦게 부인 낸시가 도착하자, "여보, 미안해. 총알이 날아왔을 때 영화에서처럼 납작 엎드리는 것을 잊었네"라고 했다. 낸시는 물론 국민들을 안심시키는 말이었다. 수술대에 올랐을 때는 집도의들에게 "여러분은 다 공화당 지지자들이죠?"라고 웃겨서 의사들이 여유를 찾게 했다. 다급한 순간에도 여유와 웃음을 잃지 않고 자신감 넘치는 모습을 보며, 미국인들은 그들의 대통령에게 애정과 무한 신뢰를 보내게 됐다. 레이건의 이런 농담은 사례가 수없이 많다. 백악관 음악회에서 연주가 끝나고 피아니스트를 격려하기 위해 무대에 오르던 낸시 여사가 발을 헛디뎌 넘어지자, 레이건은 "여보, 분위기가 썰렁해져서 웃음이나 박수가 필요하면 그때 넘어지기로 했잖소?"라고 말해서 참석자들의 박수와 환호를 받으며, 무안함으로 얼굴이 빨개진 낸시 여사를 구해 낸 일도 있다. 지금도 회자되는 전설 같은 얘기다.

레이건은 배우 출신이라는 경력을 갖고 있었기 때문에 타고난 유머감각의 소유자라는 평도 있지만, 실제론 철저한 준비와 노력 때문이라고 한다. 레이건은 농담을 적은 카드를 갖고 다니면서 열심히 연습한 것으로 알려져 있는데, 그의 사후 농담 카드를 정리해 보니 몇 상자 분량이었다고 한다. 레이건의 유머는 한 문장인 경우가 많았는데, 그가 외워둔 한 줄짜리 유머는 2천 개나 됐다고 한다. 즉, 그는 '말의 기술'을 익히기 위해 피나는 노력을 한 것이다.

"오늘 저는 75세가 되었습니다만 잊지 마세요, 그건 섭씨로는 24랍니다."라고 말해 자신의 약점을 거침없이 드러내며 분위기를 반전시키고, '배우가 어떻게 대통령이 될 수 있냐?'고 묻자, "대통령이 어떻게 배우가 안 될 수 있나요?"라고 해서, 물은 사람조차도 고개를 끄덕이고 수긍케 한 재치 등은 가히 수준급의 경지를 보여준다. 레이건이 했다는 "설명하기 시작하면 이미 진 거다"라는 말은 유머가 갖는 힘을 이해하는, 말에 대한 그의 철학을 보여주는 말이다. 평생을 강력한 반공투사로 살았던 그는 공산체제를 무너뜨리는 데도 말의 기술을 적절히 활용했다.

"공산주의자는 마르크스와 레닌을 읽은 사람이고, 반공주의자는 마르크스와 레닌을 잘 아는 사람이다",

"소련 헌법은 발언의 자유(freedom of speech)와 집회의 자유(freedom of gathering)를 보장한다고 합니다. 그런데 미국 헌법은 발언 후의 자유(freedom after speech)와 집회 후의 자유(feedom after gathering)를 보장합니다."

그는 이렇게 유머 즉 말의 기술을 적절히 활용해 국민적 인기를 유지했고, 또한 이를 통해 구 소련의 해체를 이끌어 내는 역사를 만들어 냈다. 밥 돌 전 상원 의원이 쓴 『위대한 대통령의 위트』는 미국 역대 대통령들을 오로지 유머 하나로 평가한 책이다. 초대 워싱턴부터 42대 빌 클린턴 전 대통령까지 대통령들의 유머를 다룬 책인데, 위대한 대통령들은 모두 위대한 유머감각의 소유자들이었고 유머를 구사할 줄 아는 '말의 기술자'들이었음을 알게 한다. 유머와 대통령의 능력은 비례 관계라는 것이 이 책의 요지다. 그런 점에서 링컨이 왜 미국의 가장 위대한 대통령으로 꼽히는지도 살펴볼 필요가 있다.

링컨이 젊었을 때다. 급하게 시내에 갈 일이 생겼는데 말과 마차가 없었다. 마침 한 노신사가 시내를 향해 마차를 몰고 가고 있었다. 링컨은 노신사를 세우고 부탁했다. "죄송하지만, 제 외투를 시내에 좀 갖다주실 수 있습니까?" "그거야 어렵지 않지만, 시내에 가서 받을 사람을 어떻게 만나죠?" "그건 걱정 마십시오. 외투안에 제가 있을 테니까요". 링컨이 의원 시절에는 두 얼굴을 가진 이중인격자라는 비판을 받았다. 그러자 링컨은 난감한 표정을 짓더니 되물었다. "내가 두 얼굴을 가졌다면, 오늘같이 중요한 날에 왜 하필 못생긴 얼굴을 가지고 나왔겠소?" 의원들은 박장대소를 했고, 비난하던 의원은 슬그머니 자리에 앉지 않을 수가 없었다. 링컨이 상원의원에 입후보했을 때 경쟁자였던 더글러스 후보가 링컨을 심하게 몰아붙였다. "링컨은 자신의 가게에서 팔아서는 안 될 술을 팔았습니다. 이렇게 법을 어긴 사람이 상원 의원이 되면 어떻게 되겠습니까?" 더글러스는 의기양양했고, 청중은 술렁거렸다. 링컨은 태연자약하게 연단에 올라 말했다. "더글러스 후보의 말은 모두 사실입니다. 그리고 그때 우리 가게에서 가장 술이 많이 마신 우량고객이 더글러스 후보라는 것도 사실입니다." 더글라스 후보의 공격은 근거 없는 모함이었으나, 링컨은 이를 거짓이라고 받아치지 않고 재치 있는 유머로 받아넘김으로써 청중을 웃겼고, 더글라스를 무색하게 만들었다. 링컨의 부인 메리는 성격이 급하고 다소 충동적이며, 신경질도 많았다고 한다. 어느 날 생선가게에서 부인 메리가 평소처럼 주인에게 신경질을 부리며 짜증을 냈다. 주인은 화가 나서 남편인 링컨에게 항의를 했는데, 링컨은 주인에게 이렇게 말했다. "나는 이런 마누라를 15년 동안이나 참고 살았습니다. 당신은 고작 15분이니, 그냥 좀 참아 주시오" 말은 진심으로 하면 되지, 꼭 기술을 익힐 필요는 없다고 생각할 수도 있다. 한데 그건 진심이 통하는 사이에서만 통용되는 말이다. 설사 적대적 관계는 아니라 하더라도 사람들은 쉽게 마음의 문을 열지 않는다. 그래서 마음이 열리도록 만드는 말의 기술은 꼭 필요하다. 특히 많은 사람들을 상대로 하는 사람이라면 기술을 익히기 위한 정성과 노력을 기울여야 한다. 대중이란 결코 누구에나 호의적이지 않으며, 그 마음은 조변석개할 수 있기 때문이다.

2016년 12월 하순, 백악관 홈페이지에 올라온 한 장의 사진이 눈길을 끌었다. 대통령 퇴임을 20여 일 앞두고 '되돌아보기: 연설 보좌관들이 뽑은 오바마 대통령의 최고의 연설들'이란 제목의 글과 사진이 올라온 것이다. 사진은 연설의 달인 오바마의 비결을 공개하고 있었다. 그가 달인이라는 호칭을 얻기까지 얼마나 부단한 노력을 했는지를 여실히 보여줬다. 참모들은 "대통령은 자신들이 올린 연설문 초고를 수도 없이 고쳐 쓰고, 밤을 새우고, 자동차로 이동하는 마지막 순간까지도

오바마 대통령이 보좌관들이 작성한 연설문 초안에 지시 사항을 깨알같이 표시한 수정본의 모습. 2016년 백악관 공개자료다.

수정하는 노력을 아끼지 않았다"고 했다.

타일러 렉턴버그라는 보좌관은 2016년 9월의 흑인 역사 문화 박물관 개관식 연설문의 작성 과정을 공개했다. "삽입 문구와 삭제 표시가 미로처럼 점철된 초안 수정본을 돌려받았는데, 특히 눈에 띈 것은 줄바꿈 표시였습니다. 우리가 제출한 해골 같은 초안에 숨결을 불어넣은 느낌이었습니다." "지난 8년 동안 오바마는 수 천 번이나 초안 수정 작업을 해왔고 수준이 높았습니다". "언제나 깊은 메시지와 시적인 표현이 담겼으며 그것을 추구했습니다."

연설의 달인은 이런 정성과 노력이 있었기에 가능했던 것이다.

5장

'말'의 힘을 극대화하는 기술, 정치

배우의 매력

'말', 메시지를 담는 그릇

분노의 메시지와 갈등 사회

사랑의 메시지와 관용 사회

'말'의 힘을 극대화하는 기술, 정치

최근 한 정치인을 만났던 자리에서 들었던 말이다. '저쪽은 쇼를 너무 잘한다'고 한탄했다. 나중에 그 정치인을 다시 만났을 때 필자는 '정치의 본질은 쇼'라고 얘기했다. 그리고 그 '쇼는 대부분 말로 하는 것이고, 쇼에서 이겨야 정권을 잡는 것'이라고 덧붙였다. 쇼의 모든 장면, 배우의 행동 하나하나가 실은 청중을 향한 '말', 메시지다. 정치란 바로 메시지 싸움, 이른바 '말의 전쟁'이다. 이 전쟁에서 이기려면 '말'의 힘을 극대화하는 기술이 있어야 한다.

쇼라고 하면 우리는 대체로 '배우들의 연기일 뿐 진실이 없는 가식'이라고 생각한다. 그래서 '우리는 쇼 안 한다, 진실로 승부한다'고 말하기도 한다. 하지만 정치인이 하는 말을 액면 그대로 믿는 국민은 거의 없다. 즉, 정치가 쇼가 아니라고 생각하는 국민은 거의 없다. 국민은 정치가 쇼인 줄 다 안다. 그런데 쇼가 아니라고 하면 그것이야말로 '쇼'가 된다. 문제는 쇼가 진정성이 있어 보이느냐, 감동이 있느냐, 재미가 있느냐 하는 것이다. 감동과 재미가 있고, 거기에 진정성마저 있어 보이면 그 쇼는 충분히 성공한 것이다. 청중(국민)은 쇼인 줄 알면서 그 쇼에 만족하고, 그리고 기꺼이 비용을 지불한다. 하지만 쇼가 재미없거나 지루하거나 현실과 너무 동떨어진 얘기면, 쇼를 내리라고 하거나 아예 배우를 바꾸라는 요구가 빗발친다.

'쇼는 쇼일뿐, 현실과 다르다'는 얘기도 있다. 그러나 '쇼가 현실보다 오히려 더 사실적이다'라는 말도 있다. 쇼의 플롯이 현실적이고 배우의 연기가 사실적이면, 쇼는 청중을 울리고 웃기고 기립박수까지 받는다. 감동한 청중은 극장 밖에서 자기들이 본 쇼를 그대로 재연하려고 든다. 쇼가 곧 현실이 되는 것이다. 그래서 쇼는 중요하다. 그리고 잘해야 한다.

배우의 매력

쇼의 제일의 덕목은 배우가 매력적이어야 한다는 것이다. 그런 점에서 슈트를 입으면서 어울리지 않는 넥타이를 맨다거나, 주름이 풀려 걸레처럼 구겨진 바지를 입는다거나, 속이 비치는 셔츠에 늘어진 '조끼 난닝구'를 입는 정치인은 한마디로 기본이 안 돼 있다고 밖에 할 수 없다. 필자는 정치부 기자 시절 변호사 출신의 여성 정치인이 머리를 감지 않아 비듬이 보이는 경우도 봤고, 마주 앉은 자리에서 속옷이 훤히 보이는 민망한 경우도 겪어 봤다. 니코틴에 찌든 것 같은 거의 악취 수준의 입 냄새를 풍기는 정치인도 여럿 있었다. 오후 늦은 시간 생방송 대담을 하는데, 어찌나 구취가 심한지 차마 마주 보고 얘기하기 힘든 정치인도 있었다. 미안하지만 이런 분들은 배우(정치인)를 하루빨리 그만두는 게 낫다. 기자라는 까탈스런 직업인에게 이렇게 대할진대, 유권자들에게는 어떠했으랴. 어떤 청중이 이런 배우를 다시 보고 싶겠는가?[57] 물론 배우를 직접 대면하는 청중은 많지 않다. 대부분의 청중은 무대에 올려진 배우를 보지, 무대 밖의 배우는 만날 기회도 없고 알지도 못한다. 하지만 지금은 이른바 SNS 시대다. 비유하자면, 소문은 초음속 전투기만큼이나 빠르다. 또한 UHD 텔레비전 시대에 시청자는 배우보다 압도적 우위의 위치에 있다. 작은 주름살은

57 물론 이에 대한 반론도 만만치 않을 것이다. 영국 총리 보리스 존슨의 경우가 그렇다. 그는 일부러 헝클어진 머리에 비뚤어진 넥타이, 구겨진 바지를 입는다. 하지만 이는 '영국 신사' 이미지를 벗고 서민들에게 다가가려는 고도로 연출된 이미지다. '친서민적'이며, '외모에는 신경 쓰지 않고 일에만 몰두하는 듯한' 이미지를 만들어 대중에게 '매력적으로' 보이려는 의도된 전략으로 봄이 타당하다.

물론 땀구멍 하나하나까지 속속들이 들여다 보이는 것이다. 한마디로 배우는 청중에게, 정치인은 유권자에게 뭐하나 숨길 수가 없는 시대가 된 것이다. 배역과 배우의 매력은 별개의 차원이다. 악역을 하는 배우도 악역배우로서의 매력이 있기에 생명력이 있다. 하지만 배우가 추하게 느껴질 경우 그 배우는 배우로서의 생명이 끝난다. 배우는 그래서 어떤 역할을 하든, 무대 위에서든 밖에서든 늘 매력적이어야 한다. 청중이 그 배우를 보고 싶어야 한다. 그래야 톱스타 반열에 오를 수 있는 것이다. 정치인은 국민을 청중으로 대해야 하는 배우에 다름 아니다.

배우의 이미지 연출을 가장 많이 연구하고 실제로 써먹는 나라는 단연 미국이다. 파파라치에 노출되는 헐리우드 스타들의 이미지 컷도 실은 90% 이상이 연출된 이미지다. 파파라치들이 따라붙을 것을 예상해서 분위기에 맞는 의상을 선택하고, 광고 협찬 상품을 노출시키고, 또는 가족 간의 다정스런 모습 등을 일부러 노출시킨다. 사진이 찍히는 순간을 고려해 일부러 보폭을 크게 성큼성큼 걸으며(보폭이 좁은 사진은 멋이 없다) 손으로 머리를 쓸어 올린다거나 슬쩍 뒤돌아보는 모습으로 사진이 찍히도록 하는데, 이를 위해 배우들은 수없이 연습한다. 정치인들도 예외가 아니다. 특히 사진이 가장 많이 찍히는 대통령의 이미지는 철저하게 연구하고 계획해서 의도적으로 연출한 것이다.

대통령 이미지 관리의 첫 번째 원칙은 늘 뉴스의 중심에 있어야 한다는 것이다. 그것이 정치적 논쟁이든 경제적 문제든 또는 사건, 사고든 대통령은 늘 뉴스가 생성되는 현장에 있거나 또는 주요뉴스와 관련된 역할로 만들어져야 한다. 뉴스와 동떨어진, 전혀 엉뚱한 이미지는 최대한 차단해야 한다. 그런 경우가 없지 않았지만, 허리케인 등의 재난이 닥쳤을 때 대통령이 골프를 쳤다거나 하는 보도는 어떻게든 만들지 말아야 한다. 미국 대통령들이 대부분 골프광이라 이런 뉴스가 꽤나 자주 있었고, 이를 차단하기 위해 '허리케인 정도에 미국의 일상이 흔들리지 않는다'는 변명이 있었지만 그야말로 변명일 뿐이다.

2005년 허리케인 카트리나가 미국 남부 뉴올리언즈를 강타했을 때, 2012년 허리케인 샌디가 뉴욕주를 휩쓸었을 때, 당시 대통령이던 부시와 오바마는 팔을 걷어붙인 셔츠와 점퍼 등의 차림으로 현장을 찾아 주민을 위로하고 복구에 최선을 다하겠다는 다짐을 한다. 정부의 대처가 미흡했음을 사과할 때는 넥타이에 정장 차림이다. 반드시 현장 분위기에 맞는 옷차림, 메시지에 맞는 옷차림을 한다. 분위기를 위한 옷차림 연출의 백미는 이라크 전쟁 와중에 전투기를 타고 항공모함에 착륙한 당시 부시 대통령의 전투기 조종사 복장이다.

배우는 옷차림도 중요하지만, 무대에 등장하는 모습이 대단히 중요하다. 당시 부시 대통령은 TV로 전국에 생중계되는 가운데, 항공모함에 착륙한 전투기 속에서 헬멧을 벗어들고 당당하게 걸어 나왔다. 사전에 알리지 않아 누구도 예상치 못한 모습이었고, 극적인 등장에 사람들은 환호했다.(물론 헬리콥터를 타고 내려도 되는데, 국가 원수가 굳이 전투기로 내리는 위험을 감수했다는 비판도 있었다.) 미국에서 대통령급 지도자들이 화면에 등장하는 모습은 대단히 극적이다. 대통령 후보 선출을 위한 전당대회나 후보 지명 수락연설 등을 보면, 후보자는 늘 분위기가 최고조로 올랐을 때, 주위를 어둡게 한 상태에서 스포트라이트 조명을 받으며 무

부시 미국 대통령은 2003년 5월 1일 이라크 진장에서 돌아온 항공모함 링컨호에 올라 '임무완수' 연설을 한다. 미국 대통령으로서는 최초로 전투기를 타고 항공모함에 착륙하는 극적인 모습을 연출했다.

대 중앙으로 걸어 나온다. 대통령이 기자회견에 등장할 때, 또는 백악관 뜰에서 헬기장으로 오고 갈 때, 대통령은 늘 단독 샷을 받으며 당당한 걸음으로 오간다. 기자를 만나 질문을 받을 때나, 부인을 대동할 때 또는 개를 끌고 가는 모습 등 모든 일거수일투족이 철저히 카메라 앵글을 고려한 연출된 이미지다.

2019년 6월 판문점에서 김정일을 만나고 평택 미군 기지로 이동한 트럼프의 무대 등장 역시 전형적인 미국식 극적 연출 기법을 보여준다. 트럼프는 판문점에서 평택기지에 헬기로 도착했는데, 헬기에서 내려 미군들이 집결하고 있는 연단으로 걸어오리라는 예상을 깨고 헬기를 타고 연단까지 온 후 거기에서 내려 바로 연단에 오른다. 트럼프가 연설하는 내내 배경에는 전용헬기 머린 원의 당당한 위용이 보이고, 그 양옆에는 거대한 전투기를 배치해, 세계 최강 미군의 통수권자 대통령이라는 상징을 각인시켰다.

이보다 몇 시간 앞서 트럼프가 판문점에서 김정은을 만나고 헤어지던 모습은 미국식 대통령 이미지 연출의 속성을 여지없이 보여줬다. 트럼프가 군사분계선에서 김정은을 만나는 모습은 전 세계로 생중계됐다. 이때는 모든 모습들이 안정적인 화면으로 전송됐다. 트럼프와 김정은은 군사분계선에서 만나 악수하고, 군사분계선을 넘어 북측 지역으로 갔다가 거기서 다시 악수하고 사진촬영을 하고는 다시 군사분계선을 넘어 남쪽으로 내려온다. 모든 장면들이 순조롭고 평화롭게 진행됐고,

마치 숨소리까지 잡힐 듯 전 세계에 전해졌다. 그런데, 평화의 집에서 환담을 마치고 트럼프가 김정은과 함께 다시 군사분계선 쪽으로 모습을 보였을 때다. 이 회담의 중재자를 자처한 문재인 대통령이 나타나자 갑자기 화면이 심하게 일렁거리며 제대로 된 화면이 송출되지 않는다. 현장에서 미국 측 경호원들이 갑자기 한국 측 풀(pool) 카메라의 앵글을 막아서며 촬영을 방해한 것이다. 그래서 세 명의 대통령이 나란히 서 있는 모습이나 군사분계선에서 문재인 대통령과 김정은이 포옹하는 모습 등은 제대로 찍힌 화면이 거의 없었다. 오죽하면 당일 국내 방송사들은 '문재인, 김정은의 군사 분계선상 역사적인 포옹 장면'이라며 화면 구석에 조그맣게 잡힌 모습을 확대해 동그라미까지 쳐가며 뉴스를 내보낼 지경이었다.

그러면 당시 현장에서 무슨 일이 있었는지 궁금해진다. 경호원들이 긴박하게 움직일 만큼 현장에서 돌발 상황이 벌어진 걸까? 그런데 경호원들이 요인 경호는 하지 않고 왜 굳이 왜 카메라를 막아섰을까? 그것도 왜 한국 측 카메라만 일제히 막고 촬영을 방해했을까?

당시 현장에서는 긴박한 건 아무것도 없었다. 세 명의 대통령이 서서 담소를 나누고 사람들에 둘러싸여 화기애애한 모습을 보이다 군사분계선으로 걸어갔을 뿐이다. 대통령들에게 누가 예고 없이 다가간 것도 아니다. 긴박한 상황이라곤 눈곱만큼도 없었다. 그런데 왜, 무엇 때문에 그런 일이 벌어졌을까?

필자가 지인들에게 이 물음을 던졌을 때, 답을 말한 사람은 아무도 없었다. 그만큼 우리는 미국식 대통령 이미지 연출에 익숙지 않은 것이다.

미국 측 경호원들이 한국 측 카메라를 막은 것은 좋은 화면을 주지 않기 위함이었다. 미국 입장에서 보면 그날의 주인공은 단연 트럼프다. 김정은은 주인공 트럼프를 위한 조연이다. 따라서 모든 스포트라이트는 이 두 사람에게만 맞춰져야 한다. 그런데 제3자인(미국의 입장에서 보면) 문재인 대통령이 등장함으로써 자칫 주인공의 이미지가 가려질 우려가 생긴 것이다. 관심의 초점이 문재인, 김정은으로 옮겨갈 수가 있고, 자칫 트럼프가 조연으로 전락할 수도 있는 것이다. 특히 문재인, 김정

당시 문재인 대통령과 김정은의 포옹 모습은 가장 잘 나온 사진이 이 정도다. 이날의 주인공 자리를 내주지 않으려고 미국이 방해한 때문이다. 미국 측이 알았더라면 이 사진도 배포하지 못하게 막았을 것이다. 트럼프의 옷자락이 너무 구겨졌기 때문이다.

은의 포옹 장면은 이런 우려를 현실화시킬 수도 있었다. 그래서 이 장면이 화면에 잡히지 못하도록, 제대로 된 구도로 사진 찍히지 않도록 기를 쓰고 막은 것이다.

백악관 경호원들은 대통령 신변 경호뿐만 아니라 대통령의 사진과 화면 노출에 대해서도 특별한 훈련을 받는다. 단언컨대, 그날 현장에서 경호원들의 행동을 지휘한 사람은 백악관 경호실장이 아니라 홍보 책임자였을 것이다. 적어도 홍보 책임자의 요청으로 경호실장이 명령을 내렸을 것이다.

2008년 미국 발 금융위기가 터졌을 때, 당시 대통령 부시는 경제적 식견이 부족한 사람이었다. 그가 나서서 설명할 일도 많지 않았다. 하지만 백악관은 우선적으로는 전문가와 각료들이 나서도록 했지만, 최종 결정에는 늘 대통령이 있는 것으로 브리핑했다. 위기를 피하지 않고 현장에 뛰어들어 정면으로 위기에 맞서며 전선의 최선두에 늘 대통령이 보이도록 한 것이다. 대통령 이미지 관리의 철칙이다. 대통령은 언제나 위기에 빠진 국민들을 위로하고, 나아가 위기를 극복해서 다시 새로운 나라를 건설하자고 역설한다. 그럼으로써 최고 국가 지도자로서 신뢰와 능력의 이미지를 만들어 가는 것이다.

국민들은 이런 지도자의 모습에서 신뢰를 쌓고 재건의 의지를 다지게 된다. 작은 조직이나 큰 조직, 국가도 마찬가지다. 위기는 최고 지도자에게는 정치생명을 위협하는 도전이지만 동시에 엄청난 기회이기도 하다. 위기를 극복하면 그때의 지도자는 엄청난 지지를 얻게 된다. 그래서 위기를 가장 잘, 적극적으로 활용하는 것이 미국의 대통령 이미지 연출의 철칙이다.

2014년 4월 대한민국에서 엄청난 사고가 터졌다. 세월호 전복사고다. 사망과 실종자만 304명인 대형 참사였다. 하지만 수치상으로 보면 최악의 사고는 결코 아니었다. 1995년 삼풍백화점 붕괴사고는 무려 502명이 숨지고 6명이 실종됐으며, 부상자도 937명이나 나왔다. 1993년의 서해페리호 사고도 사망자가 292명이었다. 당시 전체 승선인원은 362명으로, 476명이었던 세월호에 비하면 114명이나 적어서 전체 승객 대비 사망자 수로 비교하면 서해페리호 사고가 훨씬 더 컸다고 할 수 있다.(단순 비교로 17% 포인트 높다.) 하지만 세월호 사고는 우리 사회에 엄청난 트라우마를 남김으로써 사실상 최악의 사고가 됐다. 헌정이 중단되고 정권이 교체되는 일도 사실상 세월호 사고에서 시작됐다고 할 수 있다. 박근혜 대통령의 이미지는 세월호 사고로 인해 최악으로 추락했다. 김영삼 정부는 위에서 본 대로 이보다 더한 사고를 두 차례나 겪었고, 아시아나기 목포 추락과 대한항공기 괌 추락 사고, 성수대교 붕괴사고, 구포열차 사고, 동대문구 통신구 화재, 마포 도시가스 폭발사고, 지존파 살인사건 등 이른바 '사건, 사고 공화국'을 거쳤고, 가신의 뇌물수수, 아들의 국정농단 사건에다 막판에는 국가부도 위기의 IMF사태 등 어마어마한 일을 겪었음에도 임기를 끝까지 마칠 수 있었다. 무엇이 차이를 불렀을까? 수많은 요인이 있고 그중 어느 하나가 압도적이었다고도 할 수 없지만, 세월호 사고 이후의 대처에서 정권이 무너진 한 원인을 찾을 수 있을 것이다.

2014년 4월 17일이다. 세월호 사고가 터진 다음날이다. 대통령 박근혜는 현장을 찾는다. 배를 타고 사고 현장까지 찾아갔다. 구명조끼를 입고 침통한 표정으로 바람에 머리가 헝클어져 날리는 가운데서도 구조 대원을 격려하고 최선을 다해 달라고 당부한다. 그리곤 목포로 돌아와 비서진의 만류에도 불구하고 실종자 가족들이 몰려 있는 목포 실내 체육관을 찾았다. 대통령은 가족들 앞에 마이크를 잡고 섰다. 고통과 슬픔으로 일그러진 가족들을 위로하고 공무원들을 독려했다. 딱 거기까지였다.

대통령은 연단에서 내려와 가족들에게 다가갔다. 대통령은 한 어린아이 앞에 섰다. 제주도로 귀농하기 위해 일가족이 함께 배를 탔다가 아빠와 엄마 한 살 위 오빠까지 잃고 홀로 구조된 5살 권지연 양이었다. 권양의 가슴 아픈 사연은 이미 보도를 통해 알려진 터라 온 국민의 시선이 이 순간에 쏠렸다. 대통령은 울고 있는 권양과 권양의 이모에게 다가가 애처로운 표정으로 권양의 볼을 쓰다듬었다. 그러나 그뿐이었다. 일반의 예상을 깬 행동이었다. 많은 사람들은 대통령이 권양을 가슴으로 부둥켜안고 흐느껴 울 것으로 생각했다. 나아가 가족도 없는 대통령이니 혹시라도 '권양을 양녀로 맞아 성인이

대통령 이미지 연출의 대표적인 실패작이다. 대통령과 권양의 거리만큼이나 대통령과 국민들의 거리도 떨어져 있는 상징적인 장면이다. 출처 : 연합뉴스

될 때까지 책임지고 돌보겠다'는 말을 하지 않을까라고 기대한 사람도 적지 않았다. 그러나 대통령은 측은한 표정으로 아이의 볼을 쓰다듬어 주었을 뿐이다. 그 이상의 행동이나 말은 전혀 없었다. 대통령과 권양과의 거리만큼이나 국민들과 대통령과의 거리는 좁혀질 수 없었다. 만약 대통령이 권양을 부둥켜 안고 말없이 울었다면, 국민들도 같이 울었을 것이고 그리고 그 시간이 길면 길수록 국민과 대통령은 한마음으로 정서를 공유했을 것이다. 아마도 언론은 '대통령도 울고 나도 울고, 온 국민이 울었다' 이런 제목을 뽑았을 것이다. 단언컨대, 대통령이 이런 식으로 세월호 유족들을 껴안고 보듬는 일을 계속했으면, 이들은 박근혜의 최대 정적이 아니라 가장 열렬한 지지자들이 됐을 것이다. 이른바 '세월호 7시간 의혹'도 설자리

가 없었을 것이다. 이 장면은 나중에 일부 언론들로부터 두고두고 비판을 받는다. 비판을 위한 비판이라는 인상이 강하지만 대통령이 너무 일찍 내려와 구조를 방해했다는 것에서부터 이미지 연출을 위해 병원에 있던 권양을 체육관으로 데려온 것이라는 비판도 제기됐다. 아이를 키워보지 않다 보니 공감 능력이 떨어진다는 인신공격성 비난도 가세됐다. 대통령의 이미지를 고양시킬 수 있는 기회를 오히려 이미지를 깎아먹는 위기로 전락시킨 것이다. 이후의 대처 과정도 내내 이와 비슷했다.

청와대 홍보팀의 연출기획은 좋았으나 배우가 이를 소화하지 못했다는 지적도 있을 수 있을 것이다. 하지만 연출기획은 배우의 능력을 고려해야 한다. 특히나 그 배우가 최고 지도자라면 말할 것도 없다. 그냥 쇼라면 얼마든지 배우를 바꿀 수 있지만, 정치라는 쇼는 배우를 교체할 수가 없다. 다시 한번 미국의 이미지 연출을 생각해 볼 필요가 있다.

다음 사진들을 보면 오바마가 워낙 능청스럽게 연기를 잘해서 지극히 자연스럽게 보인다. 하지만 이는 모두 고도로 연출된 사진들이다. 즉, 이런 상황을 만들어 대통령의 친근한 이미지를 만들어 내려고 한 홍보팀의 기획력이 뛰어나고, 이에 맞춰 상황을 자연스럽고 재미있게 만들어낸 배우의 연기가 탁월하다. 오바마는 정치라는 무대에서 뛰어난 연기력을 보여줌으로써 자신의 매력을 한껏 높이는 최고의 배우인 셈이다.

오바마 대통령의 일상을 담은 모습이다. 점심식사후 커피 한잔 들고 백악관으로 걸어 돌아가고, 베트남 서민식당에서 쌀국수를 먹고 사무실에서 아이들과 놀아주는 모습들이다. 고도로 연출된 사진이지만 자연스럽고 재미있는 분위기로 이미지 메이킹효과를 극대화한다.

이 사진을 보고 이른바 벤치마킹을 한 경우도 있다. 한 번은 대성공, 한 번은 실패했다. 취임 초기에 대통령이 청와대 경내에서 참모들과 셔츠 차림으로 커피를 들고 경내를 도는 모습은 폭발적인 반응을 끌어냈다. 이전의 권위적이거나 또는 불통스런 이미지의 전임자들과 달리 격의 없이 소통하는 친근한 지도자의 모습으로 국민에게 신선하게 비쳐졌다. 하지만 중국 방문에서 이른바 '혼밥 식사'는 오히려 비판만 초래했다. 중국 지도부로부터 홀대를 당해 하는 수없이 우리끼리만 밥을 먹는 모습으로 비쳤기 때문이다.

혹자는 반문할 것이다. 배우의 매력을 위한 이미지 고양 전략과 연출의 중요성은 알겠는데, 반대의 경우도 있지 않은가

하는 의문이다. 과거 도널드 트럼프의 이미지는 거짓과 부패 독선으로 얼룩져 있었다. 더구나 두 번의 이혼 경력에 섹스 스캔들도 끊이지 않았다. 외모도 젊었을 때는 미남이었지만 나이 들면서는 매력적이라기보다는 고집과 욕심이 앞선 늙은 백인의 이미지가 더 강했다. 따라서 배우의 매력을 얘기하는 필자의 주장이 틀리지 않았느냐는 것이다. 일단 트럼프의 이미지에 대한 지적은 전적으로 옳다. 그래서 미국 45대 대통령의 선거 초기만 해도 트럼프의 당선은 물론 후보 선출을 기대한 정치분석가도 없었다. 모두들 돈 많은 늙은 욕심쟁이 백인의 '리얼리티 쇼' 한마당쯤으로 예상했다. 심지어 본인조차도 '오 마이 갓, 내가 정말로 당선되다니'라는 말을 쏟아냈다는 측근담까지 있을 정도다. 그럼 무엇이 이런 부정적 이미지를 뚫고 사람들이 트럼프를 지지하게 만들었을까?

그것은 인간 내면의 욕구를 충족시켜줄 것 같은 트럼프의 동물적 이미지가 역설적 매력으로 작용한 덕분으로 볼 수 있다. 2016년 미국 대통령 선거에서 중요한 것은 백인들의 표심이었다. 이보다 앞서 2008년 오바마가 처음 대통령으로 당선될 때는 흑인과 히스패닉들의 표심이 크게 작용했다. 자유와 인권, 열린 기회와 노력에 대한 보상 등 미국의 전통적 가치가 강조됐고, 당시 이미 인구 대비 13%로 올라선 히스패닉, 12%의 흑인, 그리고 5%를 넘어 급속도로 성장하던 아시아계 등 미국 인구의 30%가 비백인으로 이들이 당선을 결정지었다.

하지만 8년이 흐르면서 미국 전체의 표심이 크게 흔들린다. 무엇보다 2008년 금융위기 이후 미국의 절대다수를 차지하는 중산층 백인들의 주머니가 크게 가벼워진 것이 정치지형을 바꿨다. 경기 침체로 고통을 받는 상징, 러스트벨트는 백인들이 압도적 다수를 이루는 미국 중서부 지역이다. 경제적으로 곤궁해진 백인들은 30%에 이르는 비백인들이 자신들의 일자리를 빼앗아 간다는 트럼프의 말에 넘어갔고, 결국 이제껏 제일의 덕목으로 여기고 살았던 미국적 가치인 관용과 화해 통합의 도덕률을 벗어던지기 시작했다. 도덕의 옷을 벗고 보니, 트럼프만큼 멋진 인물이 없는 것이었다. 그는 한때 세계 제일의 부자 반열에 올랐을 만큼 떼돈을 번 사람이고, 게다가 화려한 여성편력으로 남성들의 원초적 욕망의 관점에서 보자면 부러움 그 자체였다. 화려한 외모를 자랑하는 모델 출신의 부인 멜라니아는 무려 24살 차이로 전형적인 트로피 걸이다. (트로피 걸이란 나이 많은 부자 남성들이 조강지처와 이혼하고 새로 결혼한 젊고 이쁜 여성들을 일컫는 말이다. 인생의 성공을 상징하는 트로피라는 뜻에서 만들어진 신조어다.)

비백인들의 급격한 성장세와 백인들의 경제적 위축이 백인들로 하여금 도덕률을 벗어던지도록 내몰았고, 그런 상황에서 트럼프는 부패하고 타락한 막말하는 고집쟁이가 아니라 누구나 갖고 싶어 하는 돈과 여자를 다 쟁취하고, 하고 싶은 말을 거침없이 하는 마초이즘의 상징으로, 대단한 매력을 가진 인물로 새롭게 보인 것이다. 결국, 자신들도 하고 싶었던 원초적 욕망을 거침없이 실현해 온 이 남자에게 백인들이 마지막 선물로 권력까지 안긴 것이 지난 2016년의 미국 대통령선거라고 할 수 있다. 물론 배우의 매력, 이미지만으로 대통령에 당선되는 것은 절대 아니다. 트럼프는 쇼의 다음번 덕목, 메시지를 가장 효과적으로 이용한 사람이다. 메시지의 내용도 중요하지만 이를 이용한 기술에서 특히 뛰어났다. 먼저, 메시지의 내용부터 살펴보자.

말, 메시지를 담는 그릇

쇼의 두 번째 덕목은 메시지다. 외모를 떠나 배우를 진정 매력적으로 보이게 하는 덕목이기도 하다. 말을 얼마나 매끄럽게 하느냐보다는 얼마나 감동적인지가 중요하다. 청중은 배우가 전하는 대사와 말 하나하나에 담긴 메시지에 감동을 받는다. 가장 강렬한 메시지는 '분노와 증오'를 전하는 것이다. 이는 청중의 적개심을 불러 분연히 행동에 나서게 하는 선동의 메시지다. 혁명 시대의 구호들이 바로 이런 메시지였다. 프랑스 대혁명 시기에 만들어진 프랑스 국가 '라 마르세예즈'의 가사가 대표적이다. '라 마르세예즈'에는 1절부터 '폭군의 피묻은 깃발', '고함치는 흉포한 적들', '우리 처자식의 목을 따러' 등 섬뜩한 내용이 들어있다. 현재 불리는 가사만 7절이나 되는

데, 매 후렴구의 끝은 '적들의 피로 밭고랑을 적시자'라는 것이다. 참으로 살벌한 내용이다. 가사는 혁명정부가 오스트리아와 전투를 벌일 때 군가로 만들어진 것이고, 대혁명 때 마르세유 의용군이 루이 16세와 마리 앙투아네트의 처형을 요구하며 파리에 입성할 때 불렀다고 한다. 국가로 부르기에는 끔찍할 정도로 표현이 거칠지만, 이런 역사적 배경이 있기에 지금도 여전히 프랑스 국가로 사랑받고 있다. 혁명이나 전쟁의 시대, 사회가 분열되고 갈등이 첨예할 때, 이런 메시지가 횡행한다. 적과 동지를 가르고 전선을 분명히 하는 효과가 있다.

사실 여부와 상관없이 역사상 가장 효력을 발휘한 메시지는 마리 앙투아네트가 했다고 알려진, '빵이 없으면 케이크를 먹으면 되지'라는 말일 것이다. 신성 로마제국의 여제 마리아 테레지아의 막내딸로, 그렇잖아도 적국 출신 왕비라는 이유로 프랑스인들의 미움을 사고 있던 마리 앙투아네트는 이 말의 메시지가 갖는 엄청난 위력으로 인해 결국 남편과 함께 단두대에서 목이 잘려 나갔다. 그러나 마리 앙투아네트는 결단코 이런 말을 한 적이 없다고 한다.[58] 왕비 반대파들이 만들어낸 거짓말이었지만 이 말은 프랑스 대혁명의 열기에 기름을 부었고, 실제 상당히 절제된 생활을 했다는 딸의 증언에도 불구하고 마리 앙투아네트는 오늘날까지 사치의 대명사로, 세상 물

58 이 말은 대혁명 23년 전인 1766년, 장자끄 루소가 참회록에서 언급했다.

정 모르는 철부지로 사람들의 뇌에 각인이 돼 있다.

대중선동을 가장 많이 연구한 사람들은 단연코 극좌 공산주의자들과 극우 파쇼, 나치주의자들이다. 양극단은 서로 통한다는 말은 여기서도 유용하다. 거짓선동은 이들이 가장 많이 그리고 효과적으로 써먹은 메시지다. 이들의 통치에는 대중동원이 필수기 때문이다. 과거 유토피아적 공동체를 부르짖었던 레닌과 스탈린 체제, 무솔리니의 파쇼와 히틀러의 나치체제, 폴 포트의 캄보디아, 그리고 오늘날 북한 체제 등이 어떻게 유지됐고 지금도 지탱하고 있는가를 보면 쉽게 이해가 간다.

분노와 증오로 대중을 선동하는 데는 역사적으로 나치의 괴벨스가 가장 탁월했다고 할 수 있을 것이다. 『1,100만 명을 어떻게 죽일까?』라는 책이 있다.[59] 1,100만 명이라는 숫자는 1933년부터 2차 대전이 끝나는 1945년까지 나치가 죽인 유대인의 숫자다. 어떻게 이런 일이 가능했을까? 책은 답이 단순하다고 결론 내린다. 거짓말이다. 분노와 증오로 대중을 선동하는 데는 거짓말이 가장 효과적이라는 것이다. 실제로 중세 유럽에서 행해진 마녀사냥은 100% 거짓말로 선동한 것이었다. 작은 팩트를 기초로 나머지 99%는 거짓말로 꾸민 것이었다. 그래서 멀쩡한 사람이 마녀로 둔갑돼 화형을 당하는 끔찍한

59 앤디 앤드루스(이은정 역), 1,100만 명을 어떻게 죽일까?(How do you kill 11million peple?), 에이미 팩토리, 2012

일을 당했다. 한번 마녀로 지목받으면, 아무리 항변하고 변명을 해도 벗어나기가 힘들었다. 거짓말의 가공할 위력이다.

이런 거짓말의 위력을 제대로 간파한 사람이 바로 나치의 선전상 괴벨스다. 괴벨스는 '나에게 한 문장만 달라. 그러면 누구든 범죄자로 만들 수 있다'고 했다. 괴벨스는 거짓말의 효과에 대해, "대중은 처음에는 거짓말을 부정하고 그다음엔 의심하지만, 되풀이하면 결국에는 믿게 된다"고 했다. 그리고 괴벨스는 "적에게 맞서려면 무엇보다 한없는 증오를 활용해야 한다"고 설파했다.

히틀러도 그의 저서 『나의 투쟁』에서 이렇게 말했다. '엄청난 규모의 대중들은 아주 작은 것보다는 거대한 거짓말의 희생자가 되기 쉽다.' 크고 단순한 거짓말을 계속 반복하면 사람들은 결국 믿게 된다는 것이다.[60] '세상에 빈말은 없다'라는 부제로 『천금말씨』를 쓴 차동엽 신부는 21세기에 자행된 아프리카 수단과 르완다에서의 인종학살의 배후에도 이처럼 똑같은 의도로 조작된 거짓말이 배후에 있다고 설파한다.

2007년 유엔 출입 기자단의 일원으로 남.북 수단과 다르푸르 분쟁지역을 찾았던 필자는 21세기 최악의 내전으로 기록된 수단의 종족 분쟁이 '다른 종족의 씨를 말리려 한다'는 선

60 에릭프롬은 대표작 『자유로부터의 도피』에서 독일국민들이 봉건적 질서에서 벗어난 소극적 자유를 강제당하자, 이성이 지배하는 적극적 자유를 찾는다는 명분에 이끌려 스스로 자유를 반납하고 나치를 지지하는 데, 말려 들어갔다고 분석했다.

동 메시지에 의해 촉발되고 전개됐다는 사실을 현장에서 확인했다. 종족 간에 벌어진 집단 학살과 집단 강간 등 21세기에 벌어진 일이라곤 도저히 믿기지 않는 끔찍한 일은 바로 선동에 의해 이뤄진 것이었다. 차동엽 신부는 일본이 끊임없이 제기하는 '독도 영유권 주장'에도 바로 이런 거짓말의 둔갑력을 활용하려는 전략이 숨어 있다[61]고 설명한다.

대중의 분노와 증오를 자극하기 위한 거짓말과 이를 통한 선동은 '말의 전쟁'000000에서 가장 강력한 무기다. 미움과 분노로 뭉친 대중은 폭발력을 지니고, 대중의 폭발력은 곧 정권을 뒤엎거나 쟁취하는 절대적 수단이 된다. 그래서 정치인들은 늘 거짓말에 강한 유혹을 느낀다. 이기는 것이 곧 선(善)이요 지는 것은 악(惡)인 전쟁에서 무슨 수단인들 꺼릴 게 있겠는가? 하지만 설사 그로 인해 권력을 잡을 수는 있을지라도, 거짓선동을 한 사람들은 오명을 대대로 전할 수밖에 없다. 앞에서 조선시대의 여러 예화를 길게 쓴 이유가 바로 여기에 있다. 아름다운 이름을 후세에 길이 전한다는 유방백세(流芳百世)라는 말이 있지만, 그와 반대로 나쁜 이름을 후세에 오래 남긴다는 뜻의 유취만년(遺臭萬年)이라는 말도 있다.

2002년 우리나라 대통령 선거에서는 판세를 가른 몇 가지 결정적 장면이 나온다. 지지율 3%의 후보를 일약 집권당 후보

61 차동엽, 천금말씨, 교보문고, 2014, p. 20

로 만들어낸 성공적 흥행의 경선과 이후 투표 직전의 후보 단일화 실패 등 고비가 있었지만, 여.야의 지지율 그래프가 X자를 그리며 엇갈린 고비에는 이른바 '병역 비리 고발'과 '기양건설 20만 달러 수수 의혹'이 있었다. 각각 병역 브로커 김대업과 당시 여당 국회의원 설훈 씨의 폭로로, 야당 유력 후보의 자식과 부인의 비리 의혹을 고발한 내용이었다. 이는 곧바로 검찰의 수사로 이어졌고, 언론은 수사 과정을 생중계하듯 대대적으로 보도했다. 선거 열기가 한창 달아오르던 시점에 터져 나온 대형 사건이었고, 연일 언론의 주요뉴스로 다뤄지면서 여론조사에서 후보 지지율은 확연하게 역전됐다. 나중에 이는 모두 거짓으로 밝혀졌고, 의혹을 제기했던 두 사람은 모두 실형까지 살았다. 하지만 선거는 이미 끝난 후였다. 거짓말로 포장된 메시지가 '말의 전쟁'에서 어떤 효력을 발휘하는지를 여실히 증명한 사건이다.

혹자는 그럴 것이다. '전쟁에서 이겼으니까 모든 것이 용서될 수 있다. 두 사람은 전쟁 승리를 위해 자신의 몸을 던진 '가미카제 특공대원' 같은 영예를 누릴 수 있다'고. 살아서 그럴 수도 있을 것이다. 하지만 법원의 판결로 '거짓말'이었음이 확인됐고, 당사자가 실형까지 살았던 만큼 그들의 이름이 유취만년의 사례로 남는 것은 피할 수 없다. 출소한 의원이 후에 다시 당선돼 영화를 누렸다고 해서 그 가족과 후손이 지고 가야 할 멍에까지 벗을 수는 없다.

영국 시인 바이런은 '역사라는 책은 그 두께에도 불구하고 단 한 장의 페이지로 되어 있다'고 했다. '역사는 반복된다'는 말을 시인답게 풀어쓴 것이리라. 그 말처럼 같은 상황은 2007년 대선에서도 재연됐다. 이른바 'BBK와 다스 실소유주 의혹' 사건이다. 시작은 2002년과 비슷한 형태로 전개됐는데, 이번엔 야당의 대처가 달랐다. 5년 전의 학습효과가 컸을 것이다. 검사 출신 변호사 와 언론인 출신 홍보 전문가 등을 동원해 철벽 방어에 나서면서 갖가지 의혹을 일축하고 기어코 당선된다. 이때 야당이 던졌던 방어의 메시지는 '새빨간 거짓말'이라는 주장이었고, 충분히 효력을 발휘했다. 하지만, 10년 뒤 특검 수사는 '새빨간 거짓말'이라고 했던 메시지가 거짓말이었음을 입증했고(법원은 그렇게 판단했다) 전직 대통령은 구속됐다. '역사는 반복된다. 한 번은 비극으로, 한 번은 희극으로'는 이 장면에서도 들어맞았다.

두 번의 대통령선거에서 이들 메시지가 당락의 결정적 요인이었는지는 아무도 알 수 없다. 그보다는 다른 요소들이 훨씬 더 중요했을 수도 있다. 그러나 정치의 속성인 '말의 전쟁'이란 측면에서 보면 이들 메시지는 상당히 유용한 무기로 쓰였고, 이로 인해 판세를 요동치게 만든 중요 요소였음은 부인할 수 없다. 사람들은 그래서 말과 메시지에 집착하고 거짓선동인 줄을 알면서도 이를 기획하고 써먹으려고 든다. 당장의 전투를 이길 수 있는 유용한 수단이기에 그렇다. 하지만 눈앞의 전투에서 이긴다 해도 진실은 드러나게 돼 있고, 설사 살아서는 드러나지 않는다 해도 역사의 법정에서는 반드시 심판을 받는다는 사실을 명심해야 한다. 비록 전투에서는 지더라도 아름다운 이름을 후세에 길이 남길 것인가? 아니면, 전투에서는 이기되 그 이름의 악취를 길이 남길 것인가는 본인의 선택에 달렸다. 최악의 경우는 전투에서도 지고 이름도 오명으로 길이 남는 것이다. 의외로 그런 경우가 많다.

분노의 메시지와 갈등 사회

말은 그 사람의 이미지를 만든다. 어떤 말을 하느냐에 따라 그 사람의 인품이 결정된다. 그리고 운명도 결정된다. 품격 높은 말을 하는 사람은 고매한 인품의 소유자가 되고, 내공 있는 말은 그 사람을 전문가로 만든다. 희망의 말, 긍정의 말을 하는 사람은 그 삶이 희망적이고 긍정적이지만, 비관의 말 부정적인 말을 하는 사람은 그 삶도 비관적이고 부정적이 된다.

사회도 마찬가지다. 어떤 메시지가 많은가, 어떤 메시지가 그 사회에서 지배적인가에 따라 사회도 발전과 정체, 후퇴의 운명이 결정된다. 그런 점에서 한 사회의 메시지를 주도하는 지도자들의 말은 그 공동체의 운명을 결정한다고 할 수 있다.

분노와 증오의 메시지는 혁명과 전쟁기의 메시지다. 죽느냐

사느냐의 문제인 만큼 적과 동지를 분명히 갈라야 한다. 적과 동지 사이에 분열과 갈등을 촉발하는 것은 혁명과 전쟁의 1차 과업이다. 따라서 공동체 전체의 이익, 즉 공익을 추구하지 않는다. 진영논리, 진영의 이익을 우선시한다. 따라서 다양한 논의를 허용할 수 없다. 획일적 논리, 획일적 구호만을 주입한다. 적이냐 동지냐의 이분법, 흑백논리만이 허용된다. 우리와 진영이 다른 상대는 동반자가 아니며 경쟁자거나 적(適)일뿐이다. 진영의 결집을 위해 늘 외부에 적을 만들고, 적개심을 부추긴다. 사람은 '동무'거나 아니면 '반동'일뿐이다. 중간지대는 없다. '동무'를 보호하기 위한 진영논리에도 열심이지만, '반동'을 척결하기 위한 증오 논리에 더 몰입한다. 최고의 공격이 최선의 방어기 때문이다. 그래서 사람들의 가슴에 분노의 불을 지른다. 미움을 키우고 증오를 부채질한다. 긍정보다는 부정을, 미래보다 과거에 집착한다. 적의 잘못을 들춰서 공격해야 하기 때문이다. 분노와 증오가 지배하는 분노의 사회, 갈등 사회의 모습이다.

분노와 증오는 대결과 투쟁을 위한 메시지다. 혁명의 메시지요 전쟁의 메시지다. 선동의 메시지다. 따라서 수단과 방법을 가리지 않는다. 목적을 위해서는 모든 것이 정당화된다. 당연히 거짓과 조작, 음모와 배신이 허용된다. 명분을 쌓기 위해 정의로 포장하지만, 실제론 불의를 마다하지 않는다. 즉, 명분과 실제가 다른 경우가 많다. 명분은 목적 달성을 위한 수단에 불과하기 때문이다. 그래서 내 편에는 한없이 관대하고 상대에겐 서릿발만큼이나 엄격하다. 이중잣대의 메시지요, 내로남불의 메시지다. 위선의 메시지다. 궤변과 요설이다. 우리 진영을 보호하고 상대 진영을 공격해 무너뜨리는 것이 선(善)이다. 따라서 품격이나 내공은 아예 고려 대상이 아니다. 때로 미래를 말하기도 하지만, 과학적이거나 논리적이지 않다. 관념적 유토피아만으로도 충분하다. 그래서 이들이 말하는 미래는 조작된 희망으로 쌓아올린 모래성이 대부분이다. 냉철한 이성보다 불타는 감성, 적개심으로 만든 것이기에 더욱 그러하다.

문제는 시대와 메시지를 잘못 선택하는 데서 온다. 분노와 증오의 메시지는 전투력이 탁월한 만큼, 전쟁과 혁명기에는 꼭 필요한 수단이다. 하지만 여기에만 의존하다가는 그 사회는 후퇴하고 미래로의 발전이 없다. 그래서 식민지 해방이나 혁명에 성공해서 사회를 안정시키고, 국가를 발전시키기 위해서는 메시지를 하루빨리 바꾸어야 한다. 투쟁이 끝나고 국가 재건이 시작되면 화해와 통합의 메시지가 필요한데도, 많은 경우 분노와 증오의 메시지를 계속 써먹으려 드는 것이다. 시대가 바뀌었는데도 여전히 혁명이나 전쟁이 진행 중인 것으로 착각해 '갈등 사회'를 만들어 가려는 것이다.

로베스 피에르나 당통, 마라 등 프랑스 대혁명의 3대 거두를 떠올리면 이해가 쉽다. 이는 혁명과 전쟁에 몰입하다 보니 적개심을 쉽게 내려놓지 못하거나, 또는 자리와 이익을 독점하려는 욕심에서 비롯된다. 화해와 통합의 메시지가 강렬하지 않다는 것도 적개심으로 살아온 혁명가들에게는 매력으로 다가오지 않는다. 자극적이지 않기에 매력적이지 못하다. 당장 선택하기에는 영 내키지가 않는다. 몸에는 좋겠지만 입맛이 당기지 않는 음식이나 마찬가지다. 분노를 발산하지 못하고 가라앉혀야 하기 때문이다. 끓어오르는 미움과 증오를 가슴에 담은 채 이를 가라앉히기에는 오랜 시간과 노력이 필요한데, 혁명가들에게 이는 체질적으로도 쉽지가 않다.[62]

열정에 사로잡힌 선동가들은 특히 군중을 계속 한 방향으로 끌고 가려는 유혹을 느낀다. 권력을 잡고서도 '중단 없는 혁명', '혁명의 완수' 등을 부르짖는 이유다. 문제는 군중이 느끼는 피로감이다. 똑같은 메시지가 반복되면 아무리 자극적이어도 더 이상 매력을 느끼지 못한다. 그러면 선동에 이끌리던 군중은 심드렁해지고 이성을 찾기 시작한다. 대중의 분노가 넘치는 '갈등 사회'를 유지하기 위해서는 군중이 이성을 회복하면 곤란하다. 그동안 전파해 온 메시지의 거짓과 이중성, 위선이 드러나기 때문이다. 따라서 이성을 마비시킬 처방이 필요하다.

62 아프리카 각국의 독재체제를 분석한 헤닝 멜버는 앙골라와 모잠비크 짐바브웨 나미비아, 남아 연방의 철혈 독재자들에 대해 "해방 투쟁가들은 어떻게 독재자가 됐는가?"라는 글에서 독립운동가들은 해방투쟁을 하며 적과 동지를 편가르고, 적에 대해 무자비한 섬멸전을 벌인 결과 스스로 독선과 아집 폐쇄적 인간형으로 굳어졌고, 해방 이후에도 이렇게 일관하다 무서운 독재자가 됐다고 통박했다.

대중의 이성을 마비시키는 데는 대중예술이 효과적이다. 그래서 구호와 노래 연극 영화 그림 포스터 건축과 동상 등이 동원된다. 상징물을 만들어 시청각을 자극하고 대중의 감성을 흥분상태로 유지할 수 있기 때문이다. 권력을 유지하기 위해서는 여전히 외부에 적이 있음을 상기시키고 공포심과 적대감을 끌고 가는 필요한 것이다. 유토피아 건설에 대한 목표 제시도 필요하다. 따라서 현실을 왜곡하는 곡학아세와 혹세무민은 필수적이다. 결국 이런 사회에서 분노와 증오의 말은 계속해서 생명을 유지해 간다.

현실을 왜곡하고 미래에 대한 망상으로 이성을 마비시키고 감정을 극대화시킨다는 점에서 분노를 먹고사는 갈등 사회는 사이비 종교집단과 다를 바 없다. 무솔리니의 파쇼, 히틀러의 나치가 그랬고 레닌과 스탈린의 볼셰비키 혁명과 구소련의 공산체제가 그랬다. 이어진 세계 도처의 공산혁명과 공산주의 체제가 모두 그랬다. 모택동의 문화혁명에서 보여준 분노와 증오의 광기(狂氣)는 폴 포트의 킬링필드에서 절정에 달했다. 2차 대전 이후 신생 아프리카 각국에 번져나간 철혈 독재체제 역시, 분노 메시지를 통해 군중의 이성을 마비시켜 반대파를 무자비하게 숙청함으로써 지탱하고 있다.

하지만 이런 사회는 오래지 않아 결국 해체됐다. 분노와 증오의 메시지가 강한 사회, '갈등 사회'는 늘 분열과 혼란을 겪으며 살아갈 수밖에 없기 때문이다. 편가르기를 해서 나의 진영을 결집하고 상대 진영을 무너뜨리는데 에너지를 다 소진한다. 관념적 논쟁에 매몰돼 실용과 실질을 도외시한다. 상대의 잘못을 찾기 위해 과거 들추기에 몰두하고, 판세의 우위를 지키거나 열세를 만회하기 위해 현재에 집착한다. 그러다 보니 사회적 발전이나 통합, 미래로의 전진은 안중에도 없다. 결국 퇴행의 길을 걸을 수밖에 없다. 중세의 유럽이, 파쇼와 나치 공산체제가 모두 강렬하게 존재했을지라도 허망하게 무너진 이유가 바로 여기, 분노와 증오의 메시지에 의존하는 사회였다는 점에 있다.

분노와 증오의 메시지가 지배적인 사회가 무너지는 또 하나의 이유는 대중을 일시적으로 속일 수는 있어도 영원히 속일 수는 없기 때문이다. 거짓과 위선 곡학아세와 혹세무민의 민낯은 반드시 드러난다. 공산체제의 속내가 낱낱이 드러나 무너지는 데는 불과 1세기도 걸리지 않았다. 그들이 선동했던 이상향, 관념의 유토피아는 그곳에 도착한 순간 지옥의 하데스였음이 밝혀졌다.[63] 북한은 거의 유일한 예외다. (분단으로 인해 외부에 상징적 조작이 아닌 현실의 적이 있고 이웃에 거대한 지원 국가가 있으며, 또 하나 가공할 핵무기를 개발했다는 것이 체제를 유지시켜 주는 비결이다.) '지옥으로 이끄는 길은 늘 선의(善意)로 포장돼 있다'는 말은 공산체제 스스로가 증명한 말이 됐다. 설령 획일적 통제와 감시로 체제를 유지했

63 정병준, 현 앨리스와 그의 시대, 돌베개, 2015

어도, 그런 국가는 반드시 퇴락의 길을 걸었다.

혁명이나 전쟁이 아닌 시기의 분노와 증오의 메시지는 칼 포퍼(Karl Popper)가 얘기했던 열린 사회의 반대개념, 즉 닫힌 사회의 메시지다. 임진왜란 이후 조선 후기 300년도 딱 그랬다. 주자 외의 다른 해석이나 다른 학풍을 배격했던 성리학의 사회는 철저하게 닫힌 사회였다.

"나하고 논쟁하고 싶다고? 나는 논쟁 따위는 하지 않아, 대신 총을 갈길 뿐이지" 칼 포퍼가 1930년대 말 어느 날 오스트리아 빈의 거리에서 나치 완장을 두른 젊은이로부터 들었다는 이 충격적인 말은 270년을 거슬러 올라가 조선에서 송시열이 윤휴에게 했던, "주자의 해석이 틀렸다고? 너는 사문난적(斯文亂賊)이다"라고 했던 말의 20세기 유럽판 버전일 뿐이다. 그 시대 사문난적은 반드시 죽여야 할 적이었다. 나치완장의 청년이 총을 갈긴 것이나 하등 다를 바 없다. 노론들이 쏟아냈던 그 시대의 '적휴'와 '참적' '사문난적' 등의 표현이야말로 분노와 증오, 미움과 적개심의 상징적 메시지들이다. 앞에서 누차 강조했던 '죽음의 말'이다. 이런 말들이 다른 누구도 아닌 사회 지도층에서 횡행할 때, 그 사회의 미래는 암울한 뿐이다. 조선이 망한 것은 당시의 지도층이 온통 분노와 갈등의 메시지로 진영 싸움에 몰두하면서 과거 들추기에 집중하고 사회 발전이나 미래에 대해서는 눈길조차 주지 않았기 때문이다. 노론이 지배했던 사회는 다름 아닌 분노를 먹고사는 '갈등 사회'

였고, 지배적인 메시지는 분노와 증오였으며, 그것은 '죽음의 말'에 다름 아니었다.

사랑의 메시지와 관용 사회

용서와 화합의 메시지는 혼란과 갈등을 잠재우고 평화시대로 가기 위한 메시지다. 혁명과 전쟁이 끝난 후 새로운 사회 새로운 국가를 건설할 때, 갈등과 분열을 끝내고 화해와 통합을 이루려고 할 때 필요한 메시지다. 닫힌 사회가 열린 사회로 나가는 메시지다. 용서와 화합의 메시지는 그래서 무엇보다 편가르기를 배격한다. 이간질을 터부시하고 용서와 관용을 부르짖는다. 적개심을 내려놓고 사랑을 키우자고 호소한다. 잘못이 있더라도 회개하면 용서하자고 다독인다. 논리의 획일성을 지양(止揚)하고 논의의 다양성, 다른 의견을 허용한다. 다른 것을 '다른 것'이라고 하지, '틀렸다'고 하지 않는다. 잘못보다 잘한 것을, 부정보다 긍정을 얘기한다. 그래서 과거보다는 미래를 얘기한다. 미래를 낙관하고 희망을 제시한다. 관념적 논쟁보다 실용을 중시한다. 이중잣대와 위선, 내로남불을 배격한다. 말의 품격과 메시지의 내공을 요구한다. 그래야만이 서로를 용서하고 화합할 수 있기 때문이다. 이는 포용과 통합의 메시지다. 사랑과 관용의 메시지다. 긍정과 희망의 메시지다.

품격과 내공의 메시지다. 그리고 치유의 메시지다.

하지만, 용서와 화합의 메시지는 분노와 증오의 메시지만큼 강렬하지가 않다는 약점이 있다. 군중의 감정을 자극하는 대신 이성에 호소하는 측면이 강하기 때문이다. 예를 들어 '적이라도 사랑하고 용서하자'고 할 때, 듣고 있는 당사자가 여전히 억울한 심정으로 화가 나서 속이 끓고 있는 상태라면 쉽게 받아들일 수가 있겠는가? 화를 억누르는 것도 쉽지 않은데 하물며 용서하고 나아가 화합까지 한다는 게 어찌 말처럼 쉽겠는가? 그래서 논쟁이 벌어지면 늘 분노의 메시지가 화해의 메시지를 이긴다. 막상 말의 전쟁이 벌어지면, 용서와 화합의 메시지는 분노와 증오의 메시지에 판판이 깨지고 만다. 전투력이 현저히 떨어지는 것이다. 강성 주장이 선명성 경쟁에서 늘 우위를 점하는 이유다.

그러나 메시지의 생명력이란 측면에서 보면, 분노와 증오의 메시지는 분노가 해소되는 순간 효용을 다한다. 진영 싸움이 끝나고 나면, 분노를 불러일으키기 위해 사실을 과장하거나 왜곡 또는 거짓을 동원한 것이 드러날 수밖에 없다. 이를 은폐하려다 보면 이미 효용가치가 끝난 증오의 메시지의 수명을 연장하는 수밖에 없다. 방법은 하나다. 거짓말을 계속하거나 또는 적과 동지의 편가르기를 계속해야 한다. 결국 이성이 마비되고 감정이 폭발하는 사회, 즉 분노의 사회, 갈등 사회가 되는 것이다. 하지만 혁명을 통해 구체제를 타파하고 이상향의 새 체제를 건설하려던 꿈은 분노와 저주의 메시지 본연의 속성으로 인해 자기 스스로 무너지고 만다. 거짓으로 선동한 군중의 분노를 배출하려다가 히틀러는 유대인을 1,100만 명이나 죽였고, 스탈린은 이보다 많은 수의 자국민을 숙청하고 처형했다. 모택동은 2천만 명을, 폴 포트는 캄보디아 인구의 1/3이 넘는 3백만 명을 죽였다. 해방을 부르짖던 아프리카의 독립운동가들은 정권을 잡은 후 정치적 반대파들을 대량 학살했고, 종족 간의 집단 성폭행을 사주하기도 했다. 인류사의 가장 참혹한 일들은 바로 효용이 끝난 분노 메시지의 수명을 억지로 연장한 결과에서 비롯된 것이다.

반면, 용서와 관용 화해와 통합의 메시지는 오랫동안 생명력을 이어간다. 긴 생명력으로 인해 그 메시지를 만든 사람 역시 오래 기억된다. 역설적으로 그만큼 용서와 화합이 어렵기 때문이기도 하다. 화해와 통합은 끊임없이 도달해 가야 하는 목표다. 사람들의 가슴에 불을 지르는 것이 아니라, 서러운 가슴을 따뜻하게 감싸고 갈가리 찢긴 상처를 치유한다. 그러므로 가슴에 오래 남는다. 분노를 부추겨 정권을 잡았던 수많은 혁명가와 권력자들이 설사 한 시대를 풍미했을지라도 인류의 역사를 관통하는 위인으로 남기는커녕 많은 경우 오명의 주인공인 된 것은, 메시지를 전환해야 할 시점이 됐음에도 바꾸지 않았기 때문이다. 반면, 혁명이나 전쟁이 끝났을 때 대결의 메시지를 용서와 화해 통합의 메시지로 전환한 사람들은 인류사의 위대한 거인으로, 성인으로, 심지어 신으로 추앙받고 있다. 굳이 예수와 붓다를 들먹일 필요가 없다. 페르시아의 키루스 대제, 로마의 아우구스투스, 대영제국의 엘리자베스 여왕, 중국의 강희.건륭제, 미국의 링컨, 일본의 메이지 천황, 인도의 간디, 남아프리카 공화국의 넬슨 만델라 등등 인류사의 거봉들이 수두룩하다. 한국의 김대중도 이름을 올릴 자격이 충분하다. 반면, 히틀러와 레닌 스탈린 모택동 폴 포트 김일성 가다피 그리고 철권통치를 자랑했던 아프리카 남미 등 제 3세계 독재자들 모두 한때 영화를 누리기도 했지만 지금은 모두 인류사 최악의 인물이 돼 있다.

미국의 역대 대통령 44명 가운데, 과거와 현재는 물론 미래에도 상당 기간 가장 존경 받는 인물로 꼽힐 사람은 단연, 16대 링컨 대통령이다. 링컨이 미국인들로부터 존경받는 이유는 노예제 폐지라는 인권정책이 단연 으뜸으로 꼽히지만, 이에 못지않게 남북전쟁으로 분열됐던 미국을 하나의 미국으로 통합시킨 때문이다. (링컨은 미국의 통합을 위해 노예제 폐지에서 후퇴하는 듯한 발언을 수차례 했고, 흑인들의 인권에 대해서도 오늘날 기준으로는 용납하기 어려운 발언을 많이 했다.) 링컨은 대통령에 당선되기 전부터 '분열된 집은 살아남을 수 없다'는 연설로, 노예제를 놓고 갈등을 겪으며 대립하던 미국인들의 단결을 호소했다. 대통령 당선은 당시 여당이던 민주당이 남부파와 북부파로 갈리면서 야당 후보였던 링컨이 사실상 어부지리로 얻은 셈이고, 남부의 분리 독립주의

자들은 링컨을 적으로 보았다. 결국, 대통령 취임 이듬해 남북전쟁이 터졌고 4년에 걸친 전쟁으로 62만 명의 군인이 죽고, 무수한 민간인 사상자들이 생겼다. 20~45세까지 북부 남성의 약 10%가, 남부에선 18~40세까지의 백인 남성 약 30%가 사망했다. 남부의 항복으로 전쟁은 막을 내렸지만, 통일 미국을 이끌고 가기에는 전쟁이 남긴 상처가 너무 컸다. 결국, 종전 열하루 만에 그는 열렬한 남부 지지자 존 윌크스 부스에게 암살당하는 비극을 맞았다.

말하자면, 링컨은 당시 미국 사회의 첨예한 갈등의 한복판에 있었고, 이로 인해 때로 노예제에 대한 입장이 후퇴하기도 했지만, 미국 사회의 통합을 위해서는 일관되게 말하고 일관되게 행동했다. 남북전쟁이 한창이던 1863년, 그가 게티스버그에서 행한 '국민의, 국민에 의한, 국민을 위한 정부는 멸망하지 않을 것이다'라는 연설도 실은 영국의 종교개혁가 존 위클리프가 먼저 한 말을, 국가통합을 부르짖기 위해 인용한 것이었다. 하지만 그의 죽음과 더불어 민주주의의 기본 원칙을 천명한 것으로 의미가 더해지면서, 세기의 명연설로 격상된다. 분열된 사회와 국가를 하나로 묶었고, 이를 위해 화해와 용서 관용의 메시지를 던지고 몸소 실천하다가 암살당한 것이 그를 위대한 인물의 반열에 올려놓은 것이다. 워싱턴 D.C.의 한복판, 파르테논 신전을 재현한 웅장한 기념관 안에서 링컨은 마치 살아있는 사람처럼 거대한 석상으로 환생했다. 과학이 고도로 발달한 나라에서, 그는 인간의 차원을 넘어 신의 수준으로 격상된 것이다. 분열과 갈등을 봉합하고 사랑과 용서, 화해와 관용, 통합과 미래로의 전진을 역설한 그의 메시지와 삶이 그를 진정 '위대한 거인'으로 만든 것이다.

흑인들을 학살하고 심지어 화형까지 했던 백인들을 용서하고 새 정부 건설에 참여시킨 넬슨 만델라, 독립 이후 친 영주의자와 반영주의자 등으로 갈가리 찢겼던 사회를 통합하고 국가 건설을 이룩한 간디의 메시지 역시 화해와 관용이었음을 상기할 필요가 있다. 해방 이후 70년이 지났음에도 친일 논쟁이 여전한 우리 사회의 기준으로 보면 이해할 수 없는 대목일지도 모른다. 그만큼 적을 용서하기가 쉽지 않고, 이런 심리를 이용하려는 시도도 그치질 않는다.

인류의 역사를 돌이켜보면 최후의 승자는 늘 용서와 관용, 화해와 통합의 메시지였다. 전투에서는 졌을지라도 전쟁에서 이기는 것과 같은 이치다. 분노와 증오의 말로써 군중을 선동해 일시적으로 권력을 잡을 수는 있지만 그 권력은 일시적이었고, 설령 다른 요인으로 오래 지탱했다 할지라도 역사의 냉혹한 평가를 받았다.

1868년 일본에서는 메이지(明治) 정부군이 에도막부(江戶幕府) 토벌에 나섰다. 이른바, 메이지유신 혁명이다. 메이지유신 세력은 말이 정부군이지 실상은 덴노(天皇)를 앞세웠을 뿐 사쓰마와 조슈 등 지방 군벌들을 중심으로 한 반란군이었고, 265년

간 일본을 실질적으로 통치해 온 막부군이 정부군이었다. 에도막부는 구시대의 유물인 봉건체제의 상징이었고, 메이지 정부는 개혁을 표방한 혁명세력이었다. 역사 지리적으로 보면, 1600년 일본의 패권을 놓고 도요토미 가문과 도쿠가와 가문이 다퉜던 세키가하라 전투 이후, 권력에서 밀려났던 서남지역 큐슈(九州)와 쥬고쿠(中國) 지방의 하급무사들이 간토(關東)지역의 중앙정치에 대해 일으킨 반란이기도 했다. 당시 에도(지금의 도쿄)의 인구는 100만 명이 훨씬 넘어 일본식 표현으로 천하의 패권을 놓고 다투는 260여 년 만의 전쟁이라, 실제로 결전이 일어나면 수십만 명이 목숨을 잃을 수도 있는 일촉즉발의 상황이기도 했다. 이때, 반란군의 총대장이던 사쓰마번의 사이고 다카모리(西鄕隆盛)는 막부의 육군 총재 가쓰 가이슈(勝海舟)와 담판을 벌여 막부의 쇼군(將軍)이던 도쿠가와 요시노부와 또 막부측에 섰던 지방의 번주(藩主)인 다이묘(大名)와 그 신하들의 생존을 보장하고 에도(江戶)에 무혈입성한다.

그리고 메이지 정권은 인류 역사상 수 세기에 걸쳐 한두 번 있을까 말까 한 보기 드문 일을 해낸다. 봉건적 통치 시스템인 막번체제(幕藩體制)만[64] 해체했을 뿐, 옛 정권의 씨를 말리는 인적 청산을 최대한 피한 것이다. 메이지 정부는 오히려 막부 출신의 학자와 외교관, 군인을 대거 등용했다. 마지막 쇼군이던

64 중앙의 막부(幕府)와 지방의 번(藩)이 결합한 일본식 봉건통치 체제

도쿠가와 요시노부에게 공작 작위와 훈장을 수여하고, 가쓰를 해군 대신 추밀원 고문 등에 기용했다. 또 가쓰 옆에서 협상을 도운 오쿠보 이치오, 야마오카 데스다로에겐 도쿄부 지사와 자작 작위를 수여했다. 유신 이후에 도쿠가와 종가를 물려받은 이에사토는 훗날 총리직 제안까지 받았다.[65] 또 홋카이도 하코다테에 에조시마 정부를 세우고 메이지 정권에 끝까지 저항했던 막부의 해군 제독 에노모토 다케아키도 이듬해 항복하자, 2년 만에 석방하고는 홋카이도 개척사업의 전권을 맡겼다. 에노모토는 이후 해군 중장과 외무.체신.농상무대신 등을 지내며 메이지 정부에 충성했다. 에노모토의 부하로 정부군에 대항할 요새 오릉곽의 설계와 건설을 맡았던 다케다 아야사부로는 새 정부의 육군대좌, 육사교수로 기용됐다. 메이지 정부는 막부가 키워냈던 유학생과 외교관도 적극 활용했다.[66] 1860년 미국 사절단을 필두로 이후 1차와 2차까지 두 차례 유럽 사절단을 구성해 키워낸 신문명 지식인들을 1871년 선진 문물 습득을 위해 서구 열강 12개 나라에 파견하는 이와쿠라 사절단에도 동행하게 했다.

메이지 유신은 일본의 구체제를 무너뜨리고 새로운 체제로 이행하는 혁명이었으므로, 변혁의 주체세력인 사무라이(武士)

---

65 조선일보, 2018. 3. 14일자 참조

66 조선일보, 2018. 3.14, 전재

계급이 그 혁명으로 인해 자신들의 존재 기반을 무너뜨린 역설의 혁명이기도 했다. 그 결과 200만에 이르던 일본의 지배계급 사무라이 대부분이 사회 하층민으로 추락하는 일이 벌어진다. 때문에 혁명군의 총대장이던 사이고 다카모리는 새 체제에 저항해 세이난(西南) 전쟁을 일으켰다가 반란군의 수괴라는 오명을 쓰고 자결하는 일까지 벌어졌고, 유신 10걸 중 4명이 불만을 품은 무사들에 의해 피살되기도 했다. 사이고 다카모리는 헐리우드 영화 '라스트 사무라이'의 실제 모델로 그려질 만큼 당시 일본 국민들의 정신적 영웅의 한 사람이었다. 메이지 정부는 여기서 다시 한번 용서와 관용, 화해와 통합의 정신을 발휘한다. 12년 후 도쿄 우에노 공원에 그의 동상을 세워, 사이고의 명예를 회복시켜 주고 사회 불만세력을 달랜 것이다.

일본은 이런 노력으로 구체제를 무너뜨리는 혁명적인 사회변혁을 추진하면서도 희생자를 3만 명 정도로 최소화했다. 프랑스 대혁명 때 50만에서 100만 명, 러시아 혁명 때는 천만 명이 넘게 죽었다. 중국은 2천만 명이다. 20세기 일어난 각국의 공산혁명에서도 희생자의 기본 단위는 최소 수십만에서 백만 명이었다. (혹자는 단 한 명의 희생자도 없었던 1688년의 영국의 명예혁명을 떠올릴 것이다. 하지만 명예혁명은 왕만 교체했을 뿐, 왕과 귀족이라는 지배체제와 그 지배계급의 구성원은 그대로였다. 의회는 나중에 바뀐 왕을 압박해 권리장전을 승인받았지만, 의회가 세운 왕이니만큼 당연한 결과였다.)

링컨 대통령 얘기로 돌아가 보자. 남북전쟁이 끝났을 때 북군의 대장은 그랜트 장군, 남군은 로버트 리 장군이 대장이었다. 둘은 웨스트 포인트 동기생으로 리는 수석 졸업생이었지만 그랜트는 성적이 별로 좋지 않아 변방에서 군 생활을 시작했다. 북군의 승리로 둘은 처지가 바뀌었고 그랜트 장군은 링컨 대통령으로부터 종전 협상의 전권을 부여받았다. 이때 그랜트는 리에게 놀라운 제안을 한다. "타고 갈 말과 2만 명분의 식량을 준비할 테니 다들 고향 가족에게로 떠나시오." 이어 그랜트 장군은 자신의 부하들에게 지시했다. "이들을 포로라고 부르지 말고, 패잔병이라고도 하지 마라" "우리의 승리를 축하하는 어떤 파티도 하지 마라." 수많은 사망자와 부상자를 내며 원수처럼 싸웠으면서도 승리한 북군은 패배한 남군을 경멸하거나 조롱하지 않았고, 오히려 그들을 배려하고 위로했다. 소설에서나 봤던, 역사상 일찍이 없었던 전후 처리 과정이다. 링컨이 암살당하는 비극 속에서도 이 전후 처리의 명령과 약속은 그대로 지켜졌다. 이로 인해 미국은 다시 둘로 갈라서지 않았고 이후 눈부신 발전을 거듭하며, 불과 반세기도 안 돼 세계 1등 국가로 올라선다.

19세기 제국주의 서구 열강의 압박과 도도했던 구체제 변혁의 바람 속에서 한.중.일 삼국의 운명은 하나는 우등생으로 하나는 열등생으로 그리고 나머지 한 나라는 아예 낙제생으로 전락해 나라가 망했다. 그 배경에는 변혁 주체세력의 혁명 성공과 그 후 사회를 화합과 통합으로 이끌고 간 용서와 관용의 정신이 있었느냐 없었느냐 하는 차이가 있었다. 상대를 척결하려는 진영논리보다 상대를 포용하고 끌어안으려는 용기, 그리고 분열과 갈등으로 대립하던 사회를 화해와 통합으로 이끌어낸 노력이 국가의 흥망성쇠를 결정하는 절대적으로 중요한 요인이었다. 용서와 관용, 화해와 치유, 화합과 통합의 정신, 이를 설파하는 사랑의 메시지가 결정적이었다.

인류 역사에서 과학이든 기술이든 문화든 어떤 분야든지 발전이 하루아침에 이뤄진 것은 아무것도 없다. 인류는 오랜 시간을 통해 학문과 기술, 자본의 축적을 통해서 조금씩 조금씩 나아가며 여기까지 온 것이다. 그런데 진영논리에 갇혀 상대를 배척하게 되면, 상대방이 쌓아올린 축적의 자산을 모두 없애 버리는 우를 범하게 된다. 한때 이념을 달리했다 하더라도, 나와는 다른 상대편에 있었다 하더라도, 적어도 나와 맞상대가 되려면 나만큼의 또는 그 이상의 시간과 정성을 쌓고 쌓아서 그 정도까지 온 것이다. 상대에게 관용을 베풀고 용서하고 화합하는 것은 단순히 사회를 안정시킴으로써 갈등의 비용을 줄이는 것뿐만 아니라, 상대가 시간과 정성을 들여 쌓아올린 축적의 자산을 나의 것으로 만드는 일이기도 하다. 그래서 용서와 관용 사랑의 메시지는 서로를 살리는 상생의 길이며, 사회를 발전시키는 원동력이고, 국가를 융성하게 하는 원천이 된다. 생명의 메시지, 생명의 말에서 개인과 사회 국가를 살리는 에너지가 나오는 것이다.

메시지 전쟁과 전술

앞서 분노의 메시지는 화합의 메시지보다 훨씬 강력하다고 얘기했다. 그럼 분노와 증오의 메시지, 거짓말은 언제나 승리할까? 진실은 늘 거짓에 패배하고 용서와 관용의 메시지는 분노와 증오의 메시지에 당하기만 하는 것일까? 만약에 그렇기만 하다면 누구나 죽기 살기로 분노와 증오를 부추기는 거짓말에 매달릴 수밖에 없을 것이다.

다시 요제프 괴벨스로 돌아가 보자. 그는 거짓말에 대해 '대중은 처음에는 부정하고 그다음엔 의심하지만, 되풀이하면 결국은 믿게 된다'고 했다. 히틀러가 유대인 1,100만 명을 죽일 수 있었던 근저에는 '유대인들이 모든 이득을 빼앗아 가고 있다. 유대인들은 독일인들이 누려야 할 것들을 부당이득으로 가로채고 있다'고 주장한 선동이 있었기 때문이다. 독일인들은 처음에는 '설마 그럴 리가'하고 반신반의하다가 이 말을 반복해서 듣게 되자 유대인들을 미워하기 시작했고, 결국 앞장서 유대인들을 고발했다. 아우슈비츠로 끌려가는 유대인들을 보며 양심의 가책을 느끼기는커녕 '정당한 심판'이라고 생각했다. 거짓말 하나를 퍼뜨리는 데는 종이 한 장이면 충분하지만, 이를 뒤집는 데는 수십 장의 해명으로도 부족하다고 한다. 커뮤니케이션 학자들은 '인간의 뇌는 부정적인 말 한마디를 중화시키는데 40개의 긍정적인 말을 필요로 한다'고 했다.

그러고도 결국엔 부정적인 말이 더 오래 남는다고 한다. 먼저 들은 메시지의 인상이 나중에 들은 메시지보다 훨씬 뚜렷하고 오래가기 때문이다. 이른바 '메시지 선점 효과'다.

과거 이명박 정부가 '미국산 쇠고기를 먹으면 광우병에 걸린다'는 말에 얼마나 홍역을 치렀는지를 상기해 보면 괴벨스의 주장을 실감할 수 있다. 4대강 사업 역시 '생태계 파괴'라는 반대 측 슬로건에 밀리며 같은 경로를 걸었다. 박근혜 정부는 이른바 '세월호 7시간'동안 '성형시술을 했다더라' '남자와 밀회를 즐겼다더라' '굿판을 벌였다더라' 등의 거짓말로 허망하게 무너져 내렸다. 냉정하게 이성적으로 생각해 보면, 누구나 뻔한 거짓말임을 알 수 있지만 분노와 증오로 이성이 마비된 군중에게는 더없이 효과적이었던 것이다.

그럼, 이렇게 달려드는 거짓선동을 이겨내는 방법이 있기는 할까? 얼핏 쉽게 생각해 볼 수 있는 것은 똑같이 거짓선동으로 맞불을 놓는 방법이다. 그러나 앞에서 살펴봤듯이 거짓은 시간이 지나면 결국은 드러날 수밖에 없다. 설령 잠시 이길 수 있을지라도 결국은 유취만년의 오명을 남기게 된다.

거짓선동과 싸워 이기는 방법은 진실을 얘기하는 것뿐이다. 문제는 시간이 오래 걸린다는 데 있다. 2002년 대선에서 거짓으로 조작된 '병역 비리'와 '기양건설'의혹이 끝내는 거짓으로 밝혀졌지만, 이미 선거가 끝난 후였다는 점은 앞에서 기술한 대로다. 결국 메시지 전쟁의 관건은 '진실이 밝혀지는 시간'을 단축하는데 달려 있다. 이것이 싸움의 기술, 전술이다. 그럼 어떻게 하면 시간을 단축할 수 있을까?

첫째는 메시지 선점 효과를 차단하는 것이다. 상대의 공격이 들어올 때, 즉각적인 반격에 나서야 한다. 먼저 입력된 메시지가 뇌의 인지 세포에서 뚜렷한 인상으로 자리 잡기 시작하는 데는 대개 반나절 정도의 시간이 걸린다. 이 시간이 지나도 상반되는 정보가 없으면 인상은 점차 굳어지기 시작하는데, 하루가 지나고 이틀이 지나면 처음 입력된 메시지는 확신으로 자리 잡게 된다. 괴벨스의 말을 다시 상기할 필요가 있다. '사람들은 거짓말에 처음엔 부정하고 다음엔 의심하지만 반복해서 듣게 되면…' 즉, 거짓선동의 메시지가 등장해서 사람들이 처음 반신반의하는 시간 동안에 반드시 반격의 메시지를 제공해야 것이다. 거짓선동의 메시지가 반복될 시간을 주지 않는 것이다.

사실과 다른 잘못된 정보라도 이것이 인상으로 자리 잡게 되면 고치기가 쉽지 않다. 더구나 반복된 입력으로 확신으로까지 굳어지면 아무리 다른 정보가 들어와도 고쳐지지 않는다. 인간의 뇌는 정보를 선택적으로 입력하는 특징이 있다. 어떤 정보가 확신으로 굳어진 다음에는 이와 상반되는 정보가 들어오면 이를 입력하려 들지 않는 것이다. 심리학에서 말하는 '인지부조화 이론'이다. 기존의 정보를 수정하려면 적지 않은 심리적 갈등을 겪어야 하므로, 그러느니 확신을 굳히는 정보는 입력하되 확신과 상반되는 정보는 배척하는 것이다.

정보의 유통채널이 신문과 방송만 있던 시절에는 그래서 신문의 마감시간, 방송에선 메인뉴스 제작시간이 일종의 데드라인이었다. 기사가 나갈 때 어느 일방의 주장과 정보만이 실리면, 그 정보는 벌써 인상으로 굳어지기 시작한다. 다음날 상반되는 다른 정보가 나온다 해도 이미 굳어지기 시작한 인상은 고치기가 쉽지 않다. 이런 상태로 하루가 더 지나면, 그 정보는 수용자들의 머릿속에서 확신으로 자리 잡는다. 이제부터는 아무리 다른 정보가 있어도 입력조차 하려 들지 않는다. 따라서 마감시간 이전에 최대한의 노력을 들여 상반되는 정보나 반론이 한 기사와 뉴스 안에서 동시에 전해지도록 하는 것이 관건이다. 잘못된 정보가 인상으로 남지 않도록 반나절 안에 즉각 반격에 나서야 하고, 아무리 늦더라도 확신으로 굳어지지 않도록 하루 안에는 대응에 나서야 하는 것이다.

두 번째는 거짓선동에 대항하는 메시지를 충분하고도 넘치도록 제공해야 한다는 것이다. 즉, 잘못된 정보에 대해 적극적으로 반박하고 해명해야 한다. 짧은 시간의 해명이나 간단한 반박은 오히려 의구심을 키워 먼저 입력된 정보를 더 믿게 하는 부작용을 일으킬 수 있다. 특히 반박과 해명에도 불구하고 불확실한 부분이 남게 되면 그 해명은 거의 소용이 없게 된다. 그래서 불확실한 부분이 남지 않도록 충분하고도 넘치도록 정보를 제공하라는 것이다. 또한 비공식적이거나 사적인 채널을 통해 정보를 슬쩍 흘리지 말고 공식적인 채널을 통해 정보를 제공해야 한다.

이와 관련해 니콜라스 디폰조와 프라샨트 보르디아는 『루머의 심리학』에서 세 가지 원칙을 제시했다.[67] '불확실성을 제한하는 공식 입장을 밝힐 것' '시간을 충분히 할애해 정보를 제공할 것' '더 이상 세부내용을 알려줄 수 없을 때는 그 이유를 충분히 설명할 것' 등이다.

기업체나 관공서의 홍보 담당자를 만나보면, 이들은 때로 거짓이나 잘못된 정보가 나올 때 이를 무시하려 들거나 또는 그냥 내버려 두려는 경향이 있다. 시간이 지나면 가라앉을 텐데 잘못 대응함으로써 오히려 소문을 더 키우지 않을까 하는 염려 때문이다. 이른바, 노코멘트 전략이다. 하지만 니콜라스와 프라샨트는 이에 대해 무시와 방관은 절대 금물이라고 얘기한다. NCND 정책이야말로 오히려 소문을 키우는 지름길이라는 것이다. 냉전시대 미국이 해외의 핵무기 배치에 대해 NCND 정책을 취했던 것은 '핵을 배치했을 것 같은 소문'을 키우기 위한 전략이었다. 자신들의 군사적 기밀은 유지하면서 상대 세력에 대해서는 심리적 압박과 위협을 가하려는 심리전인 것이다. 하지만 네바다 사막의 군사기지에 대한 NCND 정

67 니콜라스 디폰조& 프라샨트 보르디아, (신영환 역) 루머의 심리학, 한국 산업훈련 연구소, 2008

책은 외계인에 대한 소문과 의구심을 증폭시키는 부작용을 야기하기도 했다. 즉, 소문을 키우려는 의도가 아니라면 노코멘트 전략은 쓰면 안되는 것이다.

2008년 미국의 대통령 선거에서 오바마 진영은 한때 위기를 맞았다. 오바마의 본명은 바락 후세인 오바마다. 후세인이라는 중간 이름(미들네임)에서는 이슬람적 냄새가 물씬 풍기는데, 상대편이 이를 이용해 공격한 것이다. 즉, '오바마가 실은 무슬림인데 이를 숨기고 있다', '부친 가계는 확실한 무슬림 집안이다. 그의 이름만 봐도 그가 무슬림이란 건 확실하지 않은가?' '이슬람들이 오바마 정치헌금에 적극적이다'라는 것이다. 여기에 오바마가 모스크에 드나드는 걸 찍었다는 가짜 동영상까지 돌아다닐 정도였다. 대응을 놓고 선거캠프에서는 갑론을박이 있었다. 해명에 나섰다가 사람들이 알지도 못하는 후세인이라는 미들네임이 공개되고, 그러면 오히려 진흙탕 싸움에 빨려 들어가 의혹만 키우는 꼴이 될 수도 있다는 주장이 강했다. 사실이 아니므로 시간이 지나면 가라앉을 수도 있는 것을 괜히 긁어 부스럼 만들지 말고, 그냥 무시하고 가자는 의견이었다. 그 밑바탕에는 미국은 종교의 자유가 있는 자유 민주국가인데 무슬림이면 어떻냐는 생각도 있었다. 하지만 오바마의 판단은 달랐다. 미국이 종교의 자유가 보장되는 나라는 맞지만 사실상의 청교도 국가인 만큼, 무슬림이란 오해는 대형 악재다. 따라서 초기에 진화하지 않으면 두고두고 말썽을 일으킬 수 있다는 것이었다. 결정이 내려지자 캠프는 전력을 다해 해명하고 반박에 나섰다. 오바마가 세례를 받은 증거를 제출하고 교회에 다닌 자료를 제공했다. 아프리카의 조부와 부친이 이슬람이란 사실도 인정했지만, 동시에 이들과 어떤 연락이나 영향이 없었음도 밝혔다. 결국 소문은 채 일주일을 가지 못하고 수그러들었다. 적극적인 반박과 해명이 거짓 선동을 가라앉힌 것이다.

지금은 서울의 새로운 랜드마크가 된 잠실의 롯데 월드타워 건축 과정에서는 온갖 소문과 과장 허위정보가 난무했었다. 사람들은 건물이 반드시 무너질 거라며 수군거렸고 지반침하가 일어나 잠실 일대가 가라앉을 것이라는 소문에 지역 민심까지 흉흉해질 정도였다. 크고 작은 안전사고가 끊이질 않는 데다, 인근에서 연이어 싱크홀이 생기고 석촌호수의 물까지 심하게 빠지면서 소문과 의혹은 꼬리를 물었고, 급기야 롯데 측은 공사 중단에 개장 연기까지 당하는 수모를 겪어야 했다. 건물이 완공되고 사람들이 드나들면서 모든 소문이 허위 과장이었음이 밝혀졌지만, 그로 인해 롯데 측이 겪은 금전적 정신적 손해와 이미지 추락, 기회손실 비용 등은 말할 수 없이 컸다. 결론적으로 롯데 측의 안이한 대응과 충분치 않은 해명, 안전불감증으로 보이는 태도 등이 사태를 키웠다고 할 수 있다. 건물이 무너질 것이라는 터무니없는 소문에 롯데 측은 '터무니없다'며 아예 무시해 버렸고, 나중에 지하철 공사가 원인으로 밝혀진 싱크홀과 석촌호수 물 빠짐 의혹 등에 대해선 허둥지둥하는 모습만 보였다. 공사장 인부 추락 사고, 개장 두 달 만에 빚어진 수족관 누수나 바닥 균열 등에 대해서도 시민들이 납득할 만한 정보를 제공하지 못했다.

근거 없는 의혹과 거짓 과장된 소문이 돌 때 이를 대수롭지 않게 여기고 내버려 둔 것이 사태를 걷잡을 수 없이 키웠고, 이후에라도 적극적으로 반박하거나 해명하지 않고 충분한 정보제공을 게을리한 안이함이 더 이상 번지지 않았을 수도 있는 소문과 의혹을 확대 재생산 시켰다. 초기 대응과 사후 대응 모두 실패한 케이스다. 물론 '지금은 모든 의혹이 해소된 만큼, 별문제 아닌 것 아니냐?'고 할 수도 있다. 소문과 의혹을 그때마다 즉각 가라앉히려고 노력했을 때 들어갔을 비용을 생각하면, 시간이 해결해 줄 때까지 기다리는 것도 한 방법 아니냐고 생각할 수 있을 것이다. 하지만 세계 5대 초고층 빌딩이 올라간다는 기대를 살렸을 때 얻었을 각종 직, 간접적 부수이익을 공포스런 괴물이 올라간다는 두려움에다 기업 이미지 추락이 앗아간 손실비용과 비교해 보면, 손해가 훨씬 더 컸음은 너무도 자명하다.

똑같은 케이스를 우리는 인천공항 건설 과정에서도 겪었었다. 바다를 매립해 건설하는 것인 만큼 지반침하가 일어나지 않을까, 워낙 길고 큰 건물이니 만큼 균열이 일어나지 않을까 하는 우려는 일반인으로서는 어쩌면 당연한 것이었다. 그래서 수없이 많은 소문이 돌았다. 부실공사 제보와 의혹도 끝이 없었다. 결국 국회의원들이 준공 직전의 공항 건물 바닥을 뚫어 보는 일까지 벌어졌다. 이것은 현대의 과학적인 설계와 시공, 첨단 건설공법에 대한 충분한 설명만으로도 얼마든지 가라앉힐 수 있는 소문들이었다. 역시 안이한 대응, 부족한 해명과 소극적인 반박이 사태를 키웠고, 정부와 공항공단, 건설사들은 모두 엄청난 기회비용을 지불해야 했다.

메시지 전쟁에서 이기기 위한 세 번째 전략은 전장(戰場)을 바꾸는 일이다. 즉, 논의의 틀, 상대가 짜놓은 프레임에서 벗어나는 일이다. 아무리 대응을 잘한다고 해도 상대의 프레임에 갇히게 되면, 설혹 방어를 잘해도 상처만 남은 승리가 된다. 그래서 적이 유리한 전장에서 벗어나 내가 유리한 전장으로 전투 장소를 옮기는 것이다. 2002년 대통령 선거에서 노무현 캠프는 '후보의 장인이 남로당 군당 위원장 출신으로 6.25 때 인민재판을 주도한 인물'이라는 공세에 고전하고 있었다. 이를 부인하자니 증언자까지 있었고, 해명을 하자니 남로당 관련성만 부각되는 부작용이 상당할 것으로 예상됐다. 이 곤란한 상황에서 당시 노무현 후보는 한마디로 전세를 뒤집어 버린다. '그럼 마누라를 바꾸란 말이냐?'라는 반격이었다. 이는 전장을 바꿔 버린 절묘한 메시지였다. 만약에 남로당 전력에 대해 '있었네 없었네' 하며 반격하고 해명을 했다면, 긁어 부스럼만 만드는 상황이었을 것이다. 즉, 노무현 가족의 '과거사와 사상 문제'의 프레임을 '부부간의 사랑과 신뢰'의 프레임으로 바꾼 것이다. 전장이 바뀌자 수세였던 노무현 후보 쪽이 오히려 공세로 돌아설 수 있었고, 상황은 역전돼 노무현 후보는 '믿음직한 남편과 아버지의 이미지'로 부각됐다. 과거사와 사상 문제는 아예 얘기조차 꺼낼 수 없었다. 프레임 탈환에 성공한 케이스다.

2012년 지방선거와 대선을 앞두고는 복지 논쟁이 한창 불이 붙었다. 당시 야권이 보편복지를 들고 나오자 여권은 선별복지로 대응했다. 대항의 메시지를 냈으되, 야권이 만들어 놓은 복지 논쟁의 프레임 안으로 들어가 버린 것이다. 이 경우는 아무리 논리적으로 체계적으로 대응을 잘한다고 해도 상대가 준비한 논의구조의 틀에 갇혀 이기기가 어렵다. 그렇다고 야권이 이미 사회적 아젠다로 만들어 버린 복지 논쟁을 외면할 수도 없었다. 그러기에는 손실이 너무 컸다. 그래서 상대의 프레임 안으로 들어가되 거기서 논쟁을 벌여보자는 것이었지만, 결국 상대가 유리한 전장으로 끌려 들어가 선방은 했지만 적잖이 상처를 입었다. (기초 노령연금 30만 원을 내걸었다가 당선 후 수정할 수밖에 없었다.)

가장 좋은 방법은 자신들이 유리할 수 있는 다른 틀, 예를 들어 입시제도나 교육문제를 제기해 새로운 논의의 장을 만드는 것이다. 즉, 상대의 프레임을 축소하고 내가 유리한 프레임을 크게 제시하는 것이다. 복지 논쟁을 외면할 수 없다면 '보편복지냐? 선별복지냐?'로 대응하지 말고, '망국복지냐? 구국

복지냐?'로 가는 게 낫다. 프레임 안으로 들어가되, 프레임의 문제를 짚는 것이다. '지속 가능한 정책이냐? 빚더미만 안길 정책이냐?'로 가는 방법도 있다. 이렇게 함으로 해서 '건전 재정 vs 빚더미 재정'으로 논의의 틀을 옮기는 것이다. 일단 상대의 전장으로 들어가되, 곧바로 전장을 벗어나는 전략이다.

2019년 가을, 법무장관 임명을 둘러싸고 정국이 시끄러울 때다. 장관 후보자 청문회와 임명 강행에 대해 한 신문의 칼럼은 이렇게 지적한다.

'동쪽을 묻는데 시치미 떼고 서쪽이라고 대답한다. (질문자는) 숨이 턱 막히며 무력감을 느끼게 된다. 당황해 우물쭈물하는 사이, 화제는 벌써 다른 곳으로 흘러가 버린다. 이런 수법은 대중 동원 기법과 여론전에 능한 진보 정치인, 운동권 출신들의 장기다. 상대의 허점은 집요하게 파고들면서 자신에게 불리한 문제가 터지면 잘못을 인정하는 대신, 논점을 흐리는 교묘한 물타기로 시선을 딴 곳으로 돌리게 하는 재주가 이들은 아주 발달돼 있다. 교수 부모를 둔 딸의 '금수저 스펙 쌓기'가 말썽이 되자 이명박 정부가 만든 입학사정관제의 문제로 덮어씌우며 대입 제도를 개선해야 한다고 치고 나오지 않았는가. '조국의 문제'가 아니라 '계급과 엘리트의 문제'로 떠넘겨 본질을 희석하려는 진보 지식인들의 프레임 전쟁은 지금도 진행 중이다.'[68]

68 중앙일보, [이정민의 시선] '이제 그만 내려 오시라', 2019. 9. 20.

칼럼은 장관과 여권의 대응을 비판하는 것이었지만, 뒤집어 보면 이들은 소위 '전장(戰場)을 바꾸는' 싸움의 기술을 발휘한 것이었다. 논설위원이 비판한 진영의 입장으로 보면, '아주 잘한' 대응인 것이다. 하지만 칼럼에서 보듯이 '뻔뻔스러움'을 드러냄으로써 결코 탁월한 대응이라고만 할 수는 없다. 논쟁의 틀을 바꾸되, 국민들이 더 관심을 가질 새로운 틀을 제시하는 것이 정공법이고 당당한 대응이다. 그래서 이들은 '검찰개혁'이라는 새로운 프레임을 제시한다. 새 프레임은 상당한 효과를 발휘했고, 지지층을 결집하는 명분이 됐다. 하지만, 사건의 본질이 그대로 있는 한 '전장을 바꾸는 전략'의 효과는 일시적이다. '검찰개혁'이 아니라 '검찰 무력화' '권력의 사유화'라는 반대 메시지가 힘을 얻으면서 '전장 교체'의 전략도 곧 효력을 다한다. 상대가 프레임을 짜고 공격해 올 때, 그 프레임 안으로 뛰어들기보다는 외곽에서 프레임의 성격과 본질을 파헤치려는 전략이 효과적인 대응전략이다.

2019년 가을, 법무장관 조국 씨 사건의 경우, 메시지 싸움의 기술 측면에서 보면, 여권으로서는 처음부터 불리할 수밖에 없다. 조국 씨는 각종 의혹과 범법을 혐의로 둘러싸여서 이른바 '분노와 증오의 메시지' 대상이 되는 반면, 그를 옹호하는 메시지는 '사랑과 용서의 메시지'여야 하는데 거기에는 반드시 있어야 할 대의명분이 너무 약했다. 설사 '검찰개혁'이 명분이 될 수 있다 하더라도 왜 그만이 검찰개혁을 할 수 있다는 것인지, 또 의혹의 당사자가 개혁의 주역이 되는 게 과연 옳은 것인지에 대한 답이 너무 궁색했다. 여권과 집권층은 처음부터 질 수밖에 없는 싸움에 매달렸던 것이다.

네 번째로, '함축된 의미의 쉽고 간결한 메시지'를 던지는 것은 탁월한 싸움의 기술이다. 이는 어쩌면 가장 중요한 전술이다. 어렵고 복잡한 메시지, 혀에 익숙지 않은 구호는 메시지 전쟁에서는 백전백패의 무딘 칼일 뿐이다. 간결하고 쉬운 메시지, 입에 착 달라붙는 구호는 필승의 무기다. 메시지는 그 시대 사람들이 가장 원하는 것, 듣고 싶은 것을 지적해 줘야 한다. 이른바 시대정신이다. 87년 대선의 '보통 사람', 92년 대선에서 '군정 종식' '문민정부' 등의 구호는 쉽고 간결하면서, 시대정신이 녹아 있는 구호였다. IMF 위기를 맞은 상황에서 '준비된 대통령', '평화적 정권교체'란 메시지도 마찬가지다. 1992년 미국대선에서 클린턴 진영의 '바보야, 문제는 경제야'도 가려운 곳을 긁어주는 촌철살인의 메시지였다. 필자는 개인적으로 우리나라의 역대 대선 메시지 중 최고의 구호는 55년 3대 대통령 선거 때 야당 신익희 후보 측이 내걸었던 '못 살겠다 갈아보자'라는 생각이 든다. 이승만 후보 측이 '갈아봤자 별 수 없다.' '구관이 명관이다'는 쓴웃음이 나올 정도로 궁색했다. 가정이지만, 신익희 후보가 급서하지만 않았으면 정권은 바뀌었을 테고, 그랬다면 이승만도 장기집권을 못해 역설적으로 지금보다 훨씬 높은 평가를 받았을 것이다. 2008년 광우병 파동 때의 '뇌 송송 구멍 탁', 4대강 사업을 비판하는 '녹차 라테' 등의 구호는 진실 여부를 떠나 함축적 의미와 간결한 말로 입에 착 달라붙는다는 점에서 탁월한 구호였다.

매스 미디어가 없던 옛날에 메시지를 빠르고 널리 퍼뜨리는 가장 좋은 방법은 노래를 만들어 불리게 하는 것이었다. 그 중에서도 동요는 가장 효과적이었다. 아이들은 노래의 목적이나 내용을 모른 채 쉽게 따라 불러 전파력이 강하고, 공격을 받은 상대방이 이를 발각해 처벌하려고 해도 아이들이기에 쉽지 않기 때문이다. 또 아이들은 하늘의 뜻을 대변하고, 노래에는 예언적 능력이 있다고 믿은 전통적 사고방식도 동요를 선호하게 했다. 이렇게 불린 노래를 참요(讖謠)라고 부른다. 시대적 상황이나 정치적 변화를 예언하거나 암시하는 노래다. 이는 메시지 전문가가 만들어서 전파시켰음에 틀림없다. 선화공주를 얻기 위해 백제 무왕이 만들었다는 서동요가 대표적이다. 신라의 멸망과 고려의 건국을 암시한 '계림요(鷄林謠)', 조선의 건국을 암시한 '목자득국요(木子得國謠)', 인현왕후 민씨를 미나리로 장희빈을 장다리로 비유해, '미나리는 사철이고 장다리는 한 철'이라고 노래한 '미나리요' 등 우리 역사에도 사례는 무수하다. 이는 사회불안 등 격변기에 등장해 기존 체제를 부인하는 내용이 많다는 점에서 혁명기의 분노 메시지와 기능이 거의 같다고 할 수 있을 것이다. 이처럼 메시지는 간결하고 쉽고 반복적으로, 축약과 은유적으로 때로는 비유적으로 만들어서 사람들의 입에 많이 오르내리게 하는 것이 관건이다.

메시지의 기능과 의미를 이해하기 위해 이제는 커뮤니케이션학의 고전이 된 마샬 맥루한의 이론을 잠시 상기해 볼 필요가 있다.[69] 맥루한은 매스 미디어의 발달에 따라 정보의 흐름도 달라지는 현상에 주목해, 미디어의 중요성을 강조했다. 그래서 '미디어는 메시지다. 미디어는 마사지다'라는 유명한 말을 남겼다. 삼단논법을 빌자면 '메시지는 마사지'가 된다. 메시지가 사람의 감각 체계를 마치 마사지하는 것처럼 자극해, 특정 인식을 형성해 간다는 것이다. 한마디로 메시지가 사람들의 인식을 만들어 간다는 의미다. 쉽고 간결하고 반복적인 메시지가 효율적이고 효과적으로 대중의 인식을 형성한다고 보면 된다.

물론 맥루한은 메시지가 하는 이 역할을 미디어도 한다면서 미디어를 강조했다. 바로 이것이다. 메시지 전쟁에서 마지막으로 강조할 점은 메시지를 전하는 매체의 중요성이다.

맥루한이 강조한 '미디어는 메시지'라는 말은 미디어에 따라 메시지의 특성이 달라질 수 있다는 뜻이다. 맥루한은 '미디어의 기술이 인간의 감각을 확장시킨다'면서, '같은 메시지라

69 Marshall Mcluhan, Understanding Media, 1964. 이 책은 70년대부터 국내에서 꾸준히 번역출간된 커뮤니케이션 이론의 고전이다.

해도 얼굴을 직접 맞대고 말하는 것과 신문에 나오는 것, TV로 방송되는 것은 전혀 다르다'고 주장했다. 즉, 매체가 달라지면 메시지도 달라지고 수용자가 세계를 인식하는 방식도 달라진다는 것이다. 굳이 맥루한의 학설을 빌리지 않더라도 미디어의 기술이 혁신적으로 발달함에 따라 전할 수 있는 메시지의 특성과 내용이 달라진다는 것은 상식이나 다름없다. 신문만 존재하던 시대와 라디오가 출현하고 TV가 등장한 시대의 메시지는 엄청난 차이가 난다. 여기에 최근에는 SNS의 출현으로 실시간 쌍방향 소통이 가능해짐으로써 메시지의 전파는 가히 혁명적 변화를 맞고 있다. 팔로워가 수백만에서 심지어 수억 명에 이르는 시대가 됐고, SNS 스타는 현실에서 엄청난 인기와 부를 거머쥐는 시대가 됐다. 메시지 전쟁이란 측면에서 보면 SNS는 초음속 스텔스 전폭기와 같은 가공할 위력을 지닌다. 이를 통해 메시지의 핵폭탄을 터뜨릴 수 있는 시대가 된 것이다.

프랑스 대혁명기에 메시지 전쟁의 수단은 당시로서는 뉴미디어였던 신문과 간행물 그리고 입을 통한 소문이 거의 전부였다. 프랑스에서 이른바 언론의 시작은 대혁명과 함께 시작되었다고 해도 과언이 아니다. 혁명기 이전의 언론은 궁정의 이익을 대변하는 기관지 몇몇이 있었지만, 1789년 대혁명을 계기로 폭발하기 시작해 나폴레옹이 집권한 1800년에는 무려 1,350개의 간행물이 쏟아져 나왔다. 프랑스 대혁명은 사실상 메시지 전쟁으로 이룩한 승리였다. 그래서 1789년 8월 26일 선포된 "프랑스 인권 선언"에는 최초로 '언론의 자유'가 명기된다. "모든 민중은 자유롭게 말하고 쓰며 인쇄를 할 수 있다"는 명문이 11조에 들어간 것이다. 메시지 전쟁의 위력을 실감한 나폴레옹은 권력을 잡자마자 60개의 일간지를 폐간하면서 통제와 검열을 강화했다.

라디오가 뉴미디어로 등장했을 때, 이를 가장 적극적으로 활용한 사람은 미국의 루스벨트 대통령이었다. 루스벨트는 대공황으로 미국인들의 삶이 피폐해진 상황에서 1933년 라디오로 연설을 시작한다. 말이 연설이지, 틀에 짜인 형식이나 격식이 없어서 그냥 사람들이 주고받는 얘기 같았다. 평범한 미국인들의 일상 모습, 즉 집에 있는 벽난로 가에 모여 앉아 얘기를 나누는 것처럼 친근해서 노변정담(爐邊情談 fireside chats)이라고 했다. 대통령이 육성으로 시름에 잠긴 국민들을 위로하고 희망과 긍정, 낙관의 메시지로 정부의 정책을 설명함으로써 국민과 소통하고 신뢰를 높였다. 이를 통해 루스벨트는 전무후무한 4선의 기록을 세울 수 있었다.

TV가 등장하면서 가장 혜택을 본 사람은 흔히 존 F 케네디로 알려져 있다. 실제로 그의 젊고 잘생긴 외모는 상대적으로 호감이 덜 가는 닉슨보다 유권자들에게 크게 어필한다. 그런데, 영국의 BBC는 다큐멘터리에서 TV라는 뉴미디어를 가장 열심히 연구하고 분석해 적극적으로 이용한 정치인은 영국의 대처 수상이라고 평했다.[70] 대처는 이른바 '영국병'을 고친 20세기의 위대한 정치가로 평가받고 있지만, 일부에서는 '빈부 격차를 키우고 노동 계급을 탄압한 최악의 정치인'이라고 악평을 한다. 그녀는 철의 여인(Iron Lady)이라고 불리며 강력한 이미지를 구축했는데, 이를 위해 TV의 특성을 적극 활용했다고 BBC는 전했다. 과거 영국 정계에서는 유머와 부드러운 태도를 미덕으로 여겼지만, 그녀는 최초의 여성 총리로 혈통이나 재산, 결혼의 도움 없이 오로지 혼자의 힘으로 유리천장을 깬 인물인 만큼 강력한 카리스마를 만들기 위해 다른 것을 준비를 했다는 것이다. 철저한 자료 준비와 폭넓고 깊은 지식, 그리고 거침없이 쏟아내는 언변으로 토론 상대를 압도하는 것은 그녀의 전매특허였는데, 이는 스튜디오 등에서 철저하게 리허설을 가진 결과였다. 즉, TV라는 뉴미디어의 특성을 적극 활용한 것이 카리스마 넘치는 정치가로 그녀를 깊이 각인시킬 수 있었다는 것이다.

대처는 정치적 메시지를 위해 브로치를 활용하는 패션 감각도 선보였다. 이 역시 TV라는 시청각 매체를 활용하는 전략의 일환이었다. 강경한 어투로 상대를 거침없이 몰아쳐야 할 때는 독사 모양의 브로치를, 우호적으로 사근사근하게 토론을 진행할 때에는 아기 천사를, 조용히 이도 저도 아닌 결론을 유

70 BBC, 20세기의 위대한 정치인 4, 2019년 여름 방영

마거릿 대처(1925~2013) 철의여인으로 불린 그녀는 TV를 적극 활용했다. 브로치 정치라는 신조어를 탄생시킨 주인공이다.

도하고 싶을 때는 아무 모양도 없는 둥근 형태의 브로치를 달고 나갔다. 브로치 외교로 유명했던 미국 울브라이트 국무장관의 원조가 대처였던 것이다.

21세기 들어 스마트폰이 등장하고 이어 인터넷을 통한 SNS가 발달하면서, 이들 뉴미디어도 메시지 전쟁에서 상당한 역할을 한다. 2002년 한국 대선에서는 휴대전화를 통한 문자메시지의 위력이 발휘됐다. 투표 개시를 불과 8시간 앞둔 12월 18일 밤 10시, 노무현 후보와 정몽준 대표의 단일화 결렬 소식은 노무현 지지자들 사이에 문자메시지로 급속히 퍼지며, 지지층을 결집하고 투표를 독려하는 기폭제가 된다. 이것이 어느 정도 영향을 미쳤는지는 실증연구가 이뤄지지 않아 정확히

측량하기는 어렵다. 하지만 정치분석가들 사이에선 불과 57만 표 차이로 승패가 엇갈린 박빙의 승부에서 문자메시지를 통한 지지층의 결집과 투표 독려는 유의미한 효과를 발휘했을 것이라는 데 별 이견이 없다.

첨단의 뉴미디어는 한국에서 정치적 상황마다 상당한 위력을 발휘한다. 선거철이면 후보자들의 페이스북과 트위터 사용이 급증하고 지지자들의 퍼나르기도 폭증한다. 2012년 대선에서 특정 정당과 지지자들의 댓글 달기는 국정 농단으로 지목받아 수사 받기에 이르렀고, 결국 국정원과 군,경찰의 심리전 관계자들이 사법처리되기까지 했다. 2017년 대선에서의 드루킹 댓글 조작 사건은 2012년 사건의 데자뷔다. 하지만 그 정도는 양과 질에서 전자를 압도했다. 메시지를 전달하는 미디어의 위력은 2016년 미국 대선에서도 유감없이 발휘됐다. 트럼프는 사실상 트위터로 대통령에 오른 인물이라는 평가를 받을 정도였다. 첨단 미디어를 무기로 채택한 쪽이 늘 승부의 유리한 고지를 점한다는 것은 이제 상식이 됐다. 특히 한국에서 뉴미디어 활용은 메시지 전쟁의 최우선 과제가 됐는데, 그것은 2011년 '나꼼수'의 위력이 보여준 결과 때문이다.

나꼼수는 당시로서는 최첨단 뉴미디어였던 팟캐스트를 타고 일약 기성 주류 언론을 위협하는 대안매체가 됐다. 말하자면, 메시지 전쟁에서 게릴라 수준에 불과했던 소규모 반군들이 팟캐스트라는 신종 무기를 도입해서 정규군과 대등한 수준으로 성장하고, 나아가 정규군을 압도하는 전력을 가진 군대로 성장한 것이다. (팟캐스트는 애플사의 ipod와 방송을 뜻하는 Broadcasting의 합성어다. 팟캐스트는 오디오, 라디오, PDF, 동영상 등 다양한 멀티미디어 콘텐츠를 지원하며, 에피소드 형식으로 이뤄진 콘텐츠 시리즈를 디지털 정보로 제공한다.[71] 인터넷을 통해 유통되며 이용자가 자신의 기기에 다운로드 해 원하는 시간에 자유롭게 이용한다는 점에서 본질적으로는 비실 시간 콘텐츠지만, 실시간 중계 서비스 즉 스트리밍도 가능하다.)

나꼼수는 팟캐스트의 기술적 특성을 타고 등장해서, 한국사회에서 가히 혁명적 변화를 이끌어 냈다.[72] 2011년 4월 28일 시작해, 기성 언론은 다루지 않는 정치정보를 '유쾌하게' 제공하는 대안언론을 표방했다. 여론의 의제설정, 또 매체 간의 의제설정에 영향력을 미친 것 외에도 직접 정치 현장에 뛰어드는 일도 서슴지 않았다. 2011년 11월엔 한미 FTA 비준을 무효화할 것을 촉구하는 집회를 조직했고, 2012년 대선에선 특정후보를 지지하며 정치색을 노골적으로 드러냈다. 유머와 풍자로 사실과 가설을 넘나들며 청취자들의 관심을 끌어냈고, 그 결과 대선 국면에서는 매회 700만 건이 넘는 다운로드를 기록할 정도로 엄청난 영향력을 발휘했다. 급기야 주류 언론이 앞다투어 나꼼수를 소개했고, 나중에는 나꼼수가 제기한

71 윤석민, 미디어 공정성 연구, 나남, 2015, p.635

72 나꼼수에 관한 부분은 졸고, 대안언론으로서 1인 방송의 가능성과 한계, 방송문화연구, 2019에서 전재한다.

문제를 거의 전 언론이 아젠다로 다룰 정도가 됐다. 2011년 10월 9일, 나꼼수가 보도했던 '내곡동 사저 의혹'은 대표적 사례다. 이날 나꼼수가 '도둑적으로 완벽하신 가카'라는 제목으로 다룬 에피소드는 사회적 이슈로 급부상했고, 나꼼수는 찬송가를 개사해 희화화한 노래까지 만들어 인기를 끌면서 가히 폭발적인 이슈 장악력을 보여줬다. 나꼼수는 2011년 11월 30일엔 여의도 광장에서 한미FTA 비준 무효를 촉구하는 특별공연을 열었다. 당시 여의도 광장에는 경찰 추산 1만 6천여 명, 주최 측 추산 5만 명의 사람들이 모였다.[73]

한마디로 나꼼수는 정치적 이념과 목적을 가지고 이를 현실에서 실천하는 대안언론의 전형을 보여주고 그 힘을 입증했다. 한국 사회 전반이 나꼼수에게 영향을 받고 있었다[74]는 평가가 나올 정도였다. 필자는 이런 나꼼수의 위력이 집권층이던 보수세력에 대한 국민의 염증을 불러일으켰고, 결국 이 토대 위에서 이른바 촛불 혁명도 성공할 수 있었다고 본다. 메시지 전쟁의 측면에서 본다면 기성 질서에 도전하는 대안세력의 완벽한 승리였고, 그 승리는 효율성 높은 뉴미디어(새로운 매체)를 도입한 선택에서 상당 부분 기인했다고 하겠다.

어떤 미디어가 메시지를 효율적으로 전하는가? 프랑스 대

---

73 프레시안 2011.12.1.일자 '여의도 꽉 채운 나꼼수 파워, 어디로 향할까? 참조

74 윤석민, 미디어 공정성 연구, 나남, 2015. p.656

혁명 시기의 신문과 간행물에 비하면 지금의 각종 SNS는 가히 초음속의 속도로 메시지를 빠르게 그리고 광범위하게 전파한다. 진보세력의 팟캐스트에 당했던 보수세력이 유튜브에 전력을 기울이자, 집권 진보세력이 가짜 뉴스를 규제하겠다며 달려드는 이 시대 한국의 정치적 상황은 메시지 전쟁이 뜨겁게 달아오르는 상황이라고 할 것이다.

그런데 세상에 등장한 순간부터 지금까지, 그리고 앞으로도 막강한 영향력을 발휘할 메시지 전달 수단이 있다. 미디어라고 할 수는 없지만, 메시지 전달 수단으로서 이보다 효용성과 영향력이 높은 수단은 일찍이 없었고 앞으로도 나오기 쉽지 않을 것이다. 바로 사진이다. 잘 찍힌 사진 한 장은 그 안에 엄

1970년 12월, 빌리 브란트 전 서독 총리가 폴란드 바르샤바를 방문해 겨울 찬비가 내리는 가운데 유대인 위령탑에서 무릎을 꿇고 참회의 눈물을 흘리는 모습이다.

청나게 많은 메시지를 담는다.

빌리 브란트 전 서독 총리는 공산국가들과 화해와 공존을 시도한 이른바 '동방정책'으로 노벨평화상을 수상했는데, 위의 사진은 그 업적을 상징적으로 보여준다. 초겨울 찬비가 내리는 궂은 날씨를 아랑곳 않고 위령탑 앞에 무릎을 꿇은 채 고개를 숙이고 눈물을 흘리는 장면은 TV로 생중계됐고, 폴란드 국민들은 비로소 독일에 대해 나쁜 감정을 삭힐 수 있었다. 여기서 큰 역할을 한 매체는 TV임이 틀림없다. 생방송으로 그의 일거수일투족을 지켜봤기에 보여주기식 '쇼'가 아니라 진심임을 확인할 수 있었던 것이다. 하지만 사람들 머리에 깊이 남은 인상은 바로 이 사진 한 장면이다. 전 세계 사람들도 이 사진 한 장이 주는 인상에 각인돼, 독일은 과거의 잘못을 사죄했다는 메시지를 인식하게 됐다.

세기의 요정으로 불리던 오드리 햅번이 말년에 아프리카에서 빈민구제 활동 봉사를 하던 모습이다.

그저 한 시대를 풍미한 세계적 톱스타로 알려지던 오드리 햅번은 이 사진 한 장으로 단순히 '요정같이 매력적인 여배우'에서 테레사 수녀와 같은 성녀로 이미지가 더해지게 됐다. 위 사진에 붙은 설명이 웅변해 주고 있다. '우리가 정말 아름다운 오드리 햅번을 만난 것은 로마의 휴일에서가 아니라 아프리카에서였습니다.'

우리는 앞에서 오바마 전 미국 대통령의 사진을 여러 장 봤다. 그런 모습을 기획한 그의 홍보참모들이 훌륭하지만 능청스런 연기로 상황을 자연스럽게 소화한 오바마의 연기력이 탁월하다는 점은 이미 언급한 바 있다. 그런데, 아래의 사진을 보면 사진의 연출자 자신이 바로 오바마라는 점을 알 수 있다. 그런 점에서 정치인은 배우이자 동시에 연출자가 돼야 한다.

2009년 10월 29일 새벽 4시, 오바마는 미국의 각군 사령관들을 이끌고 백악관에서 150킬로미터 떨어진 델라웨어주 도버 공군기지를 찾아 아프간 전사자 유해를 맞이한다.

짙은 어둠이 깔린 이른 새벽, 대통령이 각군 사령관들과 일렬로 부동자세를 취하고 있다. 잠시 후 그 앞을 성조기로 덮인 전사자 유해가 운구되고 대통령은 칼날처럼 곧게 펴진 손으로 거수경례를 한다. 나라를 위해, 자유를 지키기 위해 싸우다 산화한 영웅들을 국가 최고 지도자가 잠의 유혹을 뿌리치고 150킬로나 달려가 최고의 예우로 맞이하는 이 모습은 미국인들뿐만 아니라 세계인을 감동시킨 명장면이다.

사진에서 보이는 백악관 지하 벙커의 모습은 일반인들의 예상을 깬다. 대통령이 그날의 상황실 임무 장교에게 지휘관의 자리를 내주고 자신은 옆에 쭈그리고 앉은 것이다. 절체절명

2011년 5월 2일, 백악관 지하벙커의 모습이다. 빈 라덴 암살작전의 실시간 모습이 현지 대원의 헬멧 카메라로 전송되는 것을 지켜보고 있다. 대통령 오바마는 지휘관의 자리를 임무 장교에게 내주고 자신은 옆에 쭈그리고 앉아 주시하고 있다.

의 긴박한 순간, 대통령은 자신의 권위나 체면은 전혀 고려하지 않은 채 오로지 일이 성사되도록 최고의 전문가에게 지휘관의 자리를 내준 것이다. 이 장면은 진정한 지도자란 어떠해야 하는가에 대해 많은 시사점을 던진다. 전문가에게 자리를 양보한 대통령은 초라한 존재가 아니라, 오히려 구석의 자리가 더욱 빛나게 만드는 역설의 효과를 보여줬다. 이 순간 대통령이 있어야 할 자리는 중앙의 지휘관 자리는 결코 아니었다. 그렇다고 옆의 구석진 자리도 아니지만, 오바마는 전혀 개의치 않았던 것이다. 작전의 성공을 위해 사령관이 부하에게 자리를 양보하는 일은 소설에서는 익히 나오는 장면이지만, 실제로 최고지도자가 부하에게 자신의 자리를 양보한 사례는 야사(野史)에서나 드물게 전해올 뿐이다. 한마디로 소설 같은 장면인 것이다.

사진은 그 한 장면으로 수백 가지의 메시지를 전할 수 있다. 구구한 설명이 필요 없고 극적인 감동을 준다. 생생한 현장음이 들어가 있는 동영상이 더 많은 정보를 전해줄 수 있지만, 동영상은 시청을 위한 시간이 필요하고 또 장치의 도움을 받아야 하는 번거로움이 따른다. 가장 손쉽고 효과적이고 그리고 인상을 가장 오래 남기는 메시지 전달 수단이라는 점에서 사진은 앞으로도 메시지 전쟁의 유용한 수단이 될 것이다. 그런 점에서 배우가 되려는 사람은 사진을 잘 찍히는 방법을 연구해야 하고, 설령 배우가 아닌 누구라도 사람은 자신이 살아온 무대에서 어떤 사진을 남길 지를 생각해야 한다. 사진 한 장이 그 사람이 살아온 무대와 그 인생을 설명하는 것이다.[75]

75 사진만 싣는 시사잡지로 유명했던 LIFE紙는 71년의 역사를 뒤로 한 채 2007년 폐간됐다. 그것은 사진의 위력이 떨어져서라기보다는 기술의 발달로 인쇄매체가 밀린 때문이다. 잡지는 폐간됐지만, LIFE는 웹사이트로 운영되며 여전히 사진의 위력을 발휘하고 있다.

6장

말, 시대의 정신

5세기 세계 최고의 과학문명국, 조선

과학기술은 조선에 무엇이었나?

우리는 무슨 '말'을 붙들고 살았나?

근대화를 일으킨 말, 신용

'말'이 짜는 의미의 망(網)

말, 시대의 정신

역사를 살펴보면 그 시대를 대표하는 말이 있다. 조선은 '선비의 나라'라는 말로 상징된다. 일본은 '무사(사무라이)의 나라'다. 그래서 조선은 성리학의 나라고, 일본은 무사도와 다도의 나라다. 성리학은 도덕론이다. 핵심가치는 인의예지(仁義禮智)와 충효(忠孝), 사회질서는 사농공상(士農工商)으로 지켜졌다. 도덕과 명분 등 형이상학에 집착한 사회였고, 신분질서가 엄격한 사회였다. 이렇게 몇 가지 단어만으로 우리는 그 시대의 사회상을 한눈에 꿰뚫어 볼 수 있다. 이 몇 가지의 단어, 몇 마디의 말이 그 시대를 살아온 사람들의 정신세계를 지배하고 그 사회와 구성원의 운명을 결정짓는다. 어떤 말을 하느냐 어떤 말을 듣느냐에 따라 그 사람의 운명이 결정된다는 뜻이기도 하다.

'무언가를 이해하고자 한다면 그것의 기원과 발전과정을 살펴보라'. 아리스토텔레스의 말이다. 미국의 시어도어 루스벨트 대통령은 '과거에 대해 더 많이 알수록 미래를 더 잘 준비할 수 있다'고 했다. 우리의 정신을 지배하던 말은 무엇이었고, 어떻게 전개돼 왔는지를 살펴봐야 할 이유는 바로 우리의 미래를 준비하기 위함이다.

15세기 세계 최고의 과학 문명국, 조선

조선과 일본이 문명의 수준과 국력에서 순위가 뒤바뀌고, 사회 각 방면에서 차이를 보이기 시작한 것은 16세기 중반부터다. 혹자는 페리제독의 흑선에 놀란 일본이 1853년 개항부터 달라졌으니, 우리가 개항한 1875년보다 불과 22년 앞섰을 뿐이라고 말할 지도 모른다. 우리가 역사 시간에 그렇게 배웠고 아직도 청소년들에게 그렇게 가르치고 있기 때문이다. 하지만 그 말의 공허함은 곧 드러난다.

1983년 일본에서 『세계 과학기술사 사전』이라는 책이 발간됐다. 흥미를 끄는 대목이 하나 있다. 15세기 당시 세계의 최첨단 과학기술 52건을 소개하는데, 그 가운데 29건이 조선에서 나왔다는 것이다. 중국은 5건, 일본은 한 건도 없다고 했다.

'15세기에 조선이 무슨?'이라고 반문할 수도 있을 것이다. 그러나 한글 창제와 이를 찍어낸 여러 종의 금속활자, 해시계, 물시계, 측우기, 천문 관측기구인 혼천의와 간의, 비격진천뢰, 거북선 원형과 각종 선박의 조선술, 조선이 중국과 함께 500년간 독점적으로 보유했던 도자기 제조기술, 신기전으로 알려진 다연발 화살발사 장치, 화약제조법과 무기제작법을 집대성한 총통등록, 그 밖에 공평과세를 위한 정밀한 토지측량 기술 등등이 모두 15세기에 있었던 것임을 생각해 보면 이해가 간다. 당시 최첨단의 은(銀) 제련법인 회취법이 발명된 것도 15세기를 불과 3년 넘긴 1503년 조선에서였다.[76] 세계 과학기술사 사전은 그 중에서도 가장 뛰어난 첨단 과학기술로 세종때 이순지 등이 '한양을 기준으로 천체의 움직임을 관찰하고, 그 운행이론을 정리한 칠정산 내편과 외편'이라고 소개한다.[77] 칠정이란 그 당시까지 태양계에서 알려진 항성과 위성, 즉 해와 달 그리고 화성 수성 목성 금성 토성을 말한다. 이 칠정의 위치를 정확하게 계산해 냄으로써 일식과 월식 등의 예측 오차를 줄인 천문학 이론체계가 바로 칠정산이다. 정확한 달력을 만드는 역법(曆法)의 근원이다.

76 연산군 일기 9년(1503년) 윤 5월 18일에는 양인 김감불과 노비 김검동이 연산군 앞에서 회취법을 시연하는 장면이 기록돼 있다.

77 한국일보, 칠정산 내외편 편찬, 1997. 6. 23일에서 전재

세종은 재위 14년에 이른 1432년, 지금까지 사용해온 중국의 모든 천문학 이론을 정리하고 개선해서 우리나라에 맞는 천문 역법을 새로 만들기로 결심한다. 그래야만 중국을 기준으로 만든 역법에서 벗어나 우리나라에서 관측되는 천문현상, 즉 일식과 월식 혜성 출연 등을 정확하게 예보할 수 있기 때문이다. 천문학은 당시 산업의 거의 전부였던 농업을 위해 절기를 알려주는 가장 중요한 과학이었고, 정치적으로는 하늘의 움직임을 정확히 예측함으로써 봉건시대 임금의 권위를 지켜주는 비책이기도 했다. 세종은 그래서 우선적으로 정인지 등에게 '칠정산 내편'을 만들게 하고, 이어 이순지와 김담 등에게는 '칠정산 외편'을 맡겼다. 10년 만인 1442년, '칠정산 내외편'이 모두 완성됨으로써 비로소 조선 고유의 역법(曆法)이 정비됐다. 역사상 처음으로 서울을 표준으로 한 역법 체계를 갖추게 된 것이다. (한글 창제는 그 다음해인 1443년, 반포는 1446년이다.)

'칠정산 내편'은 원나라 시기 당대 세계 최고의 과학자였던 곽수경이 완성한 수시력을 서울의 위도에 맞게 수정 · 보완한 것으로, 1년의 길이를 365.2425일로, 1달의 길이를 29.530593일로 정했다. 대부분의 수치가 유효 숫자 6자리까지 현재의 값과 일치한다.[78] '칠정산 외편'은 원나라를 거쳐 명나라로 넘어

78 전상운 전 성신여대 총장의 연구 결론이다. 그는 1966년 『한국과학기술사』라는 불후의 역작을 냈다.

온 아랍 천문학(회회력)을 소화한 보다 발전된 이론이다. 내편이 중국적 전통에 따라 원주를 365.25도, 1도를 100분, 1분을 100초로 잡은 데 반해, 외편은 아랍의 전통에 따라 원주를 360도, 1도를 60분, 1분을 60초로 한 새로운 방식이었다. 칠정산 외편에서 이순지가 계산해 낸 1년의 길이는 365일 5시간 48분 45초로, 오늘날 수치와 비교했을 때 단 1초만 짧을 뿐이다.

1997년 세종 탄신 600주년 기념 학술 강연에서 한국 과학사 학회장이던 외국어대 부총장 박성래 교수는 "칠정산 내외편을 완성함으로써 조선조 천문 역산학은 당시로서는 세계 최고의 수준에 도달했다"고 평가했다. 세종이 활약하던 15세기 전반기에 전 세계에서 자기 나라의 일식과 월식을 제대로 계산해 예측할 수 있는 나라는 중국과 아랍, 그리고 조선뿐이었다는 것이다.[79]

코페르니쿠스가 지동설을 발표한 것이 1543년이고, 갈릴레오가 이를 증명한 때는 1632년이다. 이순지가 칠정산 외편을 완성하며 지동설을 증명한 것이 1442년이니 코페르니쿠스보다 101년이 앞서고, 갈릴레오보다는 190년이 앞선다. 일본은 '일본에 맞는, 일본인이 만든, 최초의 역법' 즉 우리의 칠정산에 해당하는 역법인 '정향력'을, 우리보다 무려 240년 후인 1682년에야 만들어 냈다. 이조차도 정향력을 만든 시부카와

79 한국일보, 1997. 6. 23

하루미가 스스로 "1643년 조선 통신사로 일본에 왔던 박안기[80]가 모종의 수학적 해법을 도와주었고, 이를 바탕으로 정향력을 만들 수 있었다"고 고백하고 있다.

시계를 빠르게 돌려 숙종대로 옮겨가 보자. 이순지와 김담 등이 당대 세계 최고의 과학기술 역법인 '칠정산 외편'을 편찬한지 정확히 264년이 흐른 1706년, 숙종 33년이다. 관상감은 왕에게 '칠정산역법이 망실됐다'고 공식으로 보고한다.[81] 대체 무슨 일이 있었던 건가?

임진왜란이 끝난 직후인 1598년 윤 12월 22일, 임금 선조는 "명나라에서 알면 화가 미치니, 우리나라에서 만든 역서(曆書)는 사용하지 말라"고 명령했다.(선조실록) 이로부터 54년 후 효종실록에는 (1652년 윤 9월 4일) 관상감이 중국에 보내는 동지사 중에 일관(日官)을 포함시키겠다며 이렇게 보고하는 대목이 나온다. "칠정산 역법을 미처 전수해 배우지 못하였으므로 청나라의 새 역법을 배워 오겠습니다" 이로부터 다시 54년 후인 1706년, 결국 칠정산역법이 망실됐음을 관상감이 공식 보고한 것이다. 그리고 다시 7년이 흘렀다. 재위 40년에 이른 늙은 숙종은 이렇게 탄식한다. "텅 빈 궁궐 안 옛 기기들이… 지금 그 용법을 아무도 모르니 심히 애석하다(空闕內亦有古圖器...今則有器

80 박안기는 서얼출신의 선비로 통신사 수행원단의 일원이었다.

81 조선왕조 숙종실록 44권, 숙종 32년(1706년 음 10월 27일)

而不知所用甚可惜也)" (승정원일기 1713년, 윤 5월 15일)

15세기에 우리 실정에 맞게 스스로 창안해 독자적으로 써오던 최고의 천문역법을, 임진왜란 때 도와준 중국 눈치를 보느라고 사용치 않다가 108년 만에 스스로 망실해 버린 것이다. 이런 일이 비단 천문 역법(曆法)에만 있었을까?

2004년 KBS는 〈KBS스페셜, 도자기〉를 방영했다. 도자기의 탄생부터 송과 명나라 고려와 조선의 도자기 기술, 그리고 일본의 자기와 독일 영국 등 도자기의 주요 생산국가와 변천사 그리고 도자기를 통한 세계 무역흐름을 다뤘다. 특히 중국과 일본이 도자기 기술 하나로 얼마나 많은 부를 축적할 수 있었는지를 보여줌으로써 많은 관심과 화제를 낳았다. 그런데 이를 보면서 필자는 의문을 지울 수 없었다. 세계 최첨단 기술을 중국과 함께 5백년 간이나 유이(唯二)하게 보유하고 있던 고려와 조선은 왜 돈을 한 푼도 벌지 못했는가 하는 점이다. 조선의 도공을 끌고 간 일본은 근대화와 부국강병의 종자돈을 도자기에서 만들어 낼 만큼 떼돈을 벌었는데, 조선은 무엇을 했느냐는 것이다. 안타깝게도 다큐멘터리는 여기에 대해서는 한마디도 언급하지 않았다.

의문은 한번 생기면 꼬리에 꼬리를 문다. 세계 최초의 금속활자는 왜 또 한 푼도 벌지 못했는가? 그러면 다른 나라도 인쇄술로 한 푼도 벌지 못했나? 최초의 제련술 회취법은 또 어땠는가?

구텐베르크가 1445년 활자를 발명하자 서양에서는 성서(聖書)

가 일반인들에게 보급되기 시작했고, 책이 불티나게 팔려 나갔다. 천국에 간다는 이른바 면죄부도 구텐베르크의 활자로 인쇄됐다. 인쇄술 발명 첫 50년 만에 유럽에 인쇄소 250개가 생겨났고, 4만 종의 책이 출판됐다. 구텐베르크의 활자는 지식의 전파와 유통에 일대 혁명을 일으키면서 중세유럽이 근대로 이행하는 결정적 역할을 했다. 나아가 활자가 만들어 낸 인쇄업은 유럽에 새로운 산업을 일으켰다. 일본에서도 인쇄업은 엄청난 산업으로 발전했다. 17세기 일본에선 200개의 출판사가 성업중이었다. 1682년부터 등장한 이하라 사이가쿠(井原西鶴)의 『호색일대남』이라는 이른바 연작 포르노 소설이 유행한 덕분이 컸다. 18세기에 이르면 일본에선 한해 1,000종의 신간이 발간됐고, 100만부의 책이 인쇄됐다. 일본 전체의 문화적 깊이가 고양된 것은 물론이고, 이를 통해 제지와 인쇄업이 산업으로 발전했다. 고려는 세계 최초로 금속활자를 발명했고 조선은 갑인자 계미자 등 금속활자를 더욱 개량했지만, 이들 활자가 한 일이라곤 왕실과 사찰이 간행한 실록 등 공문과 서책, 불경 등의 출간이 전부였다. 주자소나 간경도감, 교서관 등이 있었지만 이는 국가가 인쇄와 출판을 독점하는 기관에 불과했다. 결국 조선시대 내내 책은 일반인들은 거의 접근을 할 수 없는 귀중한 보물이었다. 과거 시험을 치르기 위해 필히 읽어야 할 『대학』과 『중용』은 각 권이 논 두 세 마지지의 소출에 해당하는 쌀 21말에서 28말 가격에 해당했다.[82] 머슴이 1년을 고생해서 받은 품삯보다도 오히려 비쌌던 것이다. 조선의 활자는 국가와 양반 등 지배 체제 유지에만 이용됐을 뿐 일반 백성들의 삶과는 전혀 무관했고, 산업은 아예 꿈도 꾸지 못한 수단이었다.

회취법은 조선에서 임금 연산군 앞에서 시연한 지 불과 30년만인 1533년에 일본으로 건너갔다. 일본 기록에는 종단과 계수라는 두 사람이 초빙돼서 회취법을 가르쳤다고 기록돼 있다. 이보다 앞서 조선 실록에는 전주의 판관 유서종이 왜인에게 사사로이 방법을 전수한 혐의로 파직됐다는 기록이 나온다. 일본과 한국의 사료를 종합해 보면 두 사람은 조선인임에 틀림없다. 일본은 이 신기술을 통해 7년 전 발견한 이와미 은광을 볼리비아의 포토시(Potosi)은광을 제치고 세계 1위의 생산광으로 올려 놓는다. 회취법은 순식간에 다른 광산으로 전파됐고, 일본에는 이른바 실버 러시(siver rush)가 일어났다. 17세기 에도시대 초에는 연간 생산량이 150톤으로 전 세계 은 생산량의 1/3에 달했다.[83] 은(銀)은 당시 세계의 통용화폐로, 가장 유효한 무역 결제 수단이었다. 오다 노부나가는 은으로 철포 500정을 구입해 전국시대 통일의 기반을 닦았고, 그 뒤를 이은 도요토미 히데요시는 아예 이와미 광산을 헌납 받아 여기서 생

82 강명관, 조선시대 지식과 책의 역사, 천년의 상상, 2014, p.121

83 릿쇼대(立正大) 무라이쇼스케, 이와미 은산과 세계사의 성립, 2007, 조선일보에서 재인

산한 은으로 철포와 군선을 구입했다.[84] 그리고 700척이 넘는 군선을 대한 해협 너머로 보냈다. 임진왜란이다. 조선에서 나간 기술이 조선을 거덜낸 것이다.

임진왜란은 서양에서 '도자기 전쟁'이라고 부를 만큼 세계 산업의 지도를 크게 바꿔놓은 사건이다. 당시 일본으로 끌려간 조선 도공만 최소 200명에서 많게는 천 명 이상으로 추정된다. 조선 도공들은 크게 세 갈래로 끌려갔다. 임진왜란에 번주(藩主)들이 직접 참전했던 일본 남서쪽의 사가번과 사쓰마번 그리고 조슈번이 앞다투어 납치해 갔다. 조선 도공들은 이들 세 개 번(藩)을 중심으로 뿌리를 내리고 정착한다. 여기서 일본 최초의 도자기 생산이 시작됐다.

오늘날 일본의 3대 도자기 명작으로 일컬어지는 아리타 야키(사가번의 아리타 지방)와 사쓰마 야키, 그리고 하기 야키(萩燒)가 여기서 유래됐다. 일본 자기의 도조(陶祖)로 불리는 이삼평은 사가번의 아리타로, 이와 쌍벽을 이루는 심당길(일본 도예가 심수관의 입왜(入倭) 조상)은 사쓰마의 나에시로가와(苗代川)로, 그리고 하기 야키(萩燒)를 만든 이작광 등은 조슈로 끌려가 번도(藩都)였던 하기(萩)에 정착했다. 이들이 만든 도자기가 전 세계 시장을 석권한 것은 더 설명이 필요없다.

1867년 파리 만국박람회에 사가번과 사쓰마번이 자기를

84 조선일보, 2019.2.20

조선 도공들이 주로 끌려간 일본의 3개 번 지역과 오늘날 일본의 3대 도자기 명작들이 탄생한 지역이 정확히 일치한다.

출품했다. 사가번의 아리타 야키가 대상을 탔다. 어린아이 키만 한 초대형 규모와 화려한 채색자기에 유럽은 열광했다. 하지만 사가번은 겸손했다. 당시 세계 최대의 시장이던 유럽의 동향과 유럽인들의 취향을 파악하기 위해 독일 과학자 고트프리트 바그너를 자기 기술 고문으로 초빙한 것이다. 아리타 자기는 이어진 1873년의 빈 만국박람회에서도 또 대상을 수상했다. 유럽에 자포니즘(Japonism)이 불붙었다. 하지만 사가번은 또 한번 겸손의 미덕을 발휘한다. 당시 새로운 자기 기술을 시도하고 있던 독일로 도예가 3명을 파견해 유학시킨 것이다.[85]

85 조선일보, 박종인의 땅의 역사, 2019. 2.20

일본 도자기가 유럽에 퍼트린 자포니즘은 유럽의 문화계에 적잖은 충격을 줬다. 헤르만 헤세는 그의 소설 『데미안』에서 '키 작은 일본 멋쟁이'를 데미안과 동행시켰고, 고흐 등 19세기 유럽의 화가들은 일본의 전통 목판화 우끼요에(浮世繪)에 많은 영향을 받았다. 일본 자기가 벌어들인 돈을 계산해 보면 입이 떡 벌어진다.

처음 일본에 끌려간 도공들은 좋은 흙을 구하지 못해 저급한 막사발만 만들었다. 그래도 도자기 생산국이 된 것에 일본인들은 열광했다. 그러던 중 사쓰마번에 끌려간 박평의가 아들 박정용과 함께 1614년 이부스키 해안가와 기리시마 산중에서 백토를 발견했고, 이삼평은 1616년에 아리타의 이미즈야마(泉山)에서 이보다 훨씬 질 좋은 순백의 백토를 발견했다. 사쓰마 야키가 황토 빛이 감도는 유백색의 은은한 백자인데 반해, 아리타 야키는 순백색의 하얀 우윳빛을 띄는 것은 이처럼 생산지 백토의 차이에서 비롯됐다.

자기가 본격 생산되면서 조선 출신 도공들은 대부분 무사(武士)신분을 부여 받는다. 조선에서는 이름도 없던 천민들이 일본에서는 말하자면 '양반'이 된 것이다. 1644년에는 아리타의 도공이 나가사키에서 붉은 염료법 아카에(赤繪)를 배운다. 사쓰마의 도공들은 교토까지 가서 금박 기술인 금수기법을 배워왔다. 번주들의 적극 지원이 있었음은 물론이다. 조선에서 천민 취급을 받으며 억눌렸던 도공들은 이런 지원에 힘입어 예술의 기예를 마음껏 발휘한다. 푸른 염료 계통 일색이었던 중국의 청화백자를 뛰어넘어 화려한 채색의 온갖 도자기 상품들을 만들어 냈고, 이는 네덜란드 동인도 회사를 통해 전 유럽으로 퍼져 나가 세계시장을 석권했다.

아리타 인근의 이마리 항구를 통해 수출된 도자기는 1650년 첫해 145개였고, 1659년에는 5만여 점으로 늘었다. 이후 70년 동안 매해 10만 점씩 700만 개의 도자기가 이마리 항구를 통해 유럽으로 수출됐다. 일본 자기가 유럽에서 이마리 야

12대 심수관이 1893년 시카고 만국박람회에 출품한 높이 77㎝ 의 도자기. 그는 1873년 빈 박람회때는높이 1.55m의 대화병 한 쌍을 내놓았다. 이제껏 본 적이 없던 화려한 채색의 초대형 자기에 세계는 열광한다. 일본 도쿄국립박물관에서 소장하고 있다.

키로 알려진 이유다.[86] 일본의 관문이라고 하지만 서쪽 끝 변방에 불과했던 사가번은 이렇게 해서 250개 일본의 번 중에 최고 부자 대열에 올랐다. 중국이 앞서 4백여 년 간 유럽에 도자기를 팔아 벌어들인 돈을 일본은 불과 200여 년 만에 그만큼 벌었다. 중국은 도자기를 팔아 번 돈으로 만리장성을 보수하는데 거의 다 써 버렸지만, 일본은 대포와 군함을 사는데 썼다. 일본은 우리의 기술을 가져다 세계시장을 석권하고 그 돈으로 근대화의 초석을 쌓았는데, 그 원조인 우리는 대체 무엇을 했는가를 생각하면 한탄을 금할 수 없다. 여기에 중요한 사실이 하나 더 있다. 혹시라도 임진왜란 때 도공들이 일본으로 다 끌려가서 그렇게 된 것이 아닌가 하는 생각이 들 수 있지만 전혀 사실이 아니다. 일본으로 끌려간 도공들은 모두 고향을 분명하게 밝히고 있는데, 이들은 모두 남원과 김해 울산 공주 등 삼남지방의 도공들이지 조선시대 관요(官窯)가 있었던 경기도 광주에서 끌려간 당대 최고의 명장들은 한 명도 없었다. 즉, 일본을 세계 최고의 도자기 왕국으로 만든 이들은 조선에서는 그다지 촉망받지 못했던 지방 가마의 도공들이었을 뿐이다.[87]

사가번은 1850년 근대식 용광로인 반사로(反射爐) 제작에 들어간다. 연료의 열을 천장으로 반사시켜 반대편 철을 녹이는

86 유홍준, 나의 문화유산 답사기 일본편 1. 2013, 창비, p.130

87 유홍준, 나의 문화유산 답사기 일본편 1. 2013, 창비, p.122

용광로다. 연료 찌꺼기에 오염되지 않은 고품질의 철을 얻을 수 있는 첨단기술로 무기 제작에 필수적 기술이었다. 설계는 네덜란드 장교가 했지만, 시공에는 아리타의 자기 가마 기술이 이용됐다. 1852년 반사로가 완공되고 사가번은 철제 대포를 대량 생산하기 시작했다. 대포는 사가번 인근의 나가사키항에 설치됐고, 중앙정부인 에도막부는 대포 50문을 사가번에 주문했다. 사가번은 그해 이화학연구소인 정련방(精煉方)도 세웠다. 증기기관과 사진, 유리, 화약과 전신기 같은 당시 최첨단 물품들을 연구하는 곳이다. 1853년 페리제독의 흑선이 에도 앞바다에서 포격을 하고 돌아가자, 각 번에서는 반사로 제작 붐이 일었다. 이웃한 사쓰마번도 반사로 제작에 돌입했다. 사쓰마번은 1854년에 대포 16문이 달린 370톤짜리 군함을 완공해 막부에 헌납했다. 앞서 1851년에 근대식 공업단지라고 할 수 있는 집성관(集成館)을 설치한 덕분이다. 하지만 사쓰마번의 반사로 완성에는 시간이 걸렸다. 1857년에야 간신히 반사로를 완공할 수 있었는데, 역시 사쓰마 도자기 가마의 내열기술을 응용하고서야 완성했다. 집성관에서는 방직부터 조선, 대포 제작 그리고 사진과 유리까지 만들었다. 그 사이 사가번도 네덜란드에 군함을 주문하고, 일본제 증기선도 만들었다. 일본의 변방 규슈의 두 번(藩)이 번갈아 군함과 증기선을 만들며 앞다투어 근대 공업화로 달려나간 것이다. 그 배경에는 도자기를 팔아 번 막대한 자금과 도자기 가마의 기술이 있었다.

1867년 파리 박람회가 종료되고, 11월 29일 박람회 대표단의 통역 고이데 센노스케(小出千之助)가 보낸 편지가 아리타 사(有田町 史)에 실려 있다. '귀국편 화물은 철포(鐵砲)를 본체로 하고 나사 등 여기에서 따로 구입한 물품을 더해서 다음달 나카사키로 가는 배에 싣고 갈 예정입니다.' 아리타 사를 쓴 미야타 고타로(宮田幸太郎)는 '막부의 마지막 15년간 아리타 도자기 무역 자료는 하나도 남아있지 않다'고 했다. 왜 그럴까? 일부러 인멸했다는 것이 후세의 분석이다. 유럽에 도자기를 팔아 번 돈을 군수산업에 모두 투입한 사실을 숨기기 위해서였던 것이다.

과학기술은 조선에 무엇이었나?

15세기 세계 최고의 과학 문명 국가 조선은 불과 1세기 만에 나라가 거덜날 정도가 됐다. 1582년, 임진왜란이 터지기 꼭 10년 전이다. 이조판서가 된 율곡 이이는 '200년 저축을 한 나라가 2년도 못 버틸 지경'이라고 상소를 올린다. 상소에서 그는 '이건 나라가 아니다'(國非基國)라고 일갈했다. 1년 후 병조판서가 된 이이는 다시 '1년도 못 버틴다'고 했다. 10만 양병설을 촉구한 상소에서다. 그리고 1년 후, 이이는 숨졌다.

그리고 8년 후, 부산에 왜군이 상륙한 지 20여 일 만에 수도가 유린되고 다시 두 달여 만에 평양마저 함락되자 임금은 나라를 버리고 압록강을 건너겠다고 고집하는 사실상 망국 직전까지 갔다. 이이가 말했던 일 년이 아니라 4 개월도 못 버틸 뻔했다. 15세기엔 첨단 과학기술이라곤 하나도 없었던 나라, 조선이 내내 후진 비문명국이라고 깔보던 일본에게 조선은 철저하게 유린 당했다. 전쟁 이후, 두 당사자 중 한 나라는 당대의 최선진국으로 달려갔고, 다른 한 나라는 퇴행만을 거듭했다. 왜 그랬을까?

15세기 과학문명의 결정체로 평가된 '칠정산 역법'이 200여 년 만에 효용이 없어지고 결국 망실됐다는 얘기는 앞서 간략히 살펴봤다. 중국이 알까 봐 감추고 숨기다가 결국은 아무도 모르게 됐다는 것이다. 이런 식의 어이없는 얘기는 조선시대 내내 반복된다. 당대 최고의 과학자들을 양성하고 후원했던 우리 민족 최고의 성군 세종은 이순지와 김담이 칠정산 외편을 완성한 1442년 바로 그해, 경회루 옆에 있던 천문대를 궐 북쪽으로 옮기게 했다. 다음해 윤 1월 14일자 세종실록에 그 이유가 나온다. "중국 사신이 보지 못하게 하려 한다"는 것이다.

이보다 앞서 세종이 한글창제와 과학기술에 한창 몰두하던 시절로 잠깐 돌아가 보자. 1434년에는 물시계 자격루와 해시계 앙부일구가 개발됐는데, 3년 후에는 일성정시의(日星定時儀)라는 보다 발전된 시계도 만들었다. 낮에는 해를, 밤에는 별을 관측해 시각을 정하는 천문시계다. 자격루는 너무 거대하고 복잡한데다 앙부일구는 밤에는 무용지물이라서 이를 보완

복원된 일성정시의(군사용). 해와 별을 관측해 시간을 측정하는 천문시계다

한 것이다. 고정식은 궁궐에 설치하고 이동식은 서운관과 함길도, 평안도에 배치해 국방에 이용토록 했다. 이동에 편리하도록 작은 규모의 군사용 일성정시의도 만들었을 정도였다. 1441년에는 자격루를 개량해 옥루(玉漏)라는 물시계를 새로 만들기도 했다. 임금의 침전인 경복궁 강녕전 옆에 흠경각을 지어 여기 설치했는데 정확성도 뛰어났지만, 매 시각 귀신과 옥녀 무사 십이지신이 사계절 동서남북으로 산속과 기화요초 사이를 들락거리며 시간을 눈과 귀로 알려주는 첨단의 시계였다.[88] 그러나 첨단 기계들은 채 반세기를 넘기지 못한다. 1505

88 조선일보, 2019. 3.1. 일자

년 11월 24일 연산군은 물시계를 창덕궁으로 옮기고 관천대를 뜯어 버렸다. 연산군은 워낙에 혼군(昏君)이니 그러려니 싶기도 하지만, 칠정산 역법을 쓰지 말라고 명한 선조와 또 광해군이 전란 후 애써 복원한 흠경각을 '폭군이 만든 것'이라며 기어코 때려 부순 효종은 또 어떠한가? 이렇게 해서 세종대 15세기에 만들어진 찬란한 과학기술들은 불과 100여 년 만에 흔적도 없이 사라져 버렸다.

회취법 시연에 참가했던 연산군은 3년 뒤 폭정으로 쫓겨났고, 다음 임금 중종 대에 결국 세계 최고의 제련법은 일본으로 건너갔다. 조선이 금하니 일본으로 건너간 것이다. 일본은 회취법이 만들어 준 은(銀)으로 유럽이 문을 연 대항해 시대의 결실을 수확했고, 철포(뎃뽀)를 사고 만들어서 전국시대를 통일하고 조선까지 쳐들어 왔다.

일본은 기를 쓰고 받아들인 회취법을 조선은 왜 금했을까? 답은 이보다 앞선 세종실록에 나와 있다. 1429년, 세종 11년 윤 8월 18일이다. 임금은 왕세자와 백관을 거느리고 나와 중국으로 떠나는 사신에게 표.전문(表.箋文)[89]을 전했다. 중국 황제를 어버이로, 자신을 신하로 칭하는 글의 주 내용은 금, 은세공(歲貢)의 면제를 주청(奏請)하는 내용이었다. "우리나라는 땅

89 표문(表文)은 길흉사나 각종 요청 등을 황제에게 올리는 글이고, 전문 (箋文)은 황후 태자에게도 올리는 글이다.

이 좁고 척박해서 금과 은이 생산되지 않음은 온 천하가 다 아나이다…" 그해 연말 북경으로 갔던 사신들은 희소식을 가져왔다. 금과 은의 조공을 면제받은 것이다. 세종은 기뻐하며 바로 전국에 금광과 은광의 폐쇄를 명했다. 가혹한 조공 요구의 화근을 아예 없애 버리려 한 것이다. 조선 경국대전에는 '금과 은을 중국에 몰래 파는 자는 교수형'이라고 규정했다.[90] 130년 후 선조는 한 술 더 뜬다. 당시 조선 최대 은광이던 단천은광을 채굴한 자는 전 가족을 국경으로 추방하고 감사는 파직하라고 명했다(1600년 윤 4월 24일, 선조실록). 1706년 숙종 때 만든 '전록통고'에는 '금과 은을 국경도시 의주에 숨겨둔 자를 신고하면 면포 50필 혹은 면천(免賤)을 포상한다'고 규정돼 있다. 노비가 양인이 될 수 있는, 신분 해방의 어마어마한 포상이다. 18세기에 영조는(1740년 윤 11월 20일, 영조실록) 새 은광이 발견됐다는 보고에 개발을 금한다는 명을 내렸고, 19세기 헌종도 채굴금지 정책을 이어갔다. (1836년 윤 5월 25일 헌종실록) 그날 헌종실록의 내용이다. '금과 은의 채굴금지는 농사철에 방해가 되고, 백성이 이익을 다투게 되어 행한 조치다'라는 설명이다.[91] 이렇게 금, 은 채굴금지 정책은 조선시대 전체를 관통하며 이어져 내려갔다. 중국에 들키면 안된다는 명분론과 사대주의,

90 조선일보, 2019. 3.1.일자

91 조선일보 2019. 3. 1.에서 재인용

농업에 방해가 된다는 이유가 나라의 산업을 일으킬 수 있는 자원과 기술을 완전히 매장해 버린 것이다. 그러면 이렇게 400년 이상 개발이 유보됐던 소중한 자원은 나중에 어떻게 됐을까?

1888년 25살의 나이로 조선에 와서 무려 39년 동안이나 조선에 살았던 제임스 S. 게일(1863~1937)이란 선교사가 있다. 부산과 원산 서울 평양 등에서 살았고, 조선 전역을 무려 25번이나 여행한 사람이다. 최초의 한영사전 편찬에 참여했고, 존 번연(John Bunyan; 1628-1688)의 『The Pilgrim's Progress』를 『천로역정(天路歷程)』으로 번역해 최초로 조선에 소개했다. 마태복음과 에베소서 등 성경의 상당량을 번역하는가 하면, 춘향전과 구운몽 등을 영어로 번역해 최초로 서양에 소개하기도 했다. 조선인보다 조선을 더 잘았고, 사서삼경도 통달한 구한말 조선의 수많은 외국인들 가운데 한국을 가장 깊게 이해하고 사랑했던 선교사다. 그가 조선에 온 지 10년만인 1898년에 써서 미국과 영국 캐나다 등에서 출판한 『Korean Sketches』란 책에 이런 대목이 나온다. '조선의 광업은 상상할 수 있는 가장 원시적인 단계에 머물렀는데, 그들은 금을 오로지 흙에서만 채취하고 있었다. 모든 산은 신성하기 때문에 그것을 파헤치거나 하는 시도는 아예 하지도 않았다.' 게일이 평안북도 국경지대인 후창지역을 지나면서 사금을 채취하는 사람들을 만나, 이들의 사금채취 시연을 본 후 사진까지 찍은 후 기록한 대목이다.[92] 이렇게 낙후된 광업은 망국으로 치닫는 지배층에겐 오히려 유효한 돈벌이 수단이 됐다. 구한말 왕실과 척족, 외척들은 앞다투어 제국주의 광산업자들에게 채굴권을 내주고 국부를 팔아먹은 것이다. 19세기 말 '조선 방방곡곡에 있는 광산은 제국주의 양허업자의 행복한 사냥터(Happy hunting ground of the concessionists)'가 됐을 뿐이다. (H. 위햄 '만주와 조선, 1904, F. 해링턴, 신.재물신과 일본, 1941)[93]

유럽에 자포니즘(Japonism) 열풍을 일으키고, 일본이 근대화를 넘어 제국주의 강대국이 되도록 종잣돈을 만들어 준 도자기는 조선에서는 어떤 길을 걸었을까?

임진왜란이 끝나고 광해군은 수입산 원료를 써야 하는 값비싼 청화백자 제조를 금하고 대신 철분이 든 석간주 유약을 쓰도록 해서 철화백자를 만들도록 한다. 인조 대엔 아예 2년간 백자생산을 금지하기도 했다(1637년 윤 4월 18일, 승정원 일기). 이삼평이 일본 아리타 이즈미야마(泉山)에서 백토를 발견한 일본의 도자기 원년 1616년보다 무려 21년 후에 도자기의 모국에서 벌어진 일이다. 숙종대가 되면 부산의 초량왜관에는 대마도의 자금으로 설립한 부산요(窯)가 운영된다. 사가번과 사쓰마 조

92 제임스 S. 게일 (최재형 역), 조선, 그 마지막 10년의 기록, Korean Sketches, 책비, 2011, p.181

93 조선일보, 2019. 3.1. 같은 글에서 재인

슈의 번주들이 조선 출신 도공들을 보호하기 위해 이들에게만 백토를 채굴할 수 있는 자기생산의 독점권을 주자, 일인 도공들이 대마도주를 설득해 아예 도자기의 원산국 조선에서 도자기를 생산해 일본으로 가져가는, 말하자면 해외에서 원료를 조달해 현지생산하는 해외공장을 설립한 것이다. 대마도주로선 일거양득이었다. 동래부는 일인들의 부산요에 해마다 백토와 땔감을 공급해 주고, 조선도공도 파견했다. 1681년 공급한 백토는 500섬(171t)이었고, 1707년에는 조선 도공 5명을 순차적으로 부산요에 상주시키기도 했다.[94] 그 시절에 경기도 광주 등 조선의 관요, 즉 도자기 굽는 분원에서는 39명이 굶어 죽었다는 기록이 나온다.(1697년 윤 3월 6일, 승정원 일기) 도공들이 굶어죽은 숙종대와 이후 영조를 거쳐 정조에 이르는 시기는 양대 전쟁, 왜란과 호란이 모두 끝나고 사회가 다시 안정을 찾아가던 이른바 '태평성대'였다. 대동법도 시행돼 백성들의 삶도 이전보다는 확실히 나아지고 있던 시기였다. 그런데 당대 세계의 최첨단 산업인 도자기 장인들은 왜 조선에서 굶어 죽었을까?

숙종의 아들 영조는 형 경종을 독살하고 왕위에 올랐다는 공격에 시달린다. 음모론일 수도 있으나, 당시에 광범위하게 퍼져 있었던 주장이다. 특히 경종을 지지하다가 영조의 즉위

94 권상인,왜관요에 관한 소고, 왜인구청등록, 2016
조국경,조선후기 왜관내 부산요에서 활동했던 양산도공과 그 역할, 관매일기, 2016
조선일보(2019.3.1.) 같은 글에서 재인

로 권력에서 밀려난 남인들은 이 주장을 철석같이 믿었다. 이인좌의 난 등 영조 치세에서 무려 150건이 넘는 역모와 벽서 사건 등은 모두 영조의 왕권 찬탈을 기정사실화하고 비방하는 것이었다. 영조는 왕권을 유지하기 위해 당파를 노론 일색으로 유지했고, 이 과정에서 소론이나 남인들과 교유하던 아들 사도세자를 뒤주에 가둬 죽이는 일까지 벌어졌다. 영조는 취약한 왕권을 도덕적 명분으로 보강하고자 했다. 왕실이 몸소 사치와 낭비를 줄이고 근검절약을 보이며, 왕은 신하들과 경연에 힘쓰는 등 도덕정치를 실천하는 것이다. 영조는 그래서 사치를 금하고 금주령을 내렸다. 고급 자기는 일체의 사용을 중단시켰고, 금주령은 재위기간 내내 실시했다. 영조의 뒤를 이은 정조는 도자기를 굽던 관요에 특별 명령을 내렸다. 기교가 뛰어난 자기들이(奇巧制樣) 제작되자 '쓸데없이 긴요하지 않는 것은 일체 만들지 말도록 엄금하라(屬於無用不緊者一體嚴禁)'고 한 것이다. (1795년 음 8월 6일, 정조실록)[95]

도자기의 최대 수요처인 왕실과 조정이 주문을 대폭 줄이고, 그마저도 값나갈 상품은 일절 금하고 그저 값싼 막사발이나 만들어야 하니 도공들이 굶어 죽는 것은 당연할 수밖에 없었던 것이다. 포로가 돼서 일본으로 끌려간 시골의 도공들은 모두 무사(武士)신분을 부여받고 노비까지 하사받으며 일본의

95 조선일보, 2019. 3.1

'대접받는 양반'이 됐는데, 모국에 남은 도예의 명인들은 여전히 천민으로 살다 굶어 죽기에 이른 것이다. 결국 조슈번의 하기(萩)로 끌려간 이작광은 조선으로 돌아와 동생 이경을 일본으로 데려간다.[96] 사쓰마에 끌려갔던 도공 존계도 조선에 와서 도공들을 일본으로 더 데려갔다.[97] 이제는 전쟁 포로로 끌려간 것이 아니라, 제 발로 일본으로 찾아간 것이다. 조선전기만 해도 고려청자의 뒤를 이어 분청사기라는 새로운 장르를 개척하고, 이어 백자를 만들며 도도히 이어지던 당대 최고의 기술은 조선후기에 몇몇 철화백자와 달항아리 등의 제작을 끝으로 사실상 세계 도자기의 주류 역사에서 퇴출되고 말았다. 남들은 이 기술로 세계의 부(富)를 끌어 모으고 근대화를 향해 달려갔지만, 우리는 땡전 한 푼 벌기는커녕 굶어 죽기만 하다가 기술마저 퇴보해 버린 것이다.

서양과 일본에서 과학기술은 중세를 탈출해 근대로 나아가는 기폭제였다. 고 일반 백성들의 지식수준과 삶을 바꾸고, 사회체제를 바꾸고 나아가 국가를 부강하게 만드는 원천이었다. 반면 조선에서 과학기술은 왕실과 조정, 양반 지배계급의 지식독점과 사치품을 위한 수단이었을 뿐 백성들의 삶을 바꾸거

96 노성환, 일본 하기의 조선도공에 관한 일고찰, 2009 (傳記, 이작광 4대손 작성), 조선일보 재인

97 우관호 등, 아가노다카도리 도자기 연구, 2,000. 조선일보 같은 글 재인

나 사회체제를 변혁시키거나 국가를 부강하게 만드는 데는 눈꼽만치도 기여하지 못했다. 기술을 발명한 곳은 그저 장식품으로 이용하다 말았고, 이를 전수받은 다른 쪽은 자신들의 운명을 바꾸는 지렛대로 이용했다.

만약 (역사에는 가정이 필요 없다지만) 조선이 활자를 이용해 한글 책을 대량으로 찍어내고 보급했다면, 회취법을 적극 활용해서 은광개발을 열심히 했더라면, 도자기를 상품으로 생각해 적극적으로 만들었더라면. 그 셋 중에 하나만 했더라도 우리는 나라를 빼기기는커녕 스스로 제국주의 열강의 일원이 됐을테고, 인류 역사도 지금과는 완전히 다른 판도가 됐을 것이다.

조선에서 과학기술이 무용지물이 된 데는 국가가 모든 기술을 통제하고 독점했다는데 그 원인이 있다. 앞서 인용한 책[98]에서 저자는 '금속활자는 국가기관인 주자소와 교서관에서만 제작할 수 있었다. 금속활자에 대한 모든 지식과 노하우, 기술은 국가 인쇄소 안에만 머물러 있어서 그 벽을 뚫거나 타고 넘어가 민간으로 전파되거나 공유되지 못했다… 금속활자로 어떤 책을 찍을 것인가는 오로지 왕과 관료들이 결정했다. 한마디로 말해 그들은 체제 유지를 위한 책만 찍어냈다. 국가가 독점한 금속활자와 금속활자 인쇄술은 오로지 극소수의 지배자-양반을 위한 것이었던 셈'이라고 설파한다. 저자는 결론적으로

98 강명관, 조선시대 지식과 책의 역사, 천년의 상상, 2014

'구텐베르크의 인쇄술은 지식독점을 해체하고 중세를 붕괴시키는 쪽으로 방향을 잡았지만, 조선의 금속활자는 중세의 질서를 고착화하는 방향으로 나아갔다'고 결론 내린다.

금속활자는 그렇게 조선 안의 지배계급 내에서 갇혀 버렸고, 바로 눈 앞에서 돈을 만들어 내는 회취법은 조정이 금하자 민간에 의해 바로 일본으로 넘어갔다. 도자기 기술도 처음엔 강제로 끌려갔지만 나중엔 스스로 일본으로 간 도공들을 통해 정수(精髓)까지 건너가 버렸다.

역사의 반복이 한번은 희극으로 또 한번은 비극으로 이뤄진다는 것은 우리에겐 참으로 비극적인 소극(笑劇)이다. 조선 후기와 일본의 에도시대를 비교연구한 박종인은 1543년에 주목한다. 서양에서는 코페르니쿠스가 지동설을 발표하고 조선에선 주자학의 상징인 서원이 처음 설립된 해다. 바로 그해 일본은 아시아의 역사를 뒤바꾼 뎃뽀(鐵砲) 두 자루를 포르투갈 상인으로부터 구했다. 일본 규슈 가고시마의 남쪽 작은 섬 다네가시마(種子島)의 15살 먹은 도주(島主) 도키다카는 한 자루는 위로 상납하고 한 자루는 대장장이 야이타 긴베(八板金兵衛)에게 보내 역설계를 명했다. 야이타는 자신의 외동딸 와카사(若狹)를 포르투갈인 프란치스코 제이모토에게 주면서까지 기어코 철포 제조술을 배우려고 달려 들었다. 와카사는 며칠을 울다가 제이모토에게 시집갔고, 당시 포르투갈 상관(商館)이 있던 인도네시아 암본까지 따라가 살다가 이듬해 돌아와 며칠 후 죽었다. 제이모토는 제조술의 마지막 열쇠였던 나사를 만드는 기술을 장인인 야이타에게 가르쳐 줬고, 일본은 결국 조총기술을 완성했다. 그로부터 5년 후인 1549년, 15살이던 오다 노부나가는 완전 국산화가 된 조총 500정을 구입했고 이를 바탕으로 26년 후인 1575년, 일본 전국시대의 판도를 뒤집는 나가시노 전투에서 조총병 3,000명을 투입해 결정적인 승리를 거둔다. 뒤를 이은 도요토미 히데요시도 조총부대를 앞세워 센고쿠시대(戰國時代)를 끝내고 임진왜란을 일으킨 것이다.

그런데 조선을 유린한 최첨단 무기 조총을 우리도 얼마든지 보유할 수 기회가 있었다. 야이타 긴베가 조총의 자체 제작에 성공한 후 불과 10년만인 1554년, 왜인 평장친(平長親)이 조총을 헌납했다는 기록이 실록에 나온다. (1554년 윤 5월 21일, 명종실록) 문제는 그 다음이다. '총통이 지극히 정교하고 제조한 화약도 맹렬하다'며 총통 제작을 건의한 신료들의 주청을 명종은 거부한다. 사간원에 이어 비변사 홍문관까지 철포의 제작을 청했지만 임금은 요지부동이었다.[99] 명종의 비답이다. "어진 장수가 있어 잘 조치한다면 적들이 멋대로 날뛰지는 못할 일이다" 세 정승까지 제작요청을 거들었지만, 명종은 끝까지 거부했다. 임진왜란이 일어나기 3년 전인 1589년에도 대마도 도주 평의지(平義智, 일본어 발음은 소요시토시로 일본표기도 宗義智이나 조선이 잘못 기

99 조선일보, 박종인의 땅의 역사, 2019.1.23

록했다. 당시 조선의 문서에는 도요토미 히데요시도 豐臣秀吉이 아니라 平秀吉로 기록돼 있다. 그만큼 상대측 정보에 깜깜했다)가 조총 수 삼 정을 헌상해 왔지만, 조정은 이를 창고인 군기시(軍器寺)에 보관했을 뿐이었다. 막상 임진왜란이 터지자 당시 조선 제일의 명장 신립은 '왜놈들 총알이 백발백중한다더냐?'고 큰소리를 치면서 천혜의 요새인 조령을 버리고 자신의 장기인 기마전을 펼친다며 탄금대에서 배수의 진을 쳤다. 하지만 장담과 달리 조선군 8천 명은 백발백중하는 조총에 맞고 사실상 전멸했다.[100] '적이 제 손으로 신무기를 거듭 받쳤음에도 알아보지 못했다'(류성룡, 서애선생 문집 16권 잡저, '記鳥銃製造事)는 유성룡의 뒤늦은 탄식이 안타까울 뿐이다. 서애 선생은 '매양 우리나라가 본래 훌륭한 기술을 가지고 있는데, 어찌 남에게 기대하겠는가(每以爲我國本有長技 何待於他耶)했다'고 한탄했다. 과학기술을 대하는 이런 자세가 국난을 초래하고 나라를 멸망시켰고, 백성의 피눈물을 뽑으며 이들을 죽음으로 내몬 것이다. 임진왜란이 일어나기 전, 나라의 대변혁, 경장(更張)을 주창하다 뜻을 이루지 못하고 사망한 율곡 이이가 요즘 말로 '이게 나라냐?'(國非其國 나라가 꼬라지가 아니다)고 일갈했던 외침이 한스러울 뿐이다.

---

100 4명만 살아 남았다고 전해진다.

조선이 건국 이후 임진왜란까지 꼬박 2백년 동안 온 국력을 기울여 애쓴 사업은 따로 있었다. 그것은 도덕정치 구현이나 요,순시대와 같은 이상국가 건설도 아니었다. 부국강병책은 더더욱 아니다. 민생을 돌보는 일도 거리가 멀다. 그것은 종계변무(宗系辨誣)였다. 전기 조선의 최대 국가과제였다. 고려 말 1390년(공양왕 2) 이성계와의 권력다툼에서 밀려난 윤이(尹彝)와 이초(李初)가 명나라로 도망가서 이성계를 모함하는 일이 벌어졌다. '이성계는 고려 말의 권신 이인임의 후손이고, 이성계가 옹립한 공양왕은 왕씨가 아니라 실은 이성계의 인척'이라는 것이다. 명은 이 내용을 홍무제 주원장의 '태조실록과' '대명회전'에 기록한다. 심지어 '이인임과 그의 아들 단(이성계를 가리킨다)이 고려 왕을 네 명이나 시해했다'는 기록까지 곁들였다. 조선은 건국 초인 태조 3년 1394년 4월에 이 사실을 알았다. 이인임은 고려 말 국정을 제멋대로 주무른 권신으로 이성계와는 대척점에 서 있던 정적이었다. 그런데 조선의 창업 군주를 그의 아들이라고 한 것은 물론 네 임금을 시해했다고까지 한 건 조선으로선 명백한 사실 오류를 넘어 참을 수 없는 모욕이기도 했다. 따라서 사실을 바로잡기 위해서라도 시정은 반드시 필요했다. 특히 왕통의 정당성 획득과 왕권확립을 통해 건국 초기의 혼란수습이 시급했던 집권세력에겐 한시가 급한 국정과제였다. 왕실종통을 바로 잡는 일, 종계변무(宗系辨誣)다. 하지만 명(明)은 오히려 이를 빌미로 조선을 복속시켜 길들이려고 했다. 조선으로선 국가의 정통성과 위신이 달린 절대적 과제였지만, 명은 이를 지렛대 삼아 조선을 억누르는 방편으로 삼고자 한 것이다. 조선은 200년 동안 무려 15차례나 종계 변무사를 보내며 기록을 고쳐달라고 간청을 했지만, 명은 그때마다 번번히 다른 핑계를 대거나 또는 아예 무시전략으로 대응했다. 결국 임진왜란 5년 전인 1587년에 이르러서야 간신히 기록이 정정됐고, 1589년 이를 받아든 선조는 감격해 눈물을 흘렸다. 그것도 정식 외교 경로만으로는 힘이 부쳐서, 갖가지 일화의 도움이 더해져서야 간신히 해결할 수 있었다. 일례로 1553년, 사신 일행이었던 김주(金澍, 1512~1563)가 연경의 객관에 머물 때 일이다. 불을 때는 허드레꾼 불목하니 청년의 공부를 지도하고 노자를 털어 격려해 주었는데 10년 후 다시 변무사가 돼 베이징을 찾아갔을 때 그 청년이 예부시랑이 돼 찾아와 조선 조정의 의견을 충분히 전달할 수 있었다고 한다. 김주가 당시 불목하니에게 조선 부채에 써서 선물로 주었다는 조병추달(操柄推達)의 전문 85자가 지금도 고스란히 전해져 온다.[101] 1574년에는 역관 홍순원

101 조병추달(操柄推達)은 자루를 쥐고 있다 때가되면 쓴다는 뜻이다. 김주가 부채에 써 준 글의 일부다.

이 연경에 가는 길에 기방에 들렀다가 몸값 3천 냥을 지불하고 구해준 류씨 처녀와의 인연이 배경이 돼 종계변무를 해결할 수 있었다는 것이 조선 외교사의 정설이다. 류씨 처녀는 나중에 외무장관 격인 예부상서 석성의 부인이 되었는데, 1584년 10년 만에 중국에 재입조한 홍순원을 남편과 함께 찾아와서 엄청난 예물로 은혜를 갚았다. 남편 석성은 자신이 몸소 나서 조선의 200년 묵은 외교숙원을 해결해 줬다고 한다. 임진왜란 때는 석성이 마침 병부상서가 돼 있어서 명나라 구원병 5만 명을 보내주는데도 결정적 기여를 했다.[102]

조선의 전기 2백년은 한마디로 강대국의 의도적인 횡포에 사실상 정신 줄을 놓고 살았다고 해도 과언이 아니다. 그렇잖아도 중국의 눈치를 보느라 천문대를 옮기고 금, 은광을 폐쇄하고 회취법을 숨겼다. 새 화포의 주조법과 화약 사용법을 집대성한 총통등록은 도절제사들만 몰래 보도록 했다. 군사기밀이기도 했지만, 중국에 들키지 않는 게 최우선이었다. 최고의 문화유산 한글을 만들어 놓고도 공식문서에는 쓰지 못했다. 독자적인 역법 칠정산도 사용금지 끝에 결국 망실되고 말았다. 임진왜란이 끝나자 선조는 명(明)에 감사의 글을 올린다. 再造藩邦 萬折必東 (재조번방 만절필동)이다. '번방을(속국, 조선을 일컬음) 다

102 통문관지, 성호사설, 열하일기, 청구야담, 이향견문록 등 조선시대 서책 곳곳에 있다. 홍순언은 이런 공로로 중인 신분 역관신분으로서는 꿈도 꿀 수 없는 광국공신에 책훈되고 당릉군에 봉해졌다.

시 만들어 주었으니(일본의 침략으로부터 구해서), 황하가 만 번을 굽이쳐도 동해로 흐르듯이 어떤 곡절이 있어도 은혜를 잊지 않겠다'는 뜻이다. 자주정신이 강했던 세종조차 중국에 보내는 국서에 중국 황제를 어버이로 묘사하고 자신을 스스로 신(臣)으로 낮춰 부른 시대였으니, 무슨 말을 하겠는가? 생존을 위해 택했던 외교적 용어 '사대'라는 말이 결국엔 조선의 정신세계를 지배하는 이념으로 신앙처럼 굳어진 시대였다. 그 말을 붙들고 산 시대였다. 최고의 과학기술이 무슨 소용이 있었겠는가?

그럼 조선 후기는 어땠는가? 만절필동을 쓰고 칠정산역법의 사용금지를 명했던 선조가 죽고 광해군이 뒤를 잇자, 조선은 잠시 중립외교를 펼치며 급변하는 국제정세에 능동적으로 대처한다. 하지만 그것은 폐모살제(廢母殺弟)라는 임금 자신의 치명적 약점으로 불과 15년 만에 끝난다. 인조반정의 그날, 필자의 눈을 사로잡은 한심스런 장면은 반군을 피해 달아나는 광해군이 내시의 등에 업혀 도망을 쳤다는 것이다. 광해군의 당시 나이가 47살이었으니, 당시로서는 노인 축에 속한다고 할 수 있을 것이다. 하지만 47살이라는 아직은 건장해야 할 중년의 사내가 목숨을 걸고 도망을 가야하는 절체절명의 순간에 내시의 등에 업혔다는 것은 쓴 웃음이 나오지 않을 수 없는 대목이다. 하긴 선조가 임진왜란 당시 몽진을 갈 때도 내시가 업고 갔다는 기록이 나온다. 당시 선조는 40살이었다. 조선의 왕들, 귀족인 양반들은 육체적으로 허약하기 짝이 없었다. 앞에서 잠시 소개했던 구한말의 선교사 제임스 S. 게일은 조선의 양반을 이렇게 묘사했다. '손은 비단 같았고, 손톱은 길게 자라 있었다. 항상 앉아만 있어서 그 뼈는 완전히 무너져 내릴듯 했고, 중년이 되기도 전에 연체동물 같은 상태가 되었다.'[103]

조선 후기, 이 땅의 정신세계를 지배했던 것은 성리학 이념이었고 다른 생각은 설 땅이 없었다. 일부에서 실학과 양명학을, 또 천주학과 동학을 거론했지만 모두 사문난적의 취급을 받았고 조금이라도 세력화의 기미가 보일라치면 가차없이 보복을 받았다. 성리학은 우주의 생성원리를 이(理)와 기(氣)로 풀이한 인식론의 철학이지만, 금나라에 중원을 뺏기고 남쪽으로 물러나야 했던 송나라 현실의 억울함을 중화와 오랑캐를 대비함으로써 중화제일주의(中華第一主義)로 풀어낸 일종의 정신승리 학문이다. 즉, 인정하기 싫은 현실세계를 형이상학으로 부정한 관념론이었다. 한마디로 현실도피의 학문이다. 오랑캐의 천박한 문화를 도덕과 학문을 숭상하는 수준 높은 중화문화로 교화해야 한다는 자부심이 가득했다.(뒤집어 보면, 현실에서의 힘의 열세를 정신세계에서나마 뒤집어 보려는 보상심리일 뿐이다.) 따라서 사람들이 먹고 살아가는 현실 문제에는 애당초 관심이 없었고, 도덕과 명분에 집착하는 공리공론이었다.

조선 후기는 금에 능욕을 당한 남송과 처지가 흡사했다. 오

103 제임스 게일 (최재형 역), 조선, 그 마지막 10년의 기록 1888~1897, 책비, 2018. p.237

랑캐인 왜와 여진족에 연이어 능욕을 당했지만 현실 세계에서는 날로 강성해지는 일본과 청나라에 원한을 갚을 방법이 없었다. 결국 주희처럼 정신승리를 택하는 것이 인지부조화(認知不調和)를 달랠 수 있는 유일한 방법이었다. 현실을 부정하고 정신승리로 위안을 삼은 것이다. 그것이 송시열과 그를 이은 노론들이 굳세게 지킨, 조선 후기를 관통한 지배이념이었다. 명(明)은 사라졌으나, 그 명의 적통을 이어간 유일한 나라가 조선이라는 이른바 소중화(小中華)의 허울을 붙들고, 3백년을 이어온 것이다. 청(淸)이라는 현실 세계를 부정하고, 사라진 명(明)을 정신 세계에서 지켜온 것이다. 선비들은 재조번방 만절필동을 바위에 새기고, 만동묘를 세워 제사 지냈다. 왕은 명나라 황제가 죽은 지 60년이 지났다며 눈물을 흘리다가 (1704년 음 1월 10일, 숙종실록), 청에 들키지 않기 위해 궁궐 깊숙이 대보단을 세워 중국인들도 한심하다고 비웃는 만력제의 제사를 지냈다. 제문은 '조선 국왕 신(臣) 이돈(李焞)...'으로 시작한다. (1704년 음 3월 19일, 숙종실록) 왕의 이름을 함부로 거론하지 않는 조선시대에서 현직 왕 이름이 실록에 등장하는 극히 이례적인 대목이다. 명과 조선의 군신관계를 특별하게 부각하기 위한 조처였다.[104] 대보단을 연구한 계승범은 이를 두고, '오랑캐 청나라 황제에게 조공을 바치고 왕 책봉을 받고 오랑캐의 역법을 받들면서 국내에서는

104 계승범, 정지된 시간 – 조선의 대보단과 근대의 문턱, 서강대학교 출판부, 2011

그 현실을 부정하는 기이한 정치체제'라고 평했다. 한마디로 지독한 위선이었다. 조선 후기, 가장 영명한 임금의 명성을 얻은 영조와 정조는 한 술 더 떴다. 영조는 제사 대상인 중국 황제를 세 명으로 늘리고, 신료들을 견제하기 위해 새벽에 대보단 판석에 꿇어 엎드려 농성을 했다. 정조는 대보단 제사에 참석하지 않은 대신과 신료들을 치죄했다. 실학자인 조선 후기 최고의 석학 정약용조차 대보단을 숭상하는 위선의 이념에 감염돼 있었다.[105] 조선 전체가 현실 세계를 부정하고 정신승리로 위안을 삼는 위선의 이념에 빠져 있었던 것이다.

조선이 중국으로부터 독립을 천명하고 국제사회로부터 인정받은 것은 (인정하고 싶지 않은 일이지만) 일본에 의해서다. 엄연한 역사적 사실이다. 1894년 조선의 거의 절반을 쑥대밭으로 만든 청.일 전쟁에서 일본은 승리를 거두고 청군을 조선에서 완전히 쫓아냈다. 청에 엄청난 배상금을 물리고 다시는 조선에 대한 간섭을 못하도록 한 것이 유명한 시모노세키 조약이다. 청의 이홍장과 일본의 이토 히로부미가 서명한 조약이다. 시모노세키 조약의 제 1조는 '청은 조선이 완전무결한 자주독립국임을 확인하며, 일본과 대등한 국가임을 인정한다.'는 것이다. 이에 따라 비로소 영은문이 헐리고 그 자리에 독립문이 들어섰다. 모화관은 독립관으로 이름을 바꿨다. 그리고 중국을

---

105 박종인, 땅의 역사, '황제은총에 조선이 살아 있으니' 조선일보 2018. 3.11

대체해 일본을 등에 업은 세력에 의해 독립협회가 창립됐다. 지금도 선명한 독립문의 한글 각자(刻字)가 이완용의 글씨인 이유다. 뒤집어 보면, 일본은 한반도를 자신의 세력권에 넣기 위해 일차적으로 중국으로부터 독립을 시킨 것이고, 이후 러시아 등에 밀려 10여년을 지체하다 완전히 먹어치운 것이다.

당시 조선의 생각을 제 3자인 선교사 게일의 시선으로 살펴보자.

> '독립에 대해서라면 조선은 사실 전혀 생각조차 품지 않고 있었으며, 조선이 중국을 바라보는 태도는 마치 자녀가 부모를 생각하는 것과 같았기에 이러한 관계를 끊는다는 것 자체가 아주 이상한 것이었다..... 사실 조선은 그들이 바라보는 세계의 영광스런 중심인 위대한 중국으로부터 공인받았다는 것을 아주 영광스럽게 느끼고 있던 터였다.'(제임스 S. 게일, 1898, 최재형 역, 2011, pp.252~253)

성리학의 세계에서 중화와 오랑캐의 이분법이 국제관계의 질서라면 국내의 사회적 질서의 기본 틀은 사농공상(士農工商)이었다. 이는 신분을 구별하고 사회적 가치의 본과 말(本末)을 결정짓는 기준이었다.

먼저 조선 전기의 어느 날을 보자. 중종 13년, 1518년 음력 5월 28일이다. 정광필 등이 각도 감사의 임기와 교수.훈도의 인재등용 등 일곱 가지에 대해 말한다. 그 중 네 번째다.

> "농사를 지으면 이(利)가 적고 장사를 하면 이가 많으니, 백성들이 농사를 버리고 장사를 하는 것은 막을 수가 없는 일입니다. 그러나 수령(守令) 된 사람들이 민사(民事)에 힘을 쓰되, 요역(徭役, 전세 공납 부역 등 조선전기의 부세제도-필자 주)을 견감(일부를 면제시켜 줌-필자 주)하고 농상(農桑)을 권면해서 백성들의 생업(生業)이 넉넉하게 된다면, 상업(商業)을 추구하던 자들도 장차 농사를 짓게 될 것입니다. 시장을 열어서 서로가 필요한 물품을 교역하여 백성들에게 도움되는 바가 또한 많으므로 흉년이 들 때는 이를 막을 수가 없는 것입니다. 그러나 장사아치들이 이를 빙자해서 이익을 거두어들이게 되니, 게으른 백성들은 다투어 그 일을 하게 됩니다. 그러므로 이 또한 도둑질하는 근본이 되는 것이니 마땅히 금해야 합니다."

농업과 상업에 대한 분석과 대처 방안이다. 분석은 정확한데 대처 방안이 놀랍다. 상업이 농업보다 이익이 많아서 백성들이 모두 상업에 종사하게 될 터이니, 이를 금해야 한다는 것이다. 상업은 도둑질하는 근본이라는 단정도 있다. 우선, 5백년 전 이 땅의 모습이 어쩌면 오늘날 북한의 상황과 하나도 다르지 않은지 아연실색할 정도다. 도저히 먹고살기가 어려운 인민들이 장마당으로 몰려나가자, 이를 단속하려 드는 북한당국과 5백년 전 조선관리들의 인식이 하등 차이가 없다. 실록은 이를 무본억말(務本抑末)이라고 했다. '근본에 힘쓰고 말단을 억누른다'는, 즉 농업에 힘쓰고 상업을 억누른다는 뜻이다. 전기(前期)조선의 중종실록에 기록된 이 말은 후기(後期)까지 조선을 관통한다. 1783년 정조 7년, 1월 1일이다. 정월 초하루이니 만큼 정조는 역대 왕과 왕비의 어진을 모신 선원전에 나가 제사(작헌례)를 지내고, 이어 창덕궁의 정전인 인정전으로 나가 신하들의 하례를 받는다. 이어 지방관들(도백, 유수, 수령)에게 전교를 내린다. "務本抑末 興利除害(무본억말 흥리제해)"다. 즉 '농사에 힘쓰고 상업을 억눌러, 이익된 일을 일으키고 해되는 일은 제거하라'는 것이다. 조선시대 내내 상업은 철저히 억눌려진 산업이었다. 공업 역시 말할 것도 없다. 도자기가 어찌 되었는가는 앞에서 낱낱이 살폈으니 하나만 더 예를 들어보자.

1796년, 그러니까 정조가 급서하기 4년 전이다. 수원 화성이 완공되고 신하들이 기록을 남기자고 청했다. 화성은 당초 10년을 공기로 잡고 착공한 대역사였다. 그런데 놀랍게도 착공 32개월 만에 완공할 수 있었다. 정약용이 서양의 역학도서인 기기도설(奇器圖說)을 참고하여 제작한 거중기가 있어서 가능했다. (정조가 도르래의 원리를 적은 기기도설을 직접 정약용에게 건네며 만들어 보라고 했다 한다.) 건설의 모든 과정과 여기에 사용된 기기들은 '화성성역의궤(華城城役 儀軌, 보물 1901호)'에 자세히 기록돼 있다. 이 기록을 통해 거중기를 복원할 수도 있었다. 조선 기록 문화의 우수성을 보여주는 유산이다. 그런데 이를 왕의 문집인 홍재전서(弘齋全書)에 싣고자 하자 정조는 끝내 허락하지 않는다. "공예의 말단에 불과하니, 어찌 후세에 남겨줄 만한 것이겠는가?"(此不過工藝之末)가 정조의 답변이다.[106] (물론 거중기는 성을 쌓는 데보다는 무거운 돌을 수레에 싣는 것에 주로 이용됐고, 성벽 축조는 전통의 수작업으로 이뤄졌을 것이라는 반론이 있다. 왜냐면 크고 무거운 돌은 주로 성벽의 기단부에만 있고 위로 올라가면 작은 돌과 벽돌이 주로 쓰였기 때문이다. 따라서 공기를 절반 이하로 단축한 데는 인부들의 노임을 적절히 책정해 준, 당시로서는 획기적인 자본주의식 임금지급 때문이었다는 학설이 있다.) 반론을 들어보면 정조의 인식에 이해가 갈 수도 있다. 공예의 말단에 불과한 것을 뭘 그리 대단하다고 성스러운 임금의 책에 싣느냐는 것이다. 하지만 그 인식자체가 문제다. 일본으로 끌려간 도공들은 자신이 만든 도자기에 자신의 이름과 자신의 요(窯)문장을 넣었지만, 한국의 수많은 도공들은 이름은커녕 남모르는 표식조차 남긴 사람이 거의 없다. 그랬다간 굶어죽기 전에 목이 잘려 죽었을지도 모를 일이었다. 끌려간 도공들은 양반(무사)이 돼서 존중받으며 세계의 부를 끌어 모았지만, 남은 사람들은 천민으로 살다가 굶어 죽었다. 조선을 내내 관통한 사농공상의 질서, 무본억말(務本抑末)이 어떻게 두 나라를 갈라놓았는지 모골이 송연하게 보여주는 대목이다.

조선이 상업을 억제하며 무본억말에 힘쓰고 있을 때, 일본

106 박종인, 땅의 역사, 조선일보 2019. 3. 20에서 재인

에는 이시다 바이간(石田梅岩, 1685.10.12 ~ 1744.10.29)이라는 인물이 등장한다. 우리의 숙종, 영조대 인물이다. 그 시기 일본은 체제적으론 에도막부와 각 번(藩의) 다이묘(大名)들이 지배하는 봉건시대였지만, 화폐가 통용되고 상업이 흥성해 시장이 번성하는 자본주의 맹아가 싹트는 시기였다. 포르투갈과 네덜란드 상인들의 도래가 미친 영향도 있었지만 보다 근본적으로는 에도막부가 봉건영주인 다이묘들을 통제하기 위해 벌인 천하보청(天下普請)과 참근교대(參勤交代)제가 일으킨 영향이 컸다.[107]

상인들이 부를 축적하며 사회의 주도세력으로 성장하자 일본 사회는 급격한 변화에 빠진다. 일본 역시 종래의 사농공상 관념에 기반한 신분질서가 공고했는데, 가장 하층민인 상인들이 부를 거머쥐며 사실상 사회의 주도세력이 되자 심각한 모순에 빠지게 된 것이다. 상인이 아닌 다른 계층은 시기와 질투를 느꼈고 상인들은 기존질서를 타파할 욕구를 느꼈다. 이같은 사회적 변화에 따른 시대적 요구에 부응한 인물이 이시다 바이간이다. 그는 상인의 지위와 역할에 대해 새로운 가치를 부여한다.

먼저 '상업은 세상을 이롭게 하는 일'이라고 했다. '상인의

107 천하보청(天下普請)은 봉건영주들이 에도막부에 축성과 도로 교량 건설 등의 노동력을 제공함으로써 사회기반 시설을 만든 것이다. 이로써 바닷가 황무지에 불과했던 에도는 불과 수십년 만에 인구 백 만이 사는 당대 세계 최대이자 최고의 계획도시가 된다. 참근교대제(參勤交代制)는 지방영주들을 격년으로 에도에서 살게 하는 일종의 볼모제도로 수 만의 다이묘 일행이 매년 에도를 오가게 함으로써 에도가 거대한 시장이 되고 일본 전역이 여행과 숙박, 상업이 일어나는 효과를 일으켰다.

이윤은 무사의 녹봉과 같다'고 했다. '무사가 충(忠)으로 주군을 섬기듯, 상인은 성(誠)으로 고객을 섬긴다'고 했다. '상인이 이익을 취하는 것은 천하로부터 인정된 녹봉'이라는 말도 했다. 사농공상의 신분질서가 엄연한 시대에 가히 혁명적 발상의 말을 꺼낸 것이다.

그는 자신의 사상을 정리해 석문심학(石文心學)이라고 했다. 자신의 집에 강담소를 열어 남녀노소 누구나 무료로 들을 수 있게 했다. 20년 넘게 상업에 종사하며 현장경험을 통해 얻은 산 지식은 상인들의 열렬한 지지를 받으며 빠르게 퍼져 나갔다. 이제껏 천대받던 상인들은 자신의 생업에 대해 긍지를 가

이시다 바이간(石田梅岩, 1685~1744) 에도시대의 사상가로 '상인의 도'를 만들어 가르친 석문심학의 창안자다. 사농공상의 신분질서가 엄격하던 신분사회에서 혁명적 사상을 만들어 냈다.

질 수 있었고, 돈을 버는 것을 부끄러워하지 않을 수 있었다. 그가 유학자와 나눈 대화록 도비문답(都鄙問答)은 에도시대 '상인들의 바이블'이 됐다. 도비문답의 몇 구절을 그대로 옮겨 본다.

유학자 : 상인들은 탐욕스럽고 사사로운 욕망〔私慾〕으로 행동한다. 그런 자들에게 욕심을 버리라고 하는 것은 고양이에게서 생선을 뺏는 것과 같다. 그들에게 배움을 권장하는 것이 무슨 의미가 있는가?

바이간 : 상인의 도(道)를 모르는 사람은 사사로운 욕심으로 행동하고 결국은 타인과 자신을 모두 망치게 된다. 그러나 상인의 도를 알게 되면 사욕으로부터 벗어나 인(仁)의 마음을 얻게 되고 상인도(商人道)에 걸맞은 행동을 하여 번성하게 된다. 그것이 배움의 덕(德)이다.

유학자 : 그렇다면 파는 상품에서 이익을 취하지 말고 원가에 팔도록 가르치면 어떤가?

바이간 : 상인의 이윤은 무사의 녹봉(祿俸)과 같은 것이다. 상인이 이익을 취하지 않고 물건을 파는 것은 무사가 녹봉 없이 봉사하는 것과 마찬가지이다. 물건을 만드는 직인에게 공임(工賃)을 지급한다. 그것은 직인에 대한 녹봉이다. 농민들은 공납하고 남은 생산물을 소유한다. 이는 무사가 녹봉을 받는 것과 마찬가지다. 상인(商人)이 이익을 취하는 것도 천하로부

터 인정된 녹봉이다.

유학자 : 상인이 매매를 통해 이윤을 취하는 것은 알겠다. 그러나 상인들이 남을 속이고 나쁜 짓을 하는 것도 사실 아닌가?

바이간 : 그 말은 맞다. 세상에는 상인인 척하는 도둑이 있다. 생산자에게는 가격을 후려치고 소비자에게는 바가지를 씌우며 부당한 이익을 취하는 무리가 있다. 이것은 도둑질과 매한가지이나, 그 부당함을 지적하는 가르침이 없으니 그것을 수치라 생각하지 못하고 꾸역꾸역 그런 짓을 하는 것이다. 그러한 무도(無道)함을 삼가도록 하는 것이 배움의 힘(力)이다.

바이간의 사상은 당시로서는 획기적인 것이었다. 유학자의 질문은 구체제를 지탱해 온 전통의 사상이었고, 바이간의 답은 새로운 체제를 여는 혁명적 사고였다. 지금껏 경멸과 비난의 대상이었던 상인들의 이윤추구가 더 이상 멸시받을 일이 아니라는 점을 당당하게 선언한 것이다. 바이간은 더 나아가 상인들의 이윤추구를 정당화할 수 있게 '상인의 도(道)'가 필요함을 가르쳤다. 무사(武士)가 스스로의 존엄을 위해 '무사의 도'를 만들어 지키듯이, 상인들도 '상인의 도'를 만들어 자존감을 지켜야 남들로부터 존중받을 수 있다고 한 것이다.

■ 상인은 손님이 있어야 비로소 자신도 존재할 수 있음을 깨달아야 한다.

■ 나의 이익을 줄일수록 고객의 이익이 늘어나므로 상인은 스스로 '검약'해야 한다.

■ 제업즉수행(諸業即修行), 모든 일은 곧 인격 수양이므로 나태를 경계하고 맡은 바 소임에 정진함으로써 '신용(信用)'을 얻어야 한다.

이시다 바이간이 주장한 상인(商人)의 도(道) 핵심 대목이다. 그는 이런 '도(道)에 입각해 정직하게 번 돈은 후지산만큼 쌓여도 부끄럽지 않다'고 했다. 상인들은 물론 정치 개혁에 관심이 있는 막부나 번의 관료들도 바이간의 석문심학 강의를 청취했다. 바이간의 『도비문답』은 에도시대에만 10회에 걸쳐 재판(再版)이 출간됐고, 많을 때는 34개 번에 180개소의 심학 강담소가 설치될 정도였다. 열심히 일함으로써 신용을 쌓아가는 상인의 도와 상업(거래)의 중요성을 강조하고 부의 축적을 칭송하는 근대적인 사상은 이렇게 일본 전역에 널리 퍼져 갔다. 조선의 성리학이 '이(理)'와 '기(氣)'라는 우주원리의 관념론에 빠져 사단칠정(四端七情)을 논하고 있을 때, 이시다 바이간은 '심(心)'과 '성(性)'의 인간사를 다루는 실천적 생활철학을 제시했던 것이다.[108]

에도시대의 유명 상가(商家)들은 무가(武家)를 본떠서 가훈(家

108 월간조선, 상인의 길을 밝힌 이시다 바이간, 2017.7

訓)을 지어 가게와 집안에 걸었다. 자손은 물론 종업원들에게도 귀감으로 삼도록 하는 의도였다. 오늘날 기업의 사훈과 마찬가지다. 신용을 중시하고, 가업(家業)을 소중히 하며 고객 만족을 위해 정직과 친절을 실천할 것을 내용으로 하는 교훈들이다. 오늘날 100년 이상된 기업이 가장 많은 나라가 일본이 된 이유를 필자는 여기서 찾는다. 이런 정신이 있었기에 가업에 대한 자부심과 긍지가 가능했고, 전통을 지키려는 헌신과 노력이 뒤따를 수 있었다고 본다.

17세기와 18세기, 근대가 시작되고 세상이 급변하는 가운데 동아시아의 한쪽에선 사회적 변화와 시대의 요구를 반영한 '상인의 도'가 정립됐고, 다른 한쪽에선 변화하는 세상에 문을 닫아건 채, '무본억말이라는 오래된 말'을 신주단지 모시듯 붙들고 있었다. 우리의 정신세계를 오랫동안 지배한 말이었다.

근대화를 일으킨 말, 신용

조선이 근대화에 뒤처졌다는, 누구나 다 아는 얘기를 길게 하는 이유가 있다. 조선 후기와 일본의 에도시대라는 동시대 두 나라 사람들의 정신세계를 지배한 생각의 차이가 오늘의 격차를 만들었다는 것이다. 그 생각의 차이는 바로 잘못된

'말'을 붙들고 산 데서 비롯됐다. 우리가 '소중화'와 '사농공상무본억말(士農工商 務本抑末)'을 붙들고 살았을 때 지구촌 다른 곳은 어떠했는가?

유럽에서 근대로 가장 먼저 이행한 곳은 이탈리아 북부 도시 국가들이다. 르네상스가 이곳에서 시작된 배경이다. 도시국가들 중에 가장 앞섰던 베네치아는 9세기 전까지 생선과 소금밖에 없던 작은 도시국가였다. 하지만 11세기 십자군 전쟁이 시작되면서, 성지순례단의 경유지로 각광받으며 급부상하기 시작한다.[109] 특히 성전기사단이 여기에 거점을 두면서 몰려드는 순례자를 위한 시장이 발달하고 순례자들을 위한 화폐교환소까지 생겼다. 일단 발달하기 시작한 시장은 중개무역으로 발전했다. 유럽과 이슬람 인도 중국을 잇는 중개무역이다. 마르코 폴로가 동방에 다녀간 13세기 후반에 이르면, 베네치아는 유럽에서 가장 부유한 도시가 된다. 도시가 소유한 배만 33,000척에 이르렀다. 베네치아의 유력 가문들은 앞다투어 아름다운 궁전과 성당을 짓고 예술가들을 후원했다. 제노바와 피렌체 등 인근의 다른 도시 국가들과도 경쟁이 불붙으며 탄력이 붙는다. 15세기 베네치아의 국력은 절정에 이른다. 오늘날에도 사람들의 경탄을 자아내는 두칼레 궁전이 이때 완성됐고, 산 마르코 대성당도 이 시기를 전후해 재건 보

109 신상목, 학교에서 가르쳐주지 않는 세계사, 뿌리와 이파리, 2019, p. 197

수됐다. 당대 유럽의 야심찬 건축가 예술가들이 몰려들었고, 이들은 여기서 재능의 꽃을 피웠다. 유럽의 중세를 문닫고 근대를 열어간 르네상스가 여기서 피어나기 시작했다. 작은 도시국가 베네치아는 이렇게 쌓은 부와 자부심으로 당대 세계 최강이었던 오스만투르크와 2백 년간 7차례나 전쟁을 치렀고, 이를 모두 막아냈다. 베네치아가 없었다면 유럽은 근대로 이행되기 전 오스만투르크의 말발굽 아래 유린됐을 것이고, 서양의 기독교 문화도 사라졌을 것이라는 역사의 가정이 있을 정도다.

작은 도시 국가 베네치아가 최강국의 대열에 오를 수 있었던 배경은 바로 상업이었다. 유럽과 아시아를 잇는 중개무역으로 성장한 베네치아는 상인들이 다스리는 나라였다. 나중에 포르투갈과 스페인 등이 아메리카 대륙을 발견하고 식민지 영토 확장에 심혈을 기울일 때도, 이들은 영토보다는 항만과 요새 섬 등 무역거점 확보에 신경을 썼다. 즉, 수요와 공급의 법칙을 이해하고 거래를 통해 이익을 창출해 내는 가상 경제를 최초로 실현했다고 할 수 있다.[110] 거래를 위한 시장의 기능을 이해하고 안정적 거래를 위해 소비자의 중요성을 깨달았다. 거래가 이뤄지기 위해서는 무엇보다 신뢰가 형성돼야 함을 이

110 최광 외, 오래된 새로운 전략, 기파랑, 2017, p.131. 베네치아와 스페인과 네덜란드 편의 내용은 이 책에 수록된 [김승욱, 실패한 나라들과 성공한 나라들:역사적 고찰]에서 전재했음을 밝힌다.

해했다. 이런 바탕 위에서 베네치아 상인들은 안정적인 통화를 만들어 냈다. 특히 이들이 만든 금화 두카트는 금 함유량이 일정해서 가치를 널리 인정받았다. 인도에서까지 통용될 정도였다. 경제사가들은 대륙을 넘어 통용됐다는 점에서 두카트를 최초의 국제화폐라고 부르기도 한다. 오늘날 은행을 일컫는 뱅크라는 용어는 당시 베네치아에서 활동하던 유대인 환전상들의 탁자를 부르는 말, 방코(banco)에서 유래됐을 정도다.

베네치아 상인들은 상품의 적기 공급과 법과 세금 제도의 중요성을 이해했다. 셰익스피어가 쓴 『베니스의 상인』은 유대인 상인의 돈에 대한 집착과 잔혹성을 지적하고 있지만, 뒤집어 보면 가장 천대받는 유대인조차 계약서 하나로 남의 목숨을 위협할 정도로 법과 질서, 신용이 지켜지는 나라였다. Muda라는 국유 상선단이 정기항로를 오갔고, 콜레간차라는 한정 합자회사가 등장해 회사를 세우고 운영할 때 일어나는 위험을 분산할 수 있었다. 공평한 사법제도의 확립과 집행이 장기적인 경제성장을 촉진하고, 법이 공평하고 사적계약이 유효해 약속어음과 환어음 등이 등장한다. 각종 효율적인 제도가 탄생하면서, 자본주의 제도의 맹아가 생성됐다. 한마디로 신용이 근간인 사회였다.

16세기는 스페인의 시대였다. 포르투갈이 먼저 희망봉을 돌아 인도에 이르고 이어 동중국해를 지나 일본까지 도착하며 대항해 시대를 열었지만, 정부의 통제를 벗어난 밀무역도 번성하며 이익이 줄어드는 구조였다. 희망봉을 돌아 아라비아의 호르무즈, 인도의 고아, 동남아의 말래카, 대만 앞바다까지 주요 길목마다 포르투갈의 군선들이 자국의 독점무역을 보호하기 위해 눈에 불을 켜고 지켰지만, 바다는 넓고 밀무역 업자(해적)들의 숨을 곳은 많았다. 게다가 향신료 등 동양의 온갖 진귀한 물품을 가져와도 유럽의 유통망을 장악하고 있던 유대인 대상인들에게 이익을 고스란히 갖다 바치는 구조여서, 왕실 스스로 최대의 빚쟁이가 되면서 포르투갈은 국력이 쪼그라들고 만다.

스페인이 강대국이 된 데는 각국 왕실과의 결혼, 약탈이 결정적 배경이다. 먼저 카스티아의 이사벨라와 아라곤 왕국의 페르난도 2세 부부왕의 결혼은 스페인 내부 통일을 가져온다. 이후 유럽 각국 왕실과의 결혼과 세습을 통해 스페인 왕은 순식간에 신성로마 제국과 포르투갈 잉글랜드 시칠리와 나폴리의 동시 왕이 됐고, 아시아 식민지와 그리고 신대륙의 절반 이상을 지배하는 제왕이 됐다. 스페인은 이를 통해 세계 최초로 해가 지지 않는 대제국을 건설했다. 하지만 스페인의 영화는 불과 1세기를 넘지 못한다. 쇠락은 1588년 무적함대의 패배가 결정적 계기였지만, 보다 근본적 요인으로는 종교탄압으로 선진 과학기술을 갖춘 이슬람세력과 상업 인력인 유대인의 축출, 그리고 무리한 종교전쟁 가담이 꼽힌다.

스페인은 1480년엔 톨로노 칙령을 발표해 이후 50년 동안 국가 종교재판소에서 2천 건의 처형을 집행한다. 종교재판은 이후에도 계속돼 3세기 만에 무려 34만 명을 처형했다. 300년 동안 하루도 거르지 않고 매일 3명 이상이 악마와 마녀로 낙인찍혀 죽은 셈이다. 1492년에는 그라나다의 알함브라 궁전을 함락하고 잔존 이슬람세력을 모두 쫓아낸다. 이때 이슬람으로 지칭되는 무어인들은 물론, 모리스코(가톨릭으로 개종한 무어인들)까지 모두 축출한다. 그리곤 곧바로 알함브라 칙령을 반포해, 유대인들도 모두 추방했다. 유대인들은 무어인들과 협력하는 관계였을 뿐만 아니라, 가톨릭 입장에서는 예수를 팔아먹은 이교도였기 때문이다. 이때 추방된 유대인은 무려 17만 명이나 됐다. 당시 유럽에 3만 명이 넘는 도시가 거의 없었던 것에 비춰보면 스페인 부부왕의 가톨릭 집착이 얼마나 대단했는지 짐작할 수 있다. 하지만 이로 인해 스페인의 막대한 수입원이던 향신료 무역의 유통망이 붕괴됐고, 바르셀로나에 성업중이던 면직물 공장은 300개에서 하루 아침에 10개로 줄어 들었다. 여기에다 신대륙에서 들어오는 막대한 금과 은은 스페인 사람들의 노동의욕을 꺾어 버렸다. (앞서 잠깐 언급한 당시 세계 최대의 은광이던 볼리비아의 포토시(Potosi)광산이 스페인 식민지이고, 지금도 한 해 5천만 명의 관광객이 다녀가는 스페인 세비야(Sevillia) 대성당의 황금 예배실을 떠올리면 쉽게 이해가 간다.) 이로 인해 16세기 세계 최강대국 스페인 국민들은 스스로 일해서 생계를 버는 것을 수치로 생각했다. 이른바 부의 저주가 시작된 것이고, 한마디로 노동윤리가 땅에 떨어진 것이다. 그 결과, 스페인 본토는 제국 소득의 1/10밖에 생산하지 않았다. 스페인 국왕들은 그럼에도 가톨릭의 수호자를 자처하며 수많은 종교전쟁에 가담해 국고를 탕진했다. 막스 베버(Max Weber)는 당시 스페인이 국가 수입의 70%를 전쟁에 낭비했다고 분석했다. 스페인의 최전성기를 이끌었던 필리페 2세(Felipe II de Habsburgo, 1527~1598)는 1567년 신교도들이 번성하던 식민지 저지대(네덜란드)를 침공해 칼뱅파 목사 등 2천 명을 처형했는데, 이런 일들로 인해 어마어마한 빚을 지게 된다. 1543년에는 경상수입의 65%를 오로지 이자지불에만 썼다. 결국 1575년과 1576년 연이어 국가파산을 선언했고, 17세기에 들어 1607년과 1627년, 1647년 등 20년 주기로 채무불이행을 선언하며 2류 국가로 추락하고 만다. 과학기술과 상업을 무시하고 종교원리주의에만 집착하면서 노동윤리가 땅에 떨어진 결과였다.

15세기 최고의 과학기술 국가였던 조선이 불과 1세기 만에 쇠락해 동아시아 최약체국으로 전락한 것과 하등 다를 바 없다. 세계 최강 대국도 한 세기만에 2류 국가로 몰락하는데, 하물며 조선은 어떠했겠는가? 임진왜란때 망하지 않은 것이 기적이었다.

스페인의 몰락 후 세계 최강국의 지위를 이어받은 나라는 네덜란드였다. 네덜란드도 베네치아처럼 열악한 자연환경을 갖고 있었다. 지리적으로 바다와 상업에만 의존할 수밖에 없는 처지였다. 16세기까지 국민의 40%가 청어잡이에 의존하고 있었다. 이 때 스페인에서 축출된 유대인들이 종교의 자유를 찾아 대거 북유럽의 저지대(네덜란드) 지역으로 이동한다. 유대인들은 처음엔 남부의 교역 중심지인 지금의 벨기에 브뤼헤로 다시 안트베르펜으로 몰려 들었지만, 곧이어 네덜란드 독립전쟁으로 스페인 군대가 몰려오자 다시 북부지역으로 이동했다. 80년에 걸친 네덜란드 독립전쟁 끝에 남부(벨기에)는 여전히 스페인의 식민지로 남았지만 북부는 네덜란드로 독립했다. 전쟁 와중에 당시 유럽의 5대 도시였던 안트베르펜의 인구절반을 차지하던 유대인은 암스테르담으로 이주한다. 네덜란드는 이들 유대인들과 종교개혁에 눈뜬 신교도들을 대거 수용하며 상업에 눈을 뜨기 시작했다.

유대인들은 베네치아에서 그랬던 것처럼 거래의 기본인 신용과 신뢰의 가치를 전파했다. 신뢰가 높아지면 투자가 일어나고, 이는 시장경제가 활성화되는데 결정적인 역할을 한다. 포르투갈이 앞서 개척했던 아시아 항로는 엄청난 수익을 가져다 주는 황금노선이었지만, 동시에 그만큼 위험이 큰 길이었다. 그만큼 큰 투자금이 필요하고 또한 위험을 회피할 방법도 필요했다. 주식회사가 탄생하는 배경이다. 세계 최초의 주식회사는 영국의 동인도 회사였지만, 네덜란드에선 2년 후인 1602년 이보다 10배가 넘는 자본금으로 동인도 회사를(Vereenigde Oost-Indische Compagnie, VOC) 탄생시켰다. 2백년 간 세계 최고의 회사로 군림한 네덜란드 동인도 회사, VOC다. 조선에

표류해 13년간을 살다가 탈출한 하멜은 바로 이 네덜란드 동인도 회사의 배를 타고 왔던 사람이다. 발달한 상업과 자금동원력을 바탕으로 네덜란드는 17세기 유럽 전체 상선의 80%를 장악한다. 당시 유럽의 대형범선 2만 척 중 1만 6천 척이 네덜란드 소유였다. 네덜란드는 17세기에만 1,500척의 새로운 배를 건조할 만큼, 대항해 시대 황금기 지구의 바다는 네덜란드가 압도적 우위를 점했다. 상업이 발달하면서 1609년에는 암스테르담은행이 설립됐고, 여기서 세계 최초로 지폐를 발행해 대량 유통하기 시작했다. 현대적 의미의 금융거래가 시작된 것이다. 암스테르담 은행이 발행한 지폐는 세계를 누비는 네덜란드 상인들을 통해 최초의 세계 기축통화가 된다. 암스테르담 은행은 영란은행과 미국의 FRB에도 영향을 미친다. 금융이 발달하면서 주식시장인 상설거래소가 개설됐고, 주식과 현물거래를 위한 표준관행이 자리 잡았으며 공증제도, 배서제도가 확립됐다. 상품주문과 판매에 앞서 견본품을 만들어 보여주고, 거래에 양도증서를 사용하는 등 오늘날의 상업제도와 관행들이 모두 이 시기 네덜란드에서 정립됐다. 종신 연금제도 당시 네덜란드에서 탄생했다. 진정한 의미의 자본주의가 네덜란드에서 시작된 것이다.

일본을 찾아왔던 네덜란드 상인들, 나가사키 항구 앞 인공섬 데지마에 2백 년 이상 독점 무역관을 열고 일본에 난가쿠(蘭學) 열풍을 일으키며, 매년 세계정세 보고서인 풍설서(風說書)를 만들어 도쿠가와 막부에 보고하던 사람들은 바로 이런 당대 세계 최강국의 선진문물을 가지고 와서 전수했던 것이다. 일본인들은 이를 스펀지처럼 빨아들였다. 1763년 일본에 11차 통신사 일행으로 갔던 조선의 의원(醫員) 남두민은 난학을 연구하고 시체를 해부했다는 일본측 의사의 자랑에 대해 '갈라 보고 아는 것은 소의(小醫)다. 성인은 배를 가르지 않고도 알 수 있다'고 했다. 이보다 15년 앞서 10차 통신사를 수행했던 의원(醫員) 조숭수는 유행하는 광견병에 대해 조선식 처방을 묻자, '돼지 똥물을 먹이라'는 처방을 내놨다. 네덜란드어로 번역된 독일의 해부학 서적 타펠 아나토미아(Tafel Anatomia)를, 일본이 동양에는 없던 개념을 새로운 단어로 만들어 가며 번역한 『해체신서』를 출간한 때가 바로 이 무렵이다. 신학문을 공부한 일본인들이 소중화(小中華)를 붙들고 남을 깔보던 조선을 어떻게 여겼을지 생각해 보면 참으로 아찔하다. 남두민은 '우리는 새로운 것은 배우지 않는다'고도 했다. 오로지 옛 성현들의 가르침만이 최고였다.

이 당시 전 유럽을 놀라게 한 네덜란드인이 있다. 그는 지구가 둥글다면 굳이 아프리카 희망봉을 도는 먼 항로를 택할 것이 아니라 북극을 통해서도 아시아로 갈 수 있을 것이라고 생각했다. 빌렘 바렌츠(1550~1597)다. 1596년 그는 북극항로를 찾아 나섰다. 그런데 불행하게도 여름에 출발했다. 그가 정작 북극항로에 들어섰을 때는 이미 가을이 왔고 바다는 얼어붙기 시작했다. 배는 결국 얼어붙은 바다에 갇혀 꼼짝을 못했다. 이들은 8개월 동안 북극해 얼음에 갇힌 채 갑판을 뜯어 움막을 짓고 영하 40도의 혹한을 견뎌냈다. 식량이 떨어져 북극곰과 여우를 사냥하며 허기를 달랬다. 영양부족으로 괴혈병에 시달리던 이들은 다음해 봄 작은 조각배 두 척에 나눠 타고 항해에 나섰지만, 선원 18명중 바렌츠 선장을 포함해 8명은 죽고 말았다. 50일 후 간신히 러시아 상선에 구조돼 목숨을 건졌는데, 놀랍게도 이들은 나중에 자신들이 위탁받았던 화물을 화주들에게 고스란히 되돌려 주었다. 배에 실었던 화물에는 생명연장에 도움이 될 옷가지와 약품들이 많이 있었지만 이들은 하나도 손대지 않았던 것이다. 비록 북극항로 개척에는 실패했지만, 이들이 목숨을 걸고 지킨 신용의 가치는 네덜란드가 해상무역을 사실상 독점하도록 만드는데 결정적인 역할을 했다. 바렌츠의 이름은 스칸디나비아 반도와 북극해의 스발바르제도 사이 바다 이름으로 지어져, 오늘날에도 생생하게 전해지고 있다.

2009년 가을, 필자는 북극 방문길에 바렌츠 해를 넘으며 이 용감했던 사람을 떠올렸다. 바렌츠가 목숨을 걸고 지킨 '신용'이란 대체 무엇인가? 그들은 무슨 '말'을 붙들고 살았길래 목숨보다 신용이 소중하다고 생각했을까?

거래는 신용을 바탕으로 이뤄진다. 거래는 계약을 통해 성립된다. 즉, 신용을 바탕으로 계약을 맺어야 거래가 성립된다. 신용과 계약은 거래의 필수조건이다. 거래가 활발한, 즉 상업

바렌츠해는 북극해의 일부로 북서쪽으로는 스발바르 제도, 북동쪽은 젬랴프란츠요세프 제도, 동쪽은 노바야제믈랴 제도에 둘러싸인 바다다. 서쪽으로부터는, 노르웨이해와 연결된다. 네덜란드의 탐험가 빌럼 바렌츠의 이름을 딴 것이다. 출처: 위키백과

이 발달한 사회는 따라서 고도의 신용 계약사회가 된다. 이런 사회에서는 신용과 계약을 지키기 위한 각종 법과 제도가 만들어지고, 계약을 위배했을 때 불이익을 주는 장치도 마련된다. 법과 제도는 계약을 지키기 위한 것이고, 계약을 지킬 때 신용이 쌓인다. 즉, 신용은 모든 계약과 법과 질서의 기본이다. 이런 사회에서 계약을 어겨 신용을 잃으면 그는 외톨이로, 낙오자로 전락하고 만다. 따라서 신용은 상업이 발달한 사회를 살아가기 위한 필수불가결한 가치이자 도덕의 기준이 된다. 최소한의 기준이기도 하다. 그런데 신용은 돈으로 살 수 있는 게 아니다. 정성과 노력이 오랜 시간을 통해 검증될 때만 비로소 신용은 쌓일 수 있다. 바렌츠가 목숨보다 신용을 택한 이유

는 바로 이것이었을 것이다. 신용을 잃으면 살아도 산 목숨이 아닌 것이다. 차라리 죽음으로써 신용을 지키는 것이 훨씬 나은 것이다.

상업은 자본주의의 바탕이다. 그래서 자본주의는 한마디로 신용사회다. 자본주의는 산업혁명이 이뤄지고 나서야 비로소 발전하지만, 자본주의의 본질은 시장의 거래를 통한 상업이다. 마르크스는 산업시대 초기의 노동착취와 부의 편중에 집착해 자본주의를 타도해야할 제도라고 비판했지만, 자본주의가 신용을 기초로 한 계약 사회라는 기본 속성을 간과했다. 신용과 계약 사회니 만큼, 법과 제도로서 얼마든지 자본주의의 약점을 보완할 수 있는 것이다. 말하자면, 법과 질서를 통해, 이른바 '자본가의 횡포'를 막을 수 있는 것이다.

공산주의는 분배와 평등을 내건다. 문제는 이 목적의 달성을 위해 수단과 방법을 가리지 않는다는 것이다. 오히려 이를 장점으로 여긴다. 즉, 목적을 위해서라면 신용을 헌신짝처럼 내팽개칠 수 있는 것이 공산주의의 자랑이자 본질이다. 따라서 개인 간의 계약, 사회의 법과 질서도 공산주의에서는 얼마든지 무시될 수 있다. 분배와 평등이라는 '숭고한 목적' 앞에 버틸 수 있는 것은 아무것도 없다. 한마디로 법과 제도는 '숭고한 목적'을 위해 얼마든지 파괴할 수 있다. '인민의 이름으로'라는 명분만 만들어지면, 기존의 법과 제도는 한순간에 무시될 수 있는 것이다. 뒤집어 보면, 권력을 잡은 자의 전횡이

가능하다. 명분은 '인민이 원한다'는 것이다. 이 토대 위에 인민독재, 일당독재, 수령 유일체제라는 궤변이 만들어 진다. 예외적으로 특별한 사례인 북한은 차치하고라도 중국의 문화혁명이 이런 예를 여실히 보여줬다.

2019년 정국을 떠들썩하게 만들었던 법학교수 출신의 고위공직자는 과거 논문에서 '인민의 자율규범으로 법을 대체한다'는 주장을 펼쳤던 것으로 밝혀졌다. 그가 젊은 시절 사회주의를 추종해 실형까지 살았던 전력을 고려하면, 배경을 이해할 수 있을 것이다.[111] 그의 다른 논문은 '입법, 법집행 과정의 민중참여와 법제도, 법기구에 대한 민중통제를 실현하자는 것… 이것으로 법을 대체해 나가자'고 기술하고 있다.[112] 한마디로 '기존의 법과 질서를 무시하고 대중 동원에 의해 입법과 재판'을 하자는 것이다. 인민재판을 하자는 것이다. 기존 체제를 뒤엎거나 또는 자신들이 지지하는 집권세력에게는 '인민의 자율규범' 또는 '민중통제'라는 명분으로 독재권력을 부여하자는 논리다. 프랑스 대혁명기의 로베스피에르, 히틀러와 무솔리니, 레닌과 스탈린 모택동 폴포트 김일성 등이 모두 이런

111 조국 씨가 1991년 '우리사상'이라는 사노맹 기관지에 유선종이란 가명으로 쓴 논문에는 '우리의 임무는 맑스-레닌의 혼을 수호하고 위기를 남한변혁 수행을 통해 타개하자'라는 대목이 있다. 곳곳에서 레닌을 거론하며 본받자고 한다. 그는 전향을 거부한 만큼 지금도 레닌주의자라고 할 수 있다.

112 조국, 현 단계 맑스주의 법이론의 반성과 전진을 위한 시론, 1993

논리로 폭정을 유지하고 반대파를 숙청했었다.

경제학자인 매사추세츠 공대(MIT)의 대런 애쓰모글로우와 시카고대 정치학자 제임스 로빈슨(Daron AceMoglow & James Robinson) 교수는 15년간의 공동연구 끝에 『국가는 왜 실패하는가? Why nations fail?』란 역작을 출간한다.[113] 이들은 '포용적인(inclusive) 제도를 만든 나라는 성공하고, 착취적인(extractive)제도를 택한 나라는 실패했다'고 설파했다. '착취가 가능한 제도의 나라는 한결같이 가난하고, 공정한 경쟁과 공공서비스를 제공하는 나라는 부유한 길을 걸었다'는 것이다. 포용적 제도란 '다양한 계층과 집단의 참여를 보장하는 제도'라고 했다. 다원적 민주주의와 법치주의야말로 포용적 제도의 근간이다. 역사적으로는 영국의 명예혁명에 의해 의회민주주의가 확립되면서 가능해진 제도들이다. 쉽게 말하자면, 부당한 공권력으로부터 개인의 자유가 보장되면서 포용적인 제도가 가능해진 것이다. 반면, 착취적 제도는 소수 엘리트의 다수에 대한 착취를 정당화하는 제도다. 갖은 핑계로 법과 질서를 무시할 수 있는 제도인 것이다. 한마디로 자유주의와 공산주의, 자유시장 경제체제와 사회주의나 전근대적인 후진적 경제체제를 나누어 비교한 말이다. 바렌츠가 목숨을 걸고 지킨 신용, 그 신용을 바탕으

113 Daron Acemoglu & James A. Robinson (최완규 역), 국가는 왜 실패하는가?, 시공사, 2012

로 한 계약 사회, 법치주의 체제는 발전하지만, '갖가지 핑계'로 신용을 헌신짝처럼 팽개칠 수 있는 체제는 실패하고 말았다는 것이다. 지나온 세기 그리고 지금 세계 각국의 상황이 이를 너무도 충실히 입증하고 있다.

여기서 더 이상의 논의를 진전시키는 것은 이 책의 주제를 벗어나는 것이리라. 이미 필자는 '말'이라는 주제를 '이념'으로까지 전개시켜 얘기를 풀어왔다. 이념을 상징적으로 축약한 단어가 바로 '말'이기에 여기까지 왔지만, 더 이상의 전개는 역사와 문명, 이념의 논쟁 영역에 속하는 것이기에 이쯤에서 접고자 한다. 네덜란드에 이어 영국과 미국이 어떻게 세계 최강국이 되고, 그들은 무슨 '말'을 붙들고 살았던가는 그래서 아쉽지만, 접기로 한다. 다만, 이들 국가 역시 우리는 억눌렀던 상업을 존중하고 발전시켰으며, 그 바탕인 신용사회의 토대 위에서 법과 질서를 만들고 지켜왔다는 점을 상기하고 싶다. 우리가 집착했던 말, 사농공상(士農工商)과 무본억말(務本抑末)은 근본적으로 상업을 억누르고 통제함으로써 신용사회로의 발전을 가로 막았고, 그러므로 계약의 중요성과 법과 질서에 대한 존중을 의식으로 체화시키지 못했다는 점에서 많은 아쉬움을 남긴다. (목적을 위해서라면 사회적 계약, 즉 법과 질서쯤은 '인민의 이름으로'라는 선동적 구호로 얼마든지 넘어설 수 있다는 생각을 21세기의 대학교수가 그것도 법질서를 수호하는 주무장관이 주장했다는 것은, 비록 장관이 되기 전에 했다지만, 실소를 자아내게 만드는 역사적 퇴행이다. '인민'을 내세우지만, 왕조시대 '어명'(御命)의 허울과 조금도 다르지 않다.)

반면, 동시대의 일본인들은 고도의 신용사회에서 도래한 네덜란드 상인들을 통해 신용과 계약의 가치를 배웠을 것이다. 상업을 존중하고 진흥 발전시키면서 신용의 가치를 확인하고 검증했을 것이다. 우리가 본고장 중국에서도 수명을 다한 이념의 옷자락을 붙잡고, 이(理)와 기(氣)를 설하고 사문난적(斯文亂賊)을 논하고 있을 때, 일본인들은 시대변화에 따른 새로운 이념, '상인의 도(商人の道)'를 만들어 냈다.

조선 후기 우리와 일본을 갈랐던 근본적 차이는 명분과 형이상학을 앞세운 이상주의적 관념론의 사회냐 능률과 실질을 숭상한 현실주의적 실용론의 사회냐, 유교적 질서의 사회냐 계약적 질서의 사회냐로 구분지어 볼 수 있다. 그 차이가 동시대를 살았던 조선 후기와 에도시대를, 하나는 동방의 은둔자 낙오국가로 다른 하나는 동방의 이상향(지팡그, 당대 서양인들이 일본을 가리킨 말), 선진 국가로 갈랐다. 1911년 조선을 방문했던 영국의 페이비언 사회주의자 비어트리스 웨브는 당시 조선인을 이렇게 평했다. "조선인은 호모사피엔스가 진화하지 않으면 어찌되는지 보여주는 비천한 척추동물이다."

'말'이 짜는 의미의 망(網)

아쉽게도 우리는 '말의 전쟁'에서 패배했고, 스스로 지는 쪽을 택하며 살아왔다. 몰라서 그랬겠지만, 그보다는 우리의 의식이 늘 지는 쪽을 선택하도록 유도했다. 그 결과는 앞에서 본 대로다.

『문화의 해석'(The interpretation of cultures)』이란 저서를 쓴 클리퍼드 기어츠(Clifford James Geertz, 1926~2006)라는 인류학자가 있다. 미국에서 지난 30년간 가장 영향력 있는 문화 인류학자로 꼽힌다. 그는 저서에서 '인간은 의미의 거미줄(망)에 얽혀 있는 동물'이라고 했다. 기어츠의 복잡한 얘기를 한마디로 줄이면, '의미의 거미줄'은 '문화'다. 즉, 우리의 문화를 규명하면 여기에 얽혀 있는 우리의 정체성을 알 수 있다는 추론이 가능하다. 그는 문화를 '상징적으로 표현되고 상속되는 개념의 체계'라고 했다. 말하자면, 우리는 선대로부터 상속받은 문화에 빠져서 그 문화의 방식대로 살고 있는 것이다. 의미가 쌓여서 문화가 되는데, 그 의미는 '말'로 짜여진다. 비유하자면, 의미의 망(網)을 짜는 거미는 사람이고 그 거미가 내뿜는 실(絲)은 '말'이다. '말'이 모여 망을 이룬 것이 바로 문화가 되는 것이다. 필자가 앞 장에서 '우리는 무슨 말을 붙들고 살아왔나?'를 묻고 늘어진 이유다.

식민지 시대와 한국전쟁, 그리고 고도성장의 시대를 거치며 전통의 조선사회는 완전히 해체됐다. 서구 사상과 과학기술의 도입, 산업사회로의 진입을 거치며 우리의 겉모습뿐만 아니라 의식도 천지개벽 수준으로 달라졌다. 따라서 조상들의 잘못된 유산도 완전히 단절됐다는 주장이 가능할 수 있다. 그런데 최근 우리 사회의 모습은 조선시대 당쟁 의식의 DNA가 발현되고 있는 것 아닌가 하는 생각이 들게 한다. 마치 강릉 경포대 주변에 습지가 복원되자, 사라지고 없어진 줄 알았던 가시연꽃이 50여 년 만에 다시 피어난 것처럼 말이다. 기어츠가 말했던 '의미의 거미줄' 즉, 우리 조상들이 만들었던 문화가 지금의 우리의 의식과 행동을 지배하고 있다는 생각이 드는 것은 어쩔 수 없다.

최근 우리 사회에는 '내 편은 무조건 옳고 네 편은 어떻게든 틀렸다'는 내로남불의 진영논리, 사실을 호도하는 궤변과 요설이 난무하고 있다. 2019년 여름부터 가을을 달궜던 이른바 '조국 사태'는 진영논리의 절정을 보여줬다. 급변하는 국제정세엔 눈과 귀를 닫고 오로지 내부 문제에만 지청구를 하던 못난 조상들의 모습이 지금의 우리와 오버랩되는 것은 비단 필자만의 기우일까?

『한국 사람 만들기』란 책으로[114] 한국인의 정체성 탐색을 시도한 함재봉 아산정책 연구원장은 오늘날 한국 사회의 딱한 모양은 '우리 역사의 유산이 서로를 믿지 못하고 합의를 이루지 못하는 분열의 유산이기 때문'이라는 진단을 내린다. 고려에서 조선조로 넘어온 이른바 '조선 사람 만들기'가 19세기에

114 함재봉, 한국인 만들기 1.2. 아산서원, 2017

해체되고, 20세기 후반에는 '한국 사람 만들기'가 시작됐는데 친중 위정척사파와 친일 개혁파, 친미 기독교파, 친소 공산주의파, 인종적 민족주의파로 구분할 수 있다는 것이다. 즉 오늘날 한국인들은 이 다섯 종류의 인간형에서 비롯됐다는 것이다. 자신이 어떤 정체성에서 비롯된 사고방식을 갖고 있는지를 이해하는 데서 유형별 정체성의 장·단점을 깨닫고 비로소 다른 정체성의 사람들과 합의와 협력에 이를 수 있다는 주장이다. 함원장의 이런 분류와 시도는 과감하고 의미 있는 방법론으로 호평받고 있다. 필자는 나아가 이들 유형의 사람들의 '말'에 주목하고자 한다. '말'은 그 사람의 의식을 결정하고 행동을 만들기 때문이다.

함원장의 논리를 조금 더 따라가 보자. 지금 한국의 집권세력은 구한말 친중 위정척사파와 맥을 같이 한다는 게 함원장의 분석이다. 위정척사파는 정신 우위 관념론이 강했다. 외세의 무력도 정신력만 단단하면 얼마든지 이길 수 있다고 했다. 현재의 집권세력도 이상주의적이다. 경제는 물론 외교와 국방, 에너지 정책 등 사회의 거의 모든 부문에서 현실논리보다는 이념적 가치에 대한 집착이 강하다. 위정척사파는 부국강병(富國强兵)을 소홀히 했다. 가난해도 왕도(王道)정치만 실현되면 충분하다고 했다. 현 집권층은 분배를 중시한다. 성장보다는 다 함께 잘 사는 게 우선이라고 한다. 평등하게 살면 좀 못살더라도 상관없다는 것이다. 이를 두고 칼럼니스트 박정훈은 위정척사파는 농본(農本)사회를, 집권세력은 노동중심 세상을 꿈꾼다고 했다. 양쪽 다 소박하고 인간적이나 국력을 키우는 데에는 관심이 덜하다는 것이다.[115]

박정훈의 분석을 좀 더 살펴보자. '위정척사 사상은 쇄국으로 표출됐다. 현 집권세력의 시각 역시 밖보다 안쪽을 향하고 있다. 글로벌 컨센서스보다 국내 논리를 우선시한다는 것이다. 위정척사파는 힘의 국제 정치를 부정했고 집권세력은 미국 주도 질서에 거부감을 보인다. 동맹보다 민족 공동체가 더 중요하다고 한다. 위정척사는 반서구·친중론이었다. 집권세력 역시 반미·친중에 가깝다. 위정척사파는 사농공상(士農工商)의 세계관을 갖고 상업을 천대시 했다. 집권세력은 기업 평가가 인색하다. 기업의 국부(國富) 창출 기능을 낮춰 보며 특히 대기업을 죄악시한다. 위정척사파는 선비 계층의 하향식 계도를 중시했다면, 집권세력 역시 정부의 주도적 역할을 선호하며 '큰 정부'가 민간을 이끌어야 한다고 생각한다.'

박정훈은 현재의 집권세력이 위정척사 사상을 벤치마킹하진 않았을 것이며 둘을 잇는 역사적 연결 고리도 보이지 않는다고 인정한다. 그런데 겉으로 드러나는 속성이 놀랍도록 유사하다고 지적한다. 위정척사파는 순수한 우국충정으로 가득 차 있었고 지금의 집권세력 역시 나라 위하는 마음은 진심일

115 박정훈, 21세기 위정척사파, 조선일보 2019. 1.19

것이라고 믿는다. 다만 냉혹한 현실에서 이런 순수함은 보상받기는커녕, 도리어 국익에 손해되는 경우가 잦다고 한다.

당시 일본에도 조선의 위정척사파와 같은 존왕양이(尊王攘夷)파가 있었다. 서양 오랑캐를 내쫓자는 점에서 목표는 같았다. 하지만 방법은 정반대였다. 일본은 나라 쇄국 대신 개방을 택했다. 외세를 물리치기 위해 외세에서 배우자고 한 것이다. 이미 300년 전부터 일본에 닥친 포르투갈과 네덜란드 상인들을 접해 본 경험이 이렇게 만든 것이다. 전후 일본의 70년을 지배해온 주류세력, 자민당 정권의 뿌리가 바로 이 존왕양이파라는 것이다. 이들의 특기는 상식을 뒤엎는 유연성이다. '귀축미영(鬼畜米英 · 귀신이나 가축 같은 미국 · 영국)'을 외치고 전쟁에 나서더니 전쟁에서 지자 가차 없이 친미(親美)로 돌아섰다는 것이다. 불구대천 원수였던 미국에, 그 질서에 스스로 편입해서 현대 일본을 만들었다. 박정훈은 이를 '기막힌 반전이자 역발상'이라고 평했다.

사농공상을 버리고 실용을 중시한 일본과 사농공상에 집착해 무본억말을 붙잡고 살아온 두 나라의 후손들이, 오늘날 어떻게 하고 있는지를 되새겨 보면 구한말 시대 두 나라의 지도층이 펼쳤던 모습이라는 기시감(旣視感)을 떨칠 수 없다.

말, 문화의 척도

2019년 7월 일본이 우리나라에 대한 수출규제를 강화하고 8월에는 백색 국가 명단(화이트 리스트)에서 제외하는 일이 벌어지면서, 국내에서는 반일감정이 최고조로 치솟았다. 죽창과 의병론이 제기되는가 하면, 때아닌 친일 매국 논쟁까지 벌어졌다. '토착 왜구'라는 말까지 만들어 가며 일본과의 전쟁에라도 나설 듯한 모습을 보였다. 일부에선 우리말 속의 일제 잔재를 청산하겠다고도 했다. 해마다 삼일절이나 광복절에 되풀이되던 모습이기도 하지만 특별히 유난했다.

이 글이 '말'을 다루고 있기에, 여기서 굳이 장(章)을 하나 더 열어 이 문제를 언급하고자 한다. 조선 후기 엄연히 청나라에 사대를 하면서도 소중화(小中華)를 자처하던 위선(僞善)을 이제는 되풀이하지 말자는 의미에서다.

앞에서 잠깐 18세기에 일본이 타펠 아나토미아(Tafel Anatomia)를 번역해 『해체신서』를 출간했다는 얘기를 했었다. 번역에는 3년이나 걸렸다. 동양에는 인체의 내부 구조를 설명하는 개념이 없었고, 마땅한 단어도 없었다. 결국 그림을 그려가며 새로운 개념과 단어, 글자를 만들어 갔다. 동맥, 정맥, 두개골, 연골, 신경, 혈압, 혈장, 백혈구, 적혈구, 분비선, 췌장 등등 지금 우리가 쓰는 의학용어의 거의 대부분이 이때 일본인들이 처음 새롭게 만들어 낸 단어들이다. 이들은 없던 글자도 만들어 냈다.

예를 들어 분비선(分泌腺 secretory gland)의 선(腺)은 원래 중국에는 없던 한자인데, 몸에서 나오는 액즙의 샘이라는 뜻에서 샘 천(泉) 자에다 몸을 뜻하는 육달월(月) 변을 붙인 새로운 한자다. 지금은 중국도 이를 받아들여 쓰고 있다. 이 같은 사례는 셀 수 없을 정도다.

이런 일이 비단 의학 분야에서만 일어났을까? 근세까지 동양에는 없었던 법학과 과학, 철학, 건축, 경제 등 거의 모든 분야에서 이 같은 일이 일어난다. 우리가 오늘날 어원에 대해 거의 한 번도 생각해 본 적이 없는 단어들, 사회, 개인, 근대, 미(美), 연애, 존재, 자연, 권리, 자유, 그 또는 그녀 등 이 모든 단어들이 근대 일본에서 만들어진 새로운 단어들이다. society를 '사회'로 번역하고, economy를 '경제'로, modern을 '현대'라는 단어로 번역한 것도 일본인들의 작품이다. 그 단어 하나하나가 이런 말로 자리 잡기까지 엄청난 노력과 숙고와 철학이 들어갔다. 예컨대 근대 일본의 선각자 후쿠자와 유키치(福澤諭吉)는 서양의 'democracy'라는 개념을 두고 처음에는 '하극상(下剋上)'으로 번역했다가 나중에 민주(民主)로 바꿨다고 한다. civilization을 '문명'으로, right를 '권리'로, society를 '사회'로 번역한 사람 역시 후쿠자와 유키치다. '복식부기','보험' 등의 용어도 역시 그가 번역하며 새로 만들어 낸 단어다. 중국에서는 economy를 생계학(生計學)으로 번역했으나, 일본이 번역한 '경제'라는 말에 밀려 생명을 잃었다. 경제라는 단어는 중국의 고전에 나오는 경세제민(經世濟民) 또는 경국제세(經國濟世)라는 말에서 일본인들이 따 만든 신조어였다.[116] '개념을 지배하는 자가 세상을 지배한다'는 글로 관심을 모은 국회 도서관의 조사관 소준섭은 그의 글 '정명론'에서 이런 예시까지 들고 있다.

> 오늘날 우리가 관용구처럼 쓰는 말들, 예를 들어 '가슴에 손을 얹고'라는 우리말은 일본어 '胸に手を置く'와 완전히 일치한다. "이야기에 꽃이 피다 - 話に花が く", "새빨간 거짓말 - 眞赤なうそ", "손에 땀을 쥐다 - 手に汗をにぎる" 등등 이러한 용례는 수없이 많고, "도토리 키 재기 - どんぐりの背くらべ"나 "고양이 목에 방울을 달다 - 猫の首に鈴を付ける"의 경우까지 이르게 되면 얼굴이 저절로 화끈거릴 지경이 된다.

Love를 번역한 곡절을 살펴보면 번역 작업이 얼마나 많은 사색과 노력의 결과인지를 알게 된다. Love라는 개념은 과거 동양의 전통이나 현실에서는 찾기 어려운 것이었다. 이 막연한 개념을 번역하기 위해 일본의 지식인들은 처음엔 '연(戀)'이라는 관념을 도입했지만, 천박한 연상을 불러일으킨다는 이유로 사용을 꺼렸다고 한다. 그래서 I love you를 번역했을 때, 처음에는 '나는 당신의 신발 끈을 매주고 싶다'로 번역했다. 당

116 소준섭, 소준섭의 정명론, 어젠다, 2013

대인들의 노력이 참으로 가상하지 않은가? 상대적으로 단순하고 뚜렷한 감정인 희로애락과는 달리 Love는 한마디로 설명할 수가 없는 오묘한 감정의 복합체임을 인식했던 것이다. '슬픈 연민', '아끼는 마음', '무엇이든 줄 수 있는 생각과 희생의 의지' 등, Love가 가지는 뜻을 정확히 나타내기에는 마땅한 단어가 없었고 뭔가 새로운 말을 만들어 내야 하는데 딱히 적당한 말이 없었던 것이다. 오늘날 우리가 쓰고 있는 '사랑'이란 단어에는 이런 의미가 모두 포함돼 있으니 시간과 의미가 쌓이면서 Love의 개념에 딱 들어맞는 단어를 우리가 스스로 만들어 냈다고 할 수 있을 것이다.

당시 일본의 번역 과정을 들여다보면 단순히 외국어를 자신들의 언어로 옮기는 차원을 넘어서 선진문명에 대한 철저한 해부와 이해가 수반된 작업이었다고 이해된다. 이는 존재하지 않던 개념을 새로 만들어 내야 하는 창조 작업이기도 했다. 중국도 같은 작업에 나섰지만 언어감각이나 국제감각에서 일본이 더 뛰어났다는 것이 학자들의 공통된 평가다. 일본이 선진문명 수용에 훨씬 적극적이었고 스스로 변신을 시도한 결과였다고 할 수 있을 것이다.

우리는 흔히 현재 우리가 사용하는 한자어의 대부분이 중국에서 들어온 것으로 생각하지만, 실은 절대다수의 한자어는 일본에서 만들어져 들어온 일본식 조어(造語)다. 중국 학계가 조사한 바에 따르면, 현대 중국인들이 사용하는 중국의 한자

용어조차도 60% 정도가 일본에서 '수입'된 것이라고 한다.[117]

우리나라 사람으로서는 별로 인정하고 싶지 않은 현실을 굳이 파헤쳐 드러내는 것은 적어도 이제는 나라를 뺏기던 조상들의 못난 행태를 반복하지 말자는 이유에서다. 허위의식을 갖지 말자는, 위선을 벗자는 것이다. 또 하나, 한국은 과거 식민지였지만 이제는 식민지 종주국 일본과 어깨를 나란히 할 정도로 당당하게 선진국 대열에 합류했다. 특히 젊은 세대는 일본에 대한 콤플렉스가 거의 없다. 숨길 것도 없지만 애써 외면할 것도 없는 것이다.

사실에 기초하지 않은 주장은 설득력을 잃을 수밖에 없다. 우리말 속에 들어와 있는 일본의 번역어와 신조 용어를 인식하지도 못한 채 일제 잔재를 청산하겠다고 한다면, 실은 우리는 물론 한자 문화권의 많은 나라들이 거의 말을 할 수 없는 지경에 이르는 것이 엄연한 현실이다. 안타깝지만 이런 사실조차 모른 채 뜬금없이 '일제 잔재 청산'을 외치는 것이야말로 정작 일본으로부터 조롱과 비웃음을 받기 딱 좋은 일이다. (정작 굳이 쓰지 않아도 될 '코스프레'니, '가라오케'니 '간지'니 '노포'니 하는 단어를 생각 없

117 중국이 일본식 번역어를 적극 수용한 배경에는 청·일 전쟁 패배 이후 일본을 배우기 위해 유학생이 폭증한데 이유가 있다. 1899년 100명을 넘긴 일본 내 중국인유학생은 러·일 전쟁 직후인 1906년에는 12,000명이 넘는다. 20세기 초 중국의 개혁은 한마디로 '일본 따라 하기'였다. 루쉰(魯迅), 천두슈(陳獨秀) 같은 대표적인 근대 중국의 대표적 지식인들 상당수가 일본 유학생 출신이다.

이 따라 쓰는 세태가 오히려 한심스러울 뿐이다.)

일본이 만든 단어와 개념을 오늘날 우리가 사용하는 것은 결코 부끄러운 일이 아니다. 일본인들이 쓰는 '일본 말'에도 한반도에서 건너간 단어들이 엄청나게 영향을 미쳤다.

한·일 고대사 연구의 권위자로 『또 하나의 만요슈(もう一つの万葉集)』(1989), 『덴무와 지토(天武と持統)』(1990), 『일본어의 진상(日本語の真相)』(도쿄 문예춘추사(文藝春秋社, 1991) 등의 저서를 남긴 이영희(李寧熙, 전 한국인 여성문학인 회장)의 연구에 따르면, 만요슈에 실린 노래(단가)들은 거의 대부분이 고대 한국어의 절대적 영향을 받았다고 한다. 오죽하면 고대 한국어(고구려, 백제, 신라)의 실체가 만요슈에 고스란히 남아 있다는 말까지 나왔겠는가? 이영희는 세계 최초의 소설로 알려진 11세기 일본의 『겐지모노가타리(源氏物語)』도 그 등장인물과 인맥, 내용상의 전개는 한·일 관계라는 당시 두 나라의 국제정세가 기본 밑바탕에 깔려 있어서 이를 이해해야만 내용 파악이 가능하다고 했다. 이런 일은 언어에만 국한되지 않는다. 일본 규슈와 관서 지방의 많은 지명과 유적의 명칭이 고대 한국어에서 건너간 것임은, 누구나 인정하는 사실이다.

한반도와 가장 가까운 일본의 규슈에 가면 거대한 섬 거의 전역에서 한반도에서 일본으로 건너간 도래인들의 유적을 볼 수 있다. 후쿠오카에서 남쪽으로 불과 1시간 정도의 거리에는 청동기 시대의 거대한 유적지 요시노가리 공원이 있다. 이는 야요이 시대 벼농사와 청동기가 한반도에서 유래한 것을 증명하는 역사유적지다. 후쿠오카와 요시노가리 중간쯤에는 백제가 멸망하고 백촌강(현재 금강하구) 전투에 참전했던 일본군이 나·당 연합군에 패퇴하자 연합군이 일본까지 쳐들어 올 것을 대비해 쌓은 수성과 대야성의 유적이 고스란히 남아 있다. 그리고 이웃한 사가현과 남쪽의 가고시마 현에는 임진왜란 때 잡혀간 도공들의 집단 거주지와 유적지가 있으며, 그 후손들이 여전히 활동하고 있다. 규슈의 남쪽으로 가면 아예 백제마을이라고 불리는 남향촌이 있으며 여기에는 멸망한 백제의 몰락 왕족인 정가왕과 그의 아들 복지왕의 슬픈 전설을 주제로 한 사주제라는 축제도 있어 해마다 재연되고 있을 정도다. 그런데 이 동네로 가자면 일본 천황가의 전설이 시작되는 천조대신(天照大神) 아마테라스 오미카미의 손자 니니기노 미코토가 3종 신기(거울, 칼, 곡옥)를 가지고 하늘에서 내려왔다는 해발 1,574미터의 다카치호 봉(峰)이 한국악(韓國岳)이라 불리는 거봉과 어깨를 나란히 하고 있는 걸 볼 수 있다. 일본 천황의 전설이 시작되는 신성한 봉우리와 나란한 봉우리를 왜 굳이 한국악이라고 이름 붙였을까? 비단 이뿐이랴.

일본의 국가 태동기의 중심지였던 혼슈(本州)의 중심부 아스카와 나라에는 도래인들의 흔적이 지금도 엄청나게 남아있다. 초기 국가 시대 아스카 정권을 지탱하던 도래인 집단의 활약상은 고대 일본의 역사적 사실로 명확하게 기록돼 있다. 일본의 『신찬성씨록』에는 당시 일본의 지배층에서 일정한 정치적 자격을 갖춘 가문 1,182개의 씨족(氏, 우지)을 소개하는데, 이 가운데 324개의 씨는 한반도에서 건너온 도래인의 씨(氏)라고 밝히고 있다.[118] 때문에 일본의 고대사를 연구한 한·일 학자들은 왜(倭)라고 불리던 야마토 정권의 원시 부족국가가 일본이라는 고대국가로 이행하는 과정에는 한반도에서 건너간 도래인들의 역할이 결정적이었음을 인정한다. 특히 6세기와 7세기, 한반도로부터 건너간 불교와 한자문화가 일본의 나라와 헤이안 시대 국가의 기틀을 다지도록 했다는 사실은 익히 알려진 사실이다. 이처럼 일본의 고대사는 한반도로부터 건너간 도래인의 역할을 빼고 나면 설명할 길이 없을 정도다.

그렇다고 일본의 고대사가 한반도로부터 건너간 것만이 전부인 것은 결코 아니다. 일본인들은 초기에 한반도로부터 지대한 영향을 받았지만 곧 이를 체화시키고 소화해 내, 나름의 독특한 문화를 재창조했다. 그것은 일본 고유의 성취며 세계적으로도 우수성을 인정받는 일본의 문화다.

말하자면, 고대엔 우리가 일본보다 문명이 앞섰기에 우리말이 일본에 절대적 영향을 미쳤고, 현대에는 우리가 일본에 뒤처졌기에 지금은 우리가 일본의 영향을 많이 받고 있는 것이

118 『신찬성씨록』은 서기 815년 일본 수도와 근교에 살던 1,182 씨족을 분류해 놓은 책인데, 324개의 씨족을 도래인의 자손으로 분류하고 있다. 일본은 씨(氏, 우지)와 성(姓, 가바네)을 구분한다.

다. 문화란 높은 수준에서 낮은 수준으로 흐르는 만큼 자연스러운 일일 수밖에 없는 것이다.

'일본인들은 고대사 콤플렉스 때문에 역사를 왜곡하고, 한국인은 근대사 콤플렉스 때문에 일본 문화를 무시한다'는 말은[119] 한·일 양 국민들의 편협한 역사인식과 극단적인 감정을 정확하게 지적한 말이라고 하겠다. 『총.균.쇠』의[120] 저자 재러드 다이아몬드가 지적했듯이 '한국인과 일본인은 같은 피를 나누었음에도 아랍인과 유대인처럼 오랜 시간 서로에 대한 적의를 키워온 것'이 사실이다. 우리는 수긍하기 힘들고 마찬가지로 일본인들도 그럴 테지만 '한국인과 일본인은 성장기를 함께 보낸 쌍둥이 형제와도 같다'고 한 재러드의 지적은 결코 틀린 말이 아니다. 역사적으로 보면 한·일 두 나라는 2,300년을 어깨를 맞대고 지내왔다. 그 오랜 한·일 관계에서 행복한 공존이 무너진 것은 임진왜란과 정유재란 7년, 그리고 근대의 100년 밖에 없다.[121]

수백 년을 두고 치열한 전쟁을 벌였던 영국과 프랑스, 또 프랑스와 독일 등 유럽의 다른 나라들과 비교해 보면 한·일 두 나라의 관계는 오히려 갈등이 적었다고 할 수 있다. 다만 한·일 두

119 유홍준, 나의문화유산 답사기 일본편1, 창비, 2013, p.5

120 Guns,Germs and Steel(김진문 역), 문학사상사, 1998

121 유홍준, 나의 문화유산 답사기 일본편4, 창비, 2019, p.13

나라의 갈등은 먼 옛날의 얘기가 아니라 아주 가까운 시기에 일어났고, 불행한 과거사가 치유되기는커녕 지금도 확대 재생산되고 있다는 점에서 문제가 있다.[122] 양국의 지도자들이 갈등을 풀려고 하기보다는 오히려 갈등을 조장하는데 문제의 심각성이 있다. 두 나라 모두 국내의 정치적 문제에 외교를 끌어들여 이용하려는 정치적 목적에서 기인한다. 두 나라 모두에게 미래를 위해 결코 바람직한 일이 아니다.

임진왜란이 끝나고 채 10년도 안 돼 조선과 일본이 국교를 정상화하고 통신사를 보냈던 것은 비판할 일이 아니라, 오히려 지금의 우리가 참고해야 할 역사적 사례다. 당시에도 일본은 조선에게 국토를 유린한 것은 물론 두 임금의 능까지 파헤쳐 '이릉송백의 한'을 안긴 불구대천의 원수였지만, 안으로 화를 삭이고 다시 화해의 손을 잡았다. 그렇게 해서 조선 후기 우리는 영·정조 시대의 문예부흥기를 맞이할 수 있었고, 일본은 문화와 경제 산업 분야에서 비약적 발전을 거듭하는 에도 시대를 열어갈 수 있었다. 조선과 일본 양국 사이에서 외교문서를 위조해 지혜를 발휘한 대마도주 소 요시토시(宗義智)의 기지가 적중했지만, 이를 알면서도 서로 모른 체 눈감아 주고 화해의 명분을 쌓도록 만든 두 나라 최고지도자들의 결단력도 돋보이는 대목이다. 앞서 선조를 조선의 대표적인 용렬한 임

122 유홍준, 나의 문화유산 답사기 일본편4, 창비, 2019, p.13

금으로 제시하면서도 그래도 인조나 철종보다는 낫다고 평가한 이유가 여기에 있다.[123]

다시 이 책의 주제인 '말'로 돌아가도록 하자. 한·일 갈등이 불거질 때마다 반일감정에 편승해 뜬금없이 실체도 없는 '토착 왜구'라는 허구의 개념을 떠들어 대고, 우리가 일상적으로 사용하는 수많은 단어의 유래도 모르면서 일제 용어 배격을 외치는 것은 청(淸)에 사대를 하면서도 죽은 명(明)의 귀신을 붙들고 소중화(小中華)나 읊조리던 못난 조상들의 위선(僞善)을 재연하는 것에 다름 아니다. 분하지만 현실을 인정하고, 그 토대 위에서 우리가 더 잘할 수 있는 것이 무엇인가를 찾아 강화하고 부족한 점은 무엇인지를 찾아 보강하는 것이 진정 극일(克日)을 하는 바른 태도일 것이다. 21세기에 뜬금없이 죽창이나 의병론을 운운하는 것이야말로 '당신네는 세상에 나라가 12~13개 밖에 없는 줄 알지만, 나가사키항에는 세계 120~130개국에서 상선과 선단이 온다'고 통박하는 일본 관리 앞에서 '소중화'나 자랑하던 11차 조선 통신사(1763~1764년, 영조 39년)의 어리석음을 되풀이하는 것일 뿐이다.

1980년에 조용필이 부른 간양록이란 노래가 있다. 간양록

123 선조는 임진왜란 후 사명대사 등 탐적사와 쇄환사를 보내 5천여 명의 포로를 데려왔지만, 인조는 만주를 탈출해 고국을 찾아오는 병자호란의 포로들이 압록강을 건너지 못하도록 물리쳐서, 이들이 돌아가 만주족 주인에게 발목이 잘리는 형을 당하도록 했다. 청과의 항복 조약을 지키기 위해서였다.

(看羊錄)은 임진왜란 중(정확히는 1597년 정유재란 때) 일본에 포로로 잡혀갔던 강항(姜沆)이란 선비가 3년간 일본에서 겪은 포로생활을 기록한 문집이다. 조용필은 80년대 민요에 심취해 타령조로 절절했을 강항의 심정을 노래했는데, 간양록도 실제로 오랑캐 땅에 포로로 잡혀간 불안하고 막막한 심정과 조국에 대한 그리움 등을 담고 있다. 그런데 강항의 일본 내 행적을 보면 좀 다른 내용이 나온다. 강항은 1598년 당시 도요토미 히데요시가 거처하던 모모야마(桃山)를 거쳐 천황이 머물던 수도 교토로 이송됐다. 여기서 그는 상당한 대접을 받았던 것으로 보인다. 조선에서 선비가 왔다고 많은 문사들이 그를 찾아왔다. 강항은 후지와라(藤原惺窩)와 아카마쓰(赤松廣通) 등과 교유하며 그들에게 학문적으로 지대한 영향을 미친다. 강항은 논어, 맹자, 중용, 대학, 시경, 서경, 역경, 예기, 춘추 등 『사서오경(四書伍經)』의 일본판(版)인 화훈본(和訓本) 간행에 참여해 몸소 발문까지 써주었는데 놀라운 사실은 『사서오경』 모두를 강항이 외운 것을 구술해 편찬했다는 것이다. 또한 『곡례전경(曲禮全經)』과 『소학(小學)』, 『근사록(近思錄)』, 『근사속록(近思續錄)』 『근사별록(近思別錄)』 『통서(通書)』 『정몽(正蒙)』 등 16종을 수록한 『강항휘초(姜沆彙抄)』를 남겼다. 이 책들은 지금도 모두 일본의 내각문고(內閣文庫)에 소장되어 있다. 강항에게서 배운 후지와라는 일본 주자학의 개조(開祖)가 된다.

강항은 전주에서 치러진 별시 문과에서 병과로 급제해 공조

좌랑과 형조좌랑의 벼슬을 했던 사람이다. 지금으로 말하자면 별 대단치 않은 성적으로 고시에 합격해 중앙부처의 과장 정도 벼슬을 지낸 것이다. 조선에서는 결코 대단치 않은 중하급 정도의 관리가 일본에 가자 최고의 학자 대접을 받은 것이다. 조선의 선비들은 사서오경 정도는 글자 하나까지 달달 암기할 정도였던 것이다. 80년대 조선왕조실록을 TV드라마로 연작했던 극작가 신봉승은 '조선의 선비라면 사서삼경쯤은 권당 만 번 정도를 읽는 것이 상례였다'고 했다. 가죽으로 묶은 책끈이 너덜너덜해질 정도라야 제대로 된 선비 축에 낄 수 있었다고 했다. 구한말의 화서 이항로(華西 李恒老)는 '내가 대학(大學)을 만 번쯤 읽었는데, 읽을 때마다 전에는 미처 깨닫지 못했던 뜻이 새롭게 다가오니 공부에는 끝이 없다'고 했다. 우리는 이것이 최고의 자랑이었다. 그래서 18세기 이미 세계 최대의 도시로 발전한 에도를 직접 방문해 둘러보고서도 일본을 여전히 무식하고 저속한 오랑캐로 얕잡아 보며 스스로 자부심을 느끼곤 했다.[124]

임진왜란 이후 1607년부터 1811년까지 조선통신사들은 무려 12차례나 오사카까지 배로 5천 리 길, 여기서 다시 에도까

124 17세기인 1653년에는 에도(도쿄)에 상수도 시스템이 완공되고 18세기 들어 에도는 인구 100만을 돌파해 세계 최대의 도시가 됐다. 1609년부터 2년간 에도에 머물렀던 스페인 출신 필리핀 총독 존 로드리고는 『일본 견문록』에서 자신이 스페인 왕의 사절이 아니었다면, 여기 머물겠다고 했다.

지 육로로 2천 리를 걸어서 일본을 서에서 동으로, 다시 동에서 서로 훑으며 에도(도쿄)를 다녀왔다. 무려 5백 명 가까운 우리 대표단은 일본의 눈부신 성장과 발전을 눈으로 직접 목도하면서도 이들을 오랑캐로 하대 멸시하고 정신승리에만 집착했다.

1719년 9차 통신사의 제술관으로 수행한 신유한은 『해유록』이란 견문록에서 당시 조선인들의 속내를 솔직히 털어놨다. 신유한은 오사카에 이르러 항구를 가득 메운 선박을 보고 깜짝 놀랐다. 그리고 구경나온 수많은 사람들이 모두 화려한 비단의 채색무늬 옷을 입었다는 사실에 더욱 놀란다. 거리가 깨끗하고 음식을 먹을 때는 먹을 만큼만 여러 번 나누어 담아 먹어서 남기는 것이 없으며, 후식으로 과일을 먹고 또 차를 마신다고 기록했다. 천황은 허수아비에 불과하고 쇼군이 실권을 가졌다고 일본 막부정치의 실상도 파악했다. 심지어 일본의 기모노는 섶이 없고 여성들은 안에 고쟁이를 입지 않아서 그냥 앉았다가는 속살이 드러날 수밖에 없어 무릎을 꿇고 앉는다고 세밀한 관찰력도 보여준다. 낯선 풍속과 문물을 관찰하던 신유한의 속마음은 당시의 수도 교토에서 여실히 드러났다. 교토의 북쪽 거대한 비와호(湖)의 수려한 풍광을 보고나서 신유한은 '오랑캐가 어찌 이런 땅의 주인이 될 수 있는가?'고 한탄한다. 나아가 '오랑캐가 어찌 이렇게 잘 살 수 있는가?'고

자문했다.[125] 그러나 딱 거기까지였다. 이후에도 100년 가까이 통신사는 계속됐고 40여 편의 견문록이 나왔지만 이런 자문조차 없었다.

병자호란 이후부터 청·일 전쟁으로 조선이 중국과의 조공 관계를 공식으로 파기하기까지 258년 동안 조선은 청(淸)에 무려 507회나 연행사(燕行使)를 보냈다. 청(淸)도 조선에 169차례나 사절단을 보냈다. 서양과의 문물교류로 날로 달라져 가는 연경의 눈부신 발전상을 직접 보고, 청나라 황제에게 우리 임금의 등극과 세자책봉을 허락받고 공식 외교문서에 청 황제를 어버이로 칭하는 사대를 하면서도 속으로는 이들을 '되놈'이라고 욕하고 명나라를 섬기는 현실 부정에만 집착했다.

말하자면 조선 후기 우리 조상들은 일종의 집단 최면에 걸린 상태였다. 현실을 인정하자니 당한 수치와 능욕이 너무나 치욕스럽고, 이들을 넘기에는 벽이 너무나 높아 보이자 결국 현실도피를 택한 것이다. 그게 정신승리였다. 결국 요순(堯舜) 시대의 재현과 온고지신(溫故知新)을 최고의 덕목이자 추구할 유일한 가치로 꼽았다. 1,000년 전 중국 고전은 토씨 하나 틀리지 않고 외우면서도 현실에서는 이미 강대국으로 성장한 나라를 야만국으로 규정해 무시하고 터럭만큼도 알려 들지 않

125 신유한(이효원 역), 해유록: 조선선비 일본을 만나다, 돌베개, 2011

았다.[126] 엄연한 현실을 애써 무시하는 지독한 위선이었다. 지구촌이 눈이 어지러울 정도로 빠르게 변하고 기술과 산업 정신혁명이 일어나고 있던 시기에, 우리는 정신승리라는 허울을 붙잡고 그것을 자랑하며 3백 년 세월을 허송했다. 자가당착의 결과는 바로 그 오랑캐들에게 짓밟히고 끝내는 나라를 뺏긴 것이었다.

반면, 일본은 다른 것을 자랑한다. 동양이 근대 서양의 문물을 수용하는 과정을 일본에서는 '전파(傳播)'와 '전래(傳來)'의 개념으로 구분한다. 대항해 시대가 됐다고 해서 서양의 근대문물이 하루 아침에 극동까지 도착한 게 아니다. 바스쿠 다 가마가 인도항로를 발견하고 해로를 통한 아시아 항로 개척에 나섰을 때 이들은 아프리카 서안과 동안의 수많은 중간 기착지를 개척하며 올라왔다. 아프리카 서북 해안의 세우타, 남동해안의 모잠비크, 아라비아의 호르무즈를 거친다. 아라비아 남쪽 끝 예멘의 항구도시 아덴 역시 포르투갈 상인들이 개척한 중간 교두보였다. 이곳을 지나야 비로소 인도에 이를 수 있었다. 인도에서 다시 고아를 개척한 후 북쪽으로 뻗어 말래카와 자바, 시암, 참파 등에 하나하나 무역거점을 만들고 1540년대 들어서야 비로소 동중국해에 진입해 마카오를 열었다. 그리고 마침내 1543년에 남중국해 일대의 밀무역을 장악하고 있던 중

126 신상목, 학교에서 가르쳐 주지 않는 세계사, 뿌리와 이파리, 2019, p.181

국 해적선을 타고 태풍에 밀려서 일본에 도착했다.[127]

바스쿠 다 가마가 처음 인도에 도착한 것이 1498년이니 여기서부터 일본에 오기까지 45년이 더 걸린 것이다. 이 기간 동안 그들은 이른바 철포(鐵砲 뎃뽀,조총)를 싣고 다니면서 문명국이 아닌 곳에서는 약탈을 하고 문명국에선 철포를 팔아 교역을 하면서 올라갔다. 포르투갈에 이어 동아시아를 찾은 스페인과 네덜란드 그리고 영국까지 모두 같은 경로로 비슷한 과정을 거치며 일본까지 찾아온다. 바로 이 과정이다. 아프리카와 인도 아시아의 수많은 나라들이 일본과 똑같이 외래문물을 접했지만, 이를 자기 것으로 만들어 소화시킨 나라는 일본이 유일하다는 것이다. 아프리카는 제쳐 두더라도 당대의 문명국이던 아라비아의 각국이나 인도, 자바, 시암(태국), 베트남, 그리고 자신들이 세상의 중심이라고 자부하던 중국까지도 모두 외래문물의 '전파'만을 경험했다는 것이다. 하지만 일본은 외래문물을 적극 받아들여서 즉각 이를 체화해 곧바로 자기들 것으로 만들고, 나아가 이를 통해 주변 각국을 압도하며 성장한다. 포르투갈 상인으로부터 뎃뽀(鐵砲)를 구입한 즉시 이를 복제해 불과 10여 년 만에 일본 내에서 대량생산에 들어갔고, 결국 이를

127 중국 남부의 광둥(廣東),푸젠(福建), 저장(浙江) 등은 중앙정부가 쇄국정책을 추진하자, 대거 밀무역에 종사하며 이른바 해적이 된다. 명(明)은 이를 인정하지 않으려 이들을 왜구라고 불렀다. 즉 명나라 시대의 왜구는 이전시대와 달리 주로 밀무역에 종사하던 남부 중국인들이 절대 다수다.

앞세워 열도를 통일하고 곧이어 조선을 침공했다. 네덜란드의 선진문물을 접하자 바로 난가쿠(蘭學)을 열어 서양의 과학지식을 습득했고, 사농공상을 버리고 '상인의 도'를 만들어 냈다. 화약의 원료인 초석이 부족하자 즉각 왜구를 통한 밀무역으로 중국에서 조달했고, 조총을 만드는 데는 이전에 도검을 만들던 단조용 사철(沙鐵)과는 다른 주물용 주철(鑄鐵)이 필요하자 역시 밀무역으로 조달했다. 국제 결제수단인 은(銀)이 필요하자 조선의 회취법 기술자들을 끌어들여 일약 세계 유수의 은 생산국이 됐다. 조선을 침공해서는 당대 최첨단 기술자 집단인 도공들을 납치해 세계 제일의 도자기를 만들도록 적극 후원했고 곧이어 세계시장을 석권해 막대한 부(富)를 축적했다. 선진문물을 소화하고, 자국 내에 없는 것이라면 무슨 방법으로든지 조달해서 자기 것으로 만들어 내재화했다. 일본은 이를 '전파'와는 다른 개념의 '전래'라고 부른다. 일본이 근대에 아시아 유일의 선진국이 될 수 있었던 것은 외래문물의 '전파'를 '전래'로 소화해 내는 사상의 유연성과 현실에 입각한 실용정신이 있었기에 가능했다는 것이 일본학자들의 결론이다. (역사적으로 보자면 일본은 고대국가 형성기부터 한반도와 중국에서 선진문물을 받아들여 자기 것으로 내재화 발전시켜온 오랜 내력의 문화소화력이 있었다.)

정신승리라는 관념을 붙들고 살아온 '선비의 나라'와, 현실이라는 실용주의를 택해 살아온 '상인의 나라'가 그 후 어떻게 전개됐는지는 두 말할 필요가 없다. 내 것과 다른 외래문물을 기존의 관념으로 배제하는 것이 아니라, 이용가치로 평가하고 개방주의로 수용하는 실리·실용주의가 나라의 운명을 다르게 만든 것이다.

7장

사랑과 영혼의 대화

사랑과 영혼의 대화

지난해 100세를 맞은 연세대학교의 김형석 명예교수는 요즘도 활발한 강연과 집필활동으로 많은 사람들의 부러움과 존경을 받고 있다. 그가 시대의 귀감이 되는 것은 소위 '3대 철학 교수'로 지칭되는 학문적 성취와 100세의 나이를 무색게 하는 건강도 그렇지만, 무엇보다 그의 인생 자체에 우리나라가 지난 한 세기 동안 겪어온 격동의 세월이 고스란히 녹아 있기 때문일 것이다. 그는 일제 강점기 평양 근처에서 태어나 그 시대의 누구나 그러했듯이 가난과 핍박 굴종의 세월을 견디며 살아왔고, 해방과 분단 전쟁의 소용돌이를 온몸으로 맞으며 목숨을 부지했다. 권위주의 시대에는 방황하는 젊은이들에게 고독과 절망을 극복하고 삶의 지혜를 깨우쳐주는 가르침으로 존경과 사랑을 받았다. 필자는 초등학교를 다니던 어린 시절, 큰 형님의 서가에 꽂혀 있던 김 교수의 '영원과 사랑의 대화'라는 책을 지금도 기억하고 있다. 당대 최고의 인기 수필집이라기에 몇 번 읽기를 시도해 봤지만, 도무지 이해가 되지 않는 어려운 글이라 그냥 집어치우고 말았던 기억이 아직도 선하다. 하긴 허무와 죽음, 고독과 절망, 좌절 같은 단어들이 나열되고 영원에서 삶의 의미를 찾아내는 철학자의 사색을 열두 세 살의 꼬마가 어찌 이해할 수 있었겠는가?

최근 주말마다 연재되는 김 교수의 글을 읽으며, 평범한 일상생활 속에서 삶의 소중한 의미를 찾아내는 그의 혜안과 통찰에 새삼 감동하고 있다. 이 글의 마지막 장이 참으로 송구하게도 40여 년 전 그 분의 책 제목과 얼핏 비슷하기에 굳이 김 교수님의 얘기를 했다. 하지만 이 글은 삶의 지혜를 구하는 철학적 사색과는 거리가 멀다. 박학 비재한 필자의 지적 수준이 그런 차원에 이르지 못함도 당연하다. 이 글은 단지 '어떤 말을, 어떻게 해야 하는가? 왜 그래야만 하는가?'에 집중돼 있을 뿐이다. 그 의문에 대한 필자의 답이 바로 '사랑과 영혼의 대화'다.

앞에서 우리는 정태기 원장의 분류에 따른 네 가지 유형의 말을 살펴봤다. 상대를 감동시켜서 행동으로까지 이끄는 말을 '혼의 말', 그 대화를 '영혼의 대화'라고 했다. 그런데 앞에서는 그 형식과 방법만을 얘기했다. 정작 중요한 '내용'에 대해서는 말을 아꼈다. 이제 그 내용을 말할 차례다.

사랑의 의미

위에서 Love를 번역하기까지 어떤 곡절이 있었는가를 잠시 살펴봤었다. '사랑'은 그만큼 복합적이고 오묘한 개념이다. 이런 사랑의 복잡 개념을 정면으로 다룬 것은 아마도 성경이 최초일 것이다. 견문이 부족해서겠지만, 필자는 아직도 '사랑'에 대해 성경을 뛰어넘는 설명을 보지 못했다. 사랑에 대한 성경의 구절은 곡을 붙여 유행가로도 불릴 만큼 일반인에게도 널리 알려져 있다. 고린도 전서 13장이다. 고린도서의 저자는 기독교의 가장 위대한 선교사 사도 바울이다.[128] 이때까지 유대교의 작은 종파에 지나지 않았던 기독교를 세계인이 믿는 보편 종교로 발전시킨 것은 바울의 공헌이 절대적이다. 바울은 당시로서는 알려진 세계의 거의 전부였던 로마제국의 절반을 돌며 기독교를 전파한다. 무려 2만 킬로미터의 기나긴 고행 끝에 기독교의 사상적 토대를 확립했고, 그리고 자신의 목숨을

128 Paul, 바울로 또는 바오로라고도 한다. 4차례에 걸쳐 2만킬로미터의 전도 여행으로 초기 기독교 전파에 획기적인 역할을 했고, 마지막으로 로마로 가서 순교한다.

기다리는 로마를 스스로 찾아가서 기꺼이 순교했다.

바울은 AD 54년 경 소아시아 일대를 거쳐 그리스 지방까지 순회하는 2차 전도여행에 나서는데 이때 고린도를 처음 방문한다. 그는 여기서 1년 6개월을 머무르며 교회를 세웠다. 이후 바울은 다시 3차 여행에 나서 소아시아의 에베소에 머무르고 있었는데 여기서 고린도의 교회와 신도들에게 편지를 쓴다. 이 서신을 모은 것이 고린도 전서다. 1년쯤 후 마케도니아로 옮겨 여기서 고린도 교회에 쓴 편지는 고린도후서로 전해오고 있다.

바울이 이들 편지에서 왜 '사랑'이란 개념을 설명하고 강조했는지를 이해하기 위해서는 당시 시대 배경과 고린도의 상황을 살펴볼 필요가 있다.

고린도(Corinth)는 뿔이란 뜻이 말해주듯 지중해를 향해 뿔처럼 튀어나온 그리스 펠로폰네소스 반도의 고대 항구도시다. 아테네 서쪽 64킬로미터쯤에 위치해 해상 교통과 무역 중심지로 번성하던 곳이었다. 따라서 지중해 연안을 항해하는 헬라(그리스)와, 애굽(이집트), 시리아, 가나안, 아시아 출신 선원들이 모두 다 체류하는 곳으로, 인종 전시장을 방불케 하는 국제도시였다. 2만 명을 수용할 수 있는 야외극장이 있었고 여기서 고대 운동경기가 펼쳐지기도 했다. (당대 도시의 유적이 고스란히 남아있는 터키의 에베소를 방문해 보면 고린도의 모습이 짐작된다.) 오늘날의 뉴욕을 연상케 하는 곳이다. 당시는 도시마다 안전항해를 기원하는 각국의 신전이 즐비했다. 이집트인들이 세운 이시스(Isis)와

세라피스(Serapis) 신전, 터키의 에베소를 대표하는 아르테미스(Artemis) 신전, 시리아와 페니키아인들의(Syria-Phoenicia, 성경에는 '수로보니 게'라고 표현됨) 아스다로(Astarte) 신전, 브루기아 사람들이 세운 마그나 마터(Magna Mater) 신전 등이다. 고린도의 중심부 광장에도 유명한 신전들이 빙 둘러서 있었는데, 광장 남쪽에는 데메트(Demeter, 풍요의 여신) 신전이 있었고 북서쪽에는 아폴로(Apollo) 신전이 있었다. 고린도 해협의 북동쪽에는 바다의 신 포세이돈(Poseidon) 신전도 있었다. 가히 신화(神話)의 나라다운 모습이었다. 이들 신전 가운데서도 가장 크고 유명한 신전은 고린도 광장의 남쪽 해발 575미터의 아크로 고린도(Acro-Corinth) 언덕 위에 우뚝 솟아 있는 미(美)의 여신 아프로디테(Aphrodite, 사랑의 여신) 신전이었다. 고린도 시가지를 한눈에 내려다보는 높은 암반 위의 이 신전에는 당시 무려 1,000여 명의 여사제(女司祭, sacred prostitute)들이 있었다. 이들은 제례의 일환으로 온갖 음란한 행위를 자행하였다. 말이 여사제지 실제론 창녀들이었던 것이다. 바울의 서신중에는 고린도 교인 중에 아버지의 첩과 동침하는 자가 있다는 소식을 듣고 질책하는 내용이 나올 정도다. 고린도는 이렇게 음행과 우상숭배가 만연한 타락의 중심지였지만, 바울은 피하려 들지 않고 오히려 그 한가운데로 뛰어들어 복음을 전하는 정면 승부를 택했다. 성경적 관점에서 보자면 소돔과 고모라처럼 유황불의 심판을 내려야 할 곳이었지만 교회를 세움으로써 파멸이 아니라 구원에 나선 것이다.

2차 선교여행에서 바울은 고린도에 도착하기 앞서 아덴(아테네)에도 들렀다. 아덴은 그리스 신화에 나오는 모든 신들의 집합소다. 심지어 '알지 못하는 신에게'라고 새겨진 제단이 있을 정도였다. 기독교 관점에서 보자면 이교도와 온갖 우상들의 소굴인 셈이다. 당시 아테네에서는 날마다 스토아학파와 에피쿠로스 학파 간에 토론이 벌어졌는데, 바울은 매일 회당에 나가 이들과 논쟁을 벌였다. 바울은 온갖 신(神)들의 중심지에서 용감하게 신들을 믿는 우상숭배를 비판한다. 아레오파고스라는 대형 연극장에서는 내규모 군중을 앞에 놓고 '알지 못하는 신'은 하나님이라고 설파하기도 했다. 하지만, 쟁쟁한 그리스 학자들을 설득하는 데는 한계가 있었던 듯하다. 아테네에서 교회를 세우지 못한 바울은 오히려 가장 타락한 항구도시 고린도에 이르러 교회를 세우는 데 성공한다. 1·2차 여행을 통해 이미 몇 번이고 목숨을 잃을 뻔한 천신만고의 고행 끝에 얻은 보람이기에 바울의 감동도 컸을 터였다.

그런데 그가 고린도를 떠나자 고린도교회는 심각한 내분에 빠진다. 사람들은 다시 아프로디테 신전을 찾아 음행에 빠졌고, 교회는 네 부류로 나뉘어 다투고 비난하며 분쟁에 휩싸였다. 이 문제들은 교회사적으로는 오늘날까지도 종파 간에 다투는 문제들이다. 자신이 천신만고 끝에 세운 교회가 분열과 갈등으로 싸우고 죄악으로 무너져간다는 소식에 바울은 통절한 심정으로 편지를 쓴다. 그는 우선 분쟁과, 음행한 교인의 처리, 그리고 교회 내 여성의 위치와 행동, 성찬과 헌금, 부활 등 당면 문제에 대해 자신의 의견을 소상하게 밝힌다. (오늘날 관점에서 보면, 용납하기 어려운 구시대적 사고지만, 당시로서는 통념을 깨뜨리는 혁명적 사고가 많았다. 특히 율법이 아니라 믿음으로 구원받을 수 있다는 주장은 유대 율법주의자들로부터 거센 비난을 받았다.) 하지만 이런 것들이 근본적인 해결책이 될 수 없다는 것은 누구보다 바울 자신이 잘 알고 있었다. 보다 근원적인 문제는 교회 내에 만연한 반목과 질시, 분열과 갈등이었다. 대화와 타협을 거부하는 외고집, 나는 옳지만 상대는 틀리다는 독선의 진영논리, 게다가 음행과 죄악을 저지르면서도 잘못이 없다는 위선까지, 마치 우리가 익히 보아온 것 같은 인간 사회의 난맥상이었다. 이 어려운 난제 앞에서 바울은 고뇌와 번민을 거듭하고 오랜 시간 하나님께 눈물로 기도한다. 그리고 그 끝에 찾은 해답이 바로 '사랑'이었다.

바울은 '사랑'에 대해서 먼저, 말의 형식과 포장이 아무리 대단할지라도 그 안에 '사랑'이 없으면 헛된 것이라고 했다. '내가 사람의 방언과 천사의 말을 할지라도 사랑이 없으면 소리 나는 구리와 울리는 꽹과리가 되고…' (고전 13:1). 또 '내가 모든 비밀과 모든 지식을 알고 산을 옮길만한 믿음이 있을지라도 '사랑'이 없으면 아무것도 아니라'고 했다. (고전 13:2) 심지어 '내게 있는 모든 것으로 구제하고 또 내 몸을 불사르게 내줄지라도 '사랑'이 없으면 아무 유익이 없다'고 했다. (고전 13:3) 기독교의 이 위대한 성자는 '사랑'이란 이렇게 사람의 목숨보다 중요한 것이라고 힘주어 강조한다. 그리고, '사랑'이란 무엇인지에 대해 본격적으로 얘기를 풀어간다.

> (고전 13:4) 사랑은 오래 참고 사랑은 온유하며 시기하지 아니하며 사랑은 자랑하지 아니하며 교만하지 아니하며

> (고전 13:5) 무례히 행하지 아니하며 자기의 유익을 구하지 아니하며 성내지 아니하며 악한 것을 생각하지 아니하며

> (고전 13:6) 불의를 기뻐하지 아니하며 진리와 함께 기뻐하고

> (고전 13:7) 모든 것을 참으며 모든 것을 믿으며 모든 것을 바라며 모든 것을 견디느니라

> (고전 13:8) 사랑은 언제까지나 떨어지지 아니하되 예언도 폐하고 방언도 그치고 지식도 폐하리라

> (고전 13:13) 그런즉 믿음, 소망, 사랑, 이 세 가지는 항상 있을 것인데 그중의 제일은 사랑이라

하나하나 찬찬히 읽어보면 '사랑'의 기본은 '나'를 내려놓고 '상대'를 인정하는 겸손에서 시작된다는 것을 알 수 있다. 상

대가 아무리 소위 '하찮더라도' 무례하게 굴거나 성내지 말고, 또 그런 상대가 잘된다고 해서 시기하지도 말라는 것이다. 그러기 위해 '나'를 내려놓고 참으라는 것이다. '나'를 자랑하거나 교만하지 말라고 한다. 지극한 겸손을 강조한 것이다. 나아가 자기의 유익을 구하지 말라고 했다. 자신의 유익을 구하지 않으면 얼마든지 겸손할 수 있다. 하지만 자기의 유익을 구하려고 들면, 진정한 겸손과는 멀어지게 되고 더 나아가면 수단과 방법을 가리지 않게 된다. 유익을 위해서라면 악한 것을 구하는 것도 서슴지 않게 된다. 그렇게 되면 불의조차 기뻐할 수 있는 것이다. 그래서 불의를 기뻐하지 말고 진리를 기뻐하라고 가르친다. 진리란 변치 않는 것이다. 진리를 지키려면 일관성을 유지해야 한다. 유·불리를 고려한다면 자신의 처지가 변함에 따라 일관성을 유지할 수가 없다. 즉 유·불리를 따지지 말고 말의 일관성을 지키는 것, 그것이 '진리를 기뻐하는' 것이다. 이렇게 하자면 따뜻하고 부드러운 마음, 즉 온유한 마음을 가져야 한다. 말하자면, 온유한 마음으로 자신을 낮추는 겸손함을 가지고 말과 태도에 일관성을 유지하는 것이 사랑을 실천하는 태도일 것이다. 하지만 말이 쉽지 현실에서 온유하고 겸손한 태도로 언제나 일관성을 유지한다는 것은 결코 쉽지 않다.

바울은 그래서 참고 또 참으라고 했다. '사랑' 에 대한 바울의 정의(定意)는 4절 '사랑은 오래 참고'로 시작해 7절 '모든 것을 견디느니라'가 사실상 마지막이다. 즉 참는 걸로 시작해서 참는 걸로 끝맺은 것이다. 한마디로 '사랑은 오래 참고, 모든 것을 견디는 것'이라고 할 수 있다. 그런데 참는다는 것, 즉 인내는 사랑의 개념적 정의라기보다는 실천적 정의다. 즉 사랑에는 뜻을 담는 개념적 의미와 이를 실현하는 실천적 내용이 모두 포함된다고 할 수 있다. 그리고 개념적으로는 자신을 낮추고 참아내는 겸손, 상대에 대한 존중과 배려, 그리고 진리 추구라는 3가지 축으로 이뤄져 있다. 실천적 내용은 참고 또 참는 것이다. 어떻게 참는가? 오래 참고 모든 것을 견디는 것이다. 무엇을 참는가? 온유함과 겸손함, 일관성 유지를 오래도록, 어떤 일이 있더라도 견뎌내라는 것이다. 그것이 바로 '사랑'이라는 것이다.

이 같은 내용의 1차 서신을 보내고서도 바울은 못내 마음이 안 놓였는지 잠시 짬을 내서 다시 고린도를 방문한다. 그러나 급하게 다녀온 두 번째 방문은 성과를 거두지 못한 것으로 보인다. 고린도 후서를 보면 이를 '근심 중에 나아갔던 (방문)'이라고 기록하고 있다 (고후 2:1). 돌아온 바울은 못내 마음이 안 놓였는지 재차 편지를 보낸다. 신학자들이 '눈물의 편지'라고 부르는 것으로 전서와 후서의 중간 편지에 해당하지만 내용은 전하지 않고 있다. 시간이 흘러 바울이 거처를 마케도니아로 옮긴 후 바울은 마침내 고린도의 분열과 갈등이 수습되었다는 소식을 듣는다. 네 부류로 갈라졌던 신도들이 회개하고 화합해서 바울을 맞이하겠다고 한 것이다. 바울은 기쁨에 겨워 세 번째 편지를 보낸다. 이게 고린도 후서다. 그래서 세 번째 편지, 즉 고린도 후서는 바울의 마음 깊은 곳에서 우러나오는 감사와 고백을 담고 있다. 극도로 애통했던 심정에서 감사와 기쁨으로 바뀐 만큼 감정이 극과 극으로 교차된다. 자랑과 약함이, 감사와 노여움이, 또 엄격함과 부드러움이 나타난다. 그것은 자신이 설파했던 '사랑'의 위대함에 대한 자랑이며 고백이기도 하다. 고린도 교인들을 향한 바울 자신의 목자적 사랑이기도 했다.[129] 고린도 후서는 그래서 '사랑의 대화'에 대한 바울의 자기 고백서라고도 할 수 있다. 감정이 정제되지 않아 난해하게 읽히지만, '사랑'의 힘을 체험하고 이를 증언하는 것이다. 그래서 신학적으로는 바로 이 '사랑의 대화', 고린도 후서에 복음 사상의 핵심 교리가 담겨 있다고 본다. '하늘나라에 대한 소망'과 '새로운 피조물', '화해의 교리' 등이다. 쉽게 설명하자면, '사랑'을 마음에 담고 사람을 대할 때 그것이 바로 인간의 절대적 소망인 하늘나라에 이르는 길이요, 그때의 사람들은 이전과는 다른 새로운 사람으로 거듭난 사람이라는 것이다. 이런 의미에서 사랑의 대화는 곧 화해(인간과의 화해를 넘어 궁극적으로는 하나님과의 화해)에 이르는 길이다.

한마디로 기독교의 최종 목적이라 할 수 있는 '구원'에 이르는 길, 구원의 방법이 바로 '사랑'이라는 것이다. 이 같은 편지

129 http://zionubf.org/old_message/corin2-pro.htm

를 보내고서 바울은 기쁜 마음으로 고린도를 다시 방문한다. 세 번째이자 마지막 방문이다. 그리고 화해와 통합으로 거듭난 고린도 교회를 눈으로 확인하고서 바울은 이제 생애의 마지막을 결심하고 준비한다. 최후의 선교지가 될 로마를 그리며 글을 쓴 것이다. 신약의 로마서다. 신약성경 전체에서 구원의 복음을 가장 논리정연하게 풀어냈다는 평가를 받는다. 가시처럼 껄끄러웠던 고린도교회의 문제가 해결되자 감사의 마음으로 기꺼이 목숨을 내놓기로 작정한 것이다. 순교의 결심 위에서 쓴 글이기에 최고의 역작이 나올 수 있었을 것이다.

목숨을 건 생애 마지막 여행, 순교에 나서도록 한 그 무엇, 그것은 기독교적으로는 하나님에 대한 절대적 신앙이다. 하지만 다른 말로 표현하자면 자신이 고린도 사람들에게 부르짖고 직접 그 효과를 체험한 '사랑의 힘'이었다.

사랑, 그 위대한 힘

'달에는 오랜 상처가 남아 있다'는 말이 있다. '마치 우리 마음에 오랜 상처가 있듯이, 달에는 크고 작은 수많은 충돌의 흔적들이 갈라지고, 터지고, 무너져 있다'는 것이다.[130] 이 말을

130 이경희, 자기미움, 북스톤, 2016

우리는 달을 보면서 많은 감정을 느끼곤 한다.

한 심리분석가는 '달은 온몸의 상처를 치유하지 않고 지냄으로써 그토록 오랜 세월을, 인간과 슬픔과 아픔 불안과 두려움을 함께해 준 듯하다'고 썼다. 그래서 우리는 달을 볼 때 '그토록 애잔한 마음을 느끼고, 동질감으로 위로와 공감을 느낀다'고 했다.

누구나 이 말에 공감을 느낄 것이다. 사람은 누구나 저마다 사연을 안고 살아간다. 자랑하고픈 사연도 있지만 대개는 말 못 하는 사연, 숨기고 싶은 사연이 더 많다. 이런 사연이 많을수록 어둡고 부정적 견해가 많고, 좀처럼 속마음을 보이려 하지 않는다. 마음의 상처가 깊은 사람들이다. 달처럼 오랜 상처가 남아 있고 그로 인해 알게 모르게 고통받는 사람들이다. 상처가 아물지 않으면, 그것은 무의식중에 갖가지 형태로 표출된다. 흔히는 내성적이거나 스스로 소외되는 은둔형 성향을 띤다. 보는 사람으로 하여금 애잔한 마음을 일으키게 하지만 그만큼 스스로 연민의 생을 살아가는 사람이다. 치유되지 않은 상처로 인해 혼자서 고뇌하고 슬퍼한다. 치유가 꼭 필요한 사람들이다. 반면, 상처가 공격적 증상으로 나타나는 사람들도 있다. 마음의 상처가 콤플렉스가 되어 누가 이 상처를 건드리기라도 하면 격렬한 반응을 일으킨다. 상처를 감추기 위한 보호본능에서 나오지만 동시에 남에게 그만큼의 상처를 줄 수도 있는 과잉 본능이다. 이는 특히 다른 사람이나 공동체에 해를 끼칠 수 있기에 더욱 치료가 시급하다. 두 가지 행태는 상반되는 것처럼 보이지만 한 사람이 동시에 소유하는 경우가 오히려 더 많다. 때로는 은둔형으로 때로는 공격형으로 나타나는 것이다. 동전의 양면 같은 경우다. 상처의 깊이와 행동의 정도는 비례한다. 더욱 고립되거나 더욱 공격적으로, 양극단이 행동으로 나타날 수도 있다. 돌출적이고 남들과 어울리지 못하는 행동으로 인해 이런 사람은 대개 더욱 고립된다. 그럴수록 증세는 점점 악화된다.

문제는 마음의 상처가 좀처럼 쉽게 치유되지 않는다는 것이다. 치유하지 못한 상처를 안고 평생을 불행하게 살아가는 사람들도 적지 않다. 상처의 연원을 모르기 때문이다. 상처의 연원을 알게 되면 마음의 상처는 비교적 어렵지 않게 치유될 수도 있다. 상처를 받은 사건, 상처를 준 사람, 그 사건이 일어났던 배경과 전개 과정을 객관적으로 들여다보며 곡절을 이해하고 상처를 준 사람으로부터 진심 어린 사과를 받거나 상처를 준 말의 충격을 소화함으로써 상처난 마음에 딱지를 입히고 그 상처가 아물어 가도록 마음을 단련시키는 것이다. 스스로 해내기 쉬운 일은 아니지만 전문가들의 도움을 받으면 결코 어려운 일도 아니다.

상처받은 마음을 치유하려면 일차적으로 그 원인을 찾아내야 한다. 앞에서 살펴본 것처럼, 그 사람의 말을 들어주는 대화, '영혼의 대화'를 할 때 가능하다. 그러자면 그 대상자를 존중하고 배려하며, 일관성 있는 태도를 보여줘야 한다. 인내와 겸손, 배려와 존중, 그리고 일관성, 사도 바울이 고린도 교인들에게 보냈던 편지 속의 그 '사랑'이 마음의 상처를 치유하는 필수조건인 것이다. 그 '사랑'이 있을 때 대상자는 비로소 속마음을 털어놓게 된다. '사랑'은 이처럼 굳게 닫힌 마음의 문을 여는 열쇠가 된다. 가슴에 응어리진 차디찬 얼음덩이를 녹아내리게 하는 난로요, 가슴을 짓누르는 무거운 바윗덩어리를 부숴뜨리는 다이너마이트다. 사랑의 속성인 인내와 겸손, 배려와 존중, 변치 않는 일관성이 얼음을 녹이고 바위를 부수는 것이다. 사랑의 위대한 힘이다.

상처의 소유자가 입을 열기 시작하면 마음속 응어리는 녹기 시작한다. 하지만 응어리가 한순간에 다 녹아내리는 경우는 드물다. 시간이 필요하다. 비유하자면 얼음을 녹이기 위해서는 햇볕이 상당 기간 있어야 하는 것이다. 마음의 상처를 치유하려면 이렇게 먼저 '사랑'으로, 닫힌 마음의 문을 열고 그리고 상처가 다 녹아내릴 때까지 오래도록 끝까지 얘기를 들어주는 것이 필요하다. 즉 '사랑과 영혼의 대화'로 시간을 투자해야 '마음의 상처'를 온전히 치유할 수 있다. 앞서 1870년대 보스턴 정신병원에서 우리는 그 생생한 예를 봤다. 정신병원의 지하 독방에서 오로지 죽음만을 기다리던 애니를, 무려 8개월을 인내하며(오래 참고 모든 것을 견디며) 말을 걸고, 마침내 얘기를 털어놓도록 만들어 들어줬던 로라의 대화는 바로 '사랑과 영혼의 대화'였던 것이다.

문제는 상처가 있지만 있는지도 모르는 사람, 상처가 있는 줄은 알지만 극복할 방법을 모르는 사람, 도움이 필요하지만 도움을 찾지 못하는 사람들이 많다는 것이다. 상처를 안고 고통을 받으며, 심신이 쇠락해 갈 뿐이다. 그래서 주변에 마음을 터놓고 얘기할 수 있는 사람이 있느냐가 대단히 중요하다. 마음의 상처가 없는 사람도 얘기를 나눌 사람 없이 오랜 시간을 지내게 되면, 심신이 쇠약해진다. 단단한 바위와 쇠가 비바람이 없어도 시간이라는 세월의 공격에 부스러지고 녹슬어 가는 것과 같다. 반면, 아무리 삶이 어렵고 힘들어도 주변에 자신의 얘기를 들어주는, 하소연할 상대가 있으면 그 사람은 결코 쉽게 좌절하거나 절망에 빠지지 않는다. 어려운 상황을 극복해

나갈 힘을 얻는다. 주위에 얘기를 나눌 상대가 있다는 것, 나의 하소연을, 고통을 들어주는 사람이 있다는 것, 그것은 정신과 전문의를 주치의로 두고 사는 것과 같다. 상처를 잘 입지도 않을뿐더러 상처를 받아도 쉽게 치유한다.

그런데 마음의 상처는 상대성의 원리가 작용한다는데 문제가 있다. 상대적 박탈감이 상처를 더욱 크게 한다는 것이다. 부자 나라에 사는 서민들이 가난한 나라의 서민들보다 실제로는 훨씬 더 잘 살지만, 현실에서는 훨씬 더 불행하다고 느끼는 것과 같은 이치다. 행복지수가 높다고 알려진 부탄의 국민들은 상대적 박탈감을 느끼게 하는 비교 대상이 없어서 행복하다고 느끼는 것일 뿐이다. 이들이 거처를 서울이나 뉴욕으로 옮길 경우, 이들의 행복지수는 현저하게 떨어질 수밖에 없다. 마찬가지로, 자신의 주위에 멀쩡해 보이는 사람이 많을 경우 상처는 상대적으로 더 아프게 느껴진다. 과거보다는 현대에 사는 사람일수록 인구가 밀집된 대도시에 사는 사람일수록 마음의 상처는 더 뚜렷해진다. 특히 고령화가 가속화될수록 이런 상처는 더 광범위하게 퍼져간다. 독거노인이 많아지면서 소외와 고독으로 인한 마음의 상처도 늘어간다. 젊은 세대도 1인 가구가 늘어나고 있다. 주변에 사람은 많아지지만 일차적 관계의 사람은 오히려 줄어드는 현상 속에서 결국 사람들은 마음의 상처를 치유하기보다는 오히려 상처가 더 깊어지는 경우가 많아지는 것이다. 마음의 상처는 그래서 현대사회의 공통적 질병이기도 하다.

물론 예외는 있다. 종교인과 철학자 등 고도의 정신력을 소유한 사람들이다. 하지만 이들은 사람과 대화를 하지 않을 뿐이지, 신과 또는 자기 자신과 끊임없이 대화를 한다. 입 밖으로 말을 뱉지 않을 뿐 화두를 물고 늘어지며 스스로 끊임없이 질문하고 답한다. 절대자와의 대화를 통해 마음의 상처를 털어놓고 하소연하며 스스로 상처를 치유한다. 그것은 정체성을 찾는 일이라고 해도 좋고 자아 발견이라고 해도 된다. 진리탐구, 구도라고 해도 된다. 불교식의 득도라고 해도 기독교식의 구원이라고 표현해도 무방하다. 불교인들은 '득도'와 마음의 병을 치유하는 것은 차원이 다르다고 할지도 모른다. 하지만 득도란 일체의 속박에서 벗어난 상태를 말하는 것에 다름 아니다. 마음속의 걸림돌을 제거하는 것이다. 화엄경의 핵심사상인 일체유심조(一切唯心造), 즉 '모든 것은 마음이 지어낸다'는 의미를 새겨보면 무슨 뜻인지 금방 이해가 간다. 그래서 득도를 하게 되면 광대무변한 세계 속에서 자유로울 수 있다고 설파한다. '해탈'이다. 기독교인들도 '구원'이라는 거룩한 말을 한낱 '마음의 병을 치유'하는 세속적 의미로 폄하했다며 펄쩍 뛸지도 모를 일이다. 구원이란 '하나님의 자녀가 됨으로써 죄에서 해방되는 것'이라고 배우기 때문이다. 그런데 '죄에서 해방된다'는 것이야말로 마음속의 상처를 치유해서 자신을 옥죄고 짓누르던 굴레를 벗고 마음의 평화를 얻는 것이다. '구원'은 영어로는 Salvation, 독일어로는 ErlÖsung을 번역한 것인데, 두 단어 모두 원뜻에 '치유'의 의미가 들어있다. 즉 마음의 병을 치유한다는 뜻이기도 하다. 표현이 다르고 방법이 다를 뿐, 스스로 마음의 상처를 치유하고 정신의 건강성을 회복한다는 점에서 본질적으로 같다고 할 수 있다. 그러나 이런 경우를 일반화할 수는 없다. 고도의 집중력을 발휘해 정신 수양을 하거나 성직자가 되는 것은 일반적이지 않기 때문이다. 보통 사람들에게는 그래서 '사랑'을 바탕으로 한 '영혼의 대화', 즉 '사랑과 영혼의 대화'가 필요하다.

사랑과 영혼의 대화

개인을 넘어 사회로 눈을 돌려보면, 우리는 망국과 식민 지배, 해방과 분단, 전쟁과 독재, 산업화와 민주화 등 파란의 현대사를 겪으며 압축성장을 하는 과정에서 사회 곳곳이 상처로 얼룩졌다. 상처는 갈등을 낳고 갈등은 다시 미움과 분노 증오와 적대감을 키우며 곳곳이 곪았다. 권위주의 정권 시절 억눌렸던 목소리는 민주화 시대에 폭발했고 시간이 지나면서 갈등이 가라앉기는커녕 더욱 증폭되기만 하는 형국이다. 처음엔 당연한 듯 여겨지던 이익집단의 요구는 시간이 지나면서 금도를 넘어섰고 그러자 이를 대하는 시각도 관용보다는 배척으로 바뀌고 있다. 이익이 부딪친다는 이유로 이제 상대방은 공동체의 일원이 아닌 타도해야 할 적이 돼 버렸다. 서로에 대한 경원과 질시, 험담과 모멸은 유례를 찾기 힘들 정도로 극성스러워졌다. 적과 동지로 나뉜 사회에서 공동의 유산이나 공통의 가치, 목표는 사라져버렸다. 앞선 세대가 이룩한 성취는 우리 편이 아니라면 자랑스럽기는커녕 청산해야 할 적폐일 뿐이다. 그러다 보니 '내로남불'이 시대정신이 됐다. 결국 자정 기능이나 치유가 거의 불가능한 지경에 이르렀다. 악다구니와 쌍소리 욕지거리가 난무하는 세상, 그런 일로 해가 뜨고 지는 세상이 돼 버렸음을 부인할 수 없다. 심각한 병리적 현상이다. 우리는 왜 이런 길을 걸어왔는가?

일차적으로는 정치권에 책임이 있다. 국민을 통합해 에너지를 모으고 미래로 나아가려 하기보다는 갈등과 분노를 이용해 진영을 결집시키고 상대 진영을 무너뜨리는 데만 골몰했기 때문이다. 공동체에 해가 될지라도 진영싸움에 득이 된다면, 오히려 갈등을 부추기고 분노를 이용하고자 하는 모략을 서슴지 않았다. 사회 전체의 이익이나 미래를 위한 건설적인 논의가 아니라 정권 획득이나 권력 유지를 최우선으로 했다. 정치인의 정권 획득을 위한 투쟁을 탓할 수는 없다. 그러나 그것은 공동체의 발전을 위한 것이어야지, 공동체를 해치는 것이라면 어떤 명분으로도 용납될 수 없다.

둘째로는 외부에 우리 내부의 갈등과 분열을 부추기는 세력이 있기 때문이다. 분단체제를 살아야 하는 시대의 숙명이다. 내부의 문제를 외부와 연결시키려는 세력이 있는 한, 내부의 문제는 근본적 해결이 어렵다. 문제는 그 '외부'가 대단히 시대착오적이고 반인륜적이며 반평화적이라는 데 있다. 우리 사회와 공존해야 할 대상이지만 그 '외부'가 우리 내부를 흔들고 분열시키려 하는 것은 용납할 수 없는 일이다. 이를 연결하려는 세력 역시 용납이 어렵다.

세 번째는 이념 갈등이다. 과거 우리는 지역갈등을 큰 문제로 꼽았지만, 이제는 이념 갈등이 모든 문제의 근저에 자리잡고 있다. 좌와 우라는 단순한 이념 분화가 아니라 우리 현대사에 대한 근본적인 시각차이를 내포하고 있다는 점에 문제의 심각성이 있다. 즉 나라의 정체성과 정통성을 인정하느냐 아니냐 하는 문제로까지 번졌다. 이념대결은 진영 간의 갈등을 더욱 깊게 한다. 이 바탕 위에 지역갈등과 세대갈등 계층갈등이 겹치고 여기에 정치권이 편승하고 외부세력이 개입하면서 문제 해결은 더욱 어려워지고 있다.

네 번째는 언론이 갈등을 확대 재생산하고 분열과 대립을 촉진한다는 것이다. 격한 감정의 분출과 자극적인 언사를 여과 없이 전달하고 근거가 불확실해도 의혹 제기와 폭로에 앞다투어 나서고 있다. 사실무근으로 밝혀져도 아니면 말고 식의 무책임으로 일관한다. 이념 갈등이 커지면서, 언론도 좌우로 나뉘어 상대 진영 공격에 열을 올릴 뿐이다. 화합이나 통합은 관심의 뒷전이다. 미래로의 전진보다는 과거 들추기와 상대방 흠집내기에 열을 올린다. 특히 이른바 '폭로 저널리즘'은 기존의 가치나 규범, 금도를 넘는 것을 훈장처럼 여기는 풍조마저 보이고 있다. 선진국 언론들이 참혹한 피해 장면이나 유가족의 격한 감정 발산을 필터링하는 것을 부러워하면서도 정작 자신들은 사람들의 보기 민망한 감정 노출을 여과 없이 방영해 국민들로 하여금 나쁜 학습효과를 일으키게 한다. 신문은 구독자의 선택권이 분명하지만 방송은 무차별적으로 전달되는 전파를 이용하기에 시청자의 선택권이 제한된다. 따라서 전파라는 공공재를 이용하는 방송이 스스로 특정 진영에 가담해 한쪽만의 논리를 전파하고 다른 쪽을 공격하는데 몰두하는 것은 공동체의 존립을 위해서 절대 피해야 할 일이다.

공통의 가치, 공동의 목표, 공통의 이익이 없는 사회는 심각한 병적 사회다. 이렇게 병든 사회는 더 이상의 발전을 기대할 수 없다. 그나마 있는 사회적 자산을 다 까먹고 사회 각 분야를 자포자기의 심정으로 만들어서 결국엔 극도로 퇴락하거나 나라가 송두리째 무너지는 길로 치달을 가능성이 높다. 최근 남미 각국의 상황이 이렇고, 불과 100년 전 조선이 그랬다. 400년 전 임진왜란을 앞뒀던, 또 정묘호란과 병자호란을 앞뒀던 상황도 그랬다. 임진왜란 불과 3년 전 조선조 최대의 옥사가 일어났고, 정묘호란이 일어나기 4년 전과 3년 전 반정(인조반정)과 반란(이괄의 난)으로 상대를 모조리 도륙했다. 그러고도 상대를 죽이지 못해 앙앙불락하다 병자호란을 맞았다.

그레고리 헨더슨(Gregory Henderson, 1922~1988)이라는 미국인이 있다. 40년 전 그가 한국을 체험하고 쓴 책이 있다. 그는 1948년부터 50년까지 주한 미국 대사관의 문정관을 지냈고, 58년부터 63년까지 다시 한국에 근무하며 격동의 한국 현대사를 몸소 체험했다. 좌·우익의 극심한 대립과 건국, 전쟁과 독재 그리고 4·19와 5·16 등 앞에서 언급했던 파란의 한국 현대사를 지켜봤다. 그리고 미국으로 돌아가 68년에 펴낸 책이 『소용돌이의 한국 정치(Korea, The politics of the Vortex)』다.[131] 저자는 이 책에서 한국은 오랜 전통의 중앙집권 국가로, 학문과 문헌 등 풍부한 유산을 가졌고, 단일 언어와, 종교 지리적 분쟁이 없는 나라임에도 왜 극단의 대립으로 정치가 발전하지 못하는지에 대해 의문을 제기한다. 헨더슨은 한국 사회가 갖고 있는 소용돌이의 정치(The politics of the Vortex)에서 그 이유를 찾았다. 서구나 일본과 같은 봉건제 경험이 없는 탓에 권력이 중앙으로 과도하게 집중되면서 다양성보다는 획일성이 커졌고 그 바탕 위에 민족과 언어, 종교, 지역 등의 동질성이 과도한 경쟁을 부추긴다는 것이다. 여기에 해방 후 도입된 민주주의가 이른바 '평등한 권력 접근'을 허용하자 정치는 곧바로 치열한 경쟁과 계급

131 그레고리 헨더슨(이종삼 박행웅 역), 소용돌이의 한국정치, 한울, 2013. (1968년 첫 출간 이래 1988년과 2013년에 거듭 번역 출간됐다.)

상승의 장이라는 소용돌이가 됐다고 분석한다. 그 결과 정치가 서로에 대한 비난을 극단으로 쏟아내는 대결의 장이 됐다는 것이다.

40년 전 외국인 저자의 분석이 꼭 정확하다고 볼 수는 없다. 지방분권과 이익집단의 강화를 대안으로 제시한 한국 사회에 대한 처방 역시 지금으로서는 이견의 여지가 적지 않다. 다만 그가 한국 정치를 가리킨 소용돌이(Vortex)란 표현은 너무나 적확해서 가슴을 서늘하게 한다. 모든 것을 쓸어 올려서 하늘로 날려버리는 소용돌이, 소중한 재산과 생명까지, 삶의 터전을 한순간에 초토화시켜 버리는 토네이도가 바로 한국 정치의 특성임을 지적한 것이다.

그는 한국의 소용돌이 정치의 원류를 조선시대에서 찾는다. 지방 권력이 존재하지 않은 강력한 중앙집권, 조직화되지 못한 상인과 기술자 집단, 중앙 정부의 말단 관리 자리라도 하나 얻는 것이 조선시대 사대부의 최고의 목표였음을 꿰뚫어 본다. 이런 속성은 일제와 미 군정, 이승만 정부를 거치며 오히려 더욱 강화되기만 했다고 평가한다. '모든 가치는 중앙권력에 속했다. 권력 기반도, 안정성도, 야심을 만족시킬 수 있는 대체 수단도 없이 권력을 향해 경쟁에 뛰어드는 사람들이 계속 증가했다'고 분석했다. 서로 구분할 수 없는 동일하고 단일한 집단이, 오로지 하나뿐인 권력에 대한 투쟁과 분열, 경쟁을 벌이며 결국 대의 정치제도의 토대를 구축할 시기를 놓쳤다고 했다. '한국의 정당은 대부분이 기회주의적인 사람들이 결성한, 유동적이고 뿌리 없는 집단'일 뿐이며 한국에서의 '정당은 권력에 도달하고자 하는 개인들이 사용하는 수단'으로, '정당의 목적은 정치가 아니라 정치로 가는 통로'로서, '의사소통의 도구가 아닌 출세의 도구'에 불과하다고 꼬집었다. 그의 분석을 일일이 다 소개할 필요는 없다. 다만 한 대목만 더 덧붙이고자 한다. 한국의 여당에 대한 그의 분석이다. '여당은 정부에 종속하여 정부에 저항하지 않고, 비판으로부터 정부를 방어하는 역할을 한다'고 했다.

40년 전 외국인의 눈으로 본 한국 정치의 분석이 신랄하고, 지금까지 하나도 변하지 않았다는 데서 자괴감이 든다. 한국에서 정치는 여전히 모든 것을 빨아들이는 '소용돌이'다. 한국은 소용돌이의 정치가 반복돼 온 나라다. 조선시대 사화부터 지난 정부의 탄핵까지, 극한 대결의 토네이도 정치가 지속되고 있다. 앞서 제기했던 '우리는 왜 이런 길을 걸어왔는지?'에 대한 답변 네 가지를 하나로 뭉뚱그려 답한다면 바로 한국정치의 '소용돌이'에서 찾을 수 있을 것이다. 또한 지금도 계속되고 있는 '소용돌이'의 원인을 앞에서 꼽았던 네 가지 이유에서 찾을 수 있다.

이 글을 쓰던 2019년 여름, 한국 사회는 적대 정치의 전형적인 모습으로 빠져들었다. 진영논리의 한쪽 핵심에 서 있던 당사자가 법무장관에 임명되면서, 정치권은 물론 국민들도 확연히 갈라졌다. 휴일과 주말마다 광장으로 거리로 사람들이 모여들고, 이들이 내지르는 주장과 함성으로 도시 기능이 마비됐다. 사람들의 머리와 가슴은 온통 분노와 적개심으로 가득 찼다. 결코 정상적인 사회, 정상적 국가의 모습이 아니다. 이런 모습을 불러일으킨 그 당사자는 한쪽 진영의 대열에서 앞장서 상대 진영을 공격하던 선봉장이었다. 거의 모든 사회·정치적 사안에 의견을 표출하며 상대 진영을 향해 이른바 '정의'와 '공정'이라는 무기를 휘둘러 초토화시키던 맹장이었다. 그런데 하필 그 당사자가 자신이 휘두르던 '정의'와 '공정'의 무기를 상대 진영에 내주고 말았다. 치명적 약점이 드러났지만 그는 위축되지 않고 전장(戰場)을 재빨리 다른 곳(검찰개혁이라는)으로 옮겨, 맹장의 신공을 뽐냈다. 하지만 거기까지였다. 현란한 신공이 나올수록 상대 진영은 더욱 불어났고, 이쪽 진영이 단결할수록 저쪽 진영은 더욱 단단하게 뭉쳤다. 진영논리, 진영 싸움의 예정된 결과였다. 결국 상대 진영의 압도적인 숫자에 수도 서울의 중심부 광장을 내주고, 주변부로 밀려날 수밖에 없었다. 모인 사람들의 수를 수십 배 부풀리고 한반도의 북쪽을 닮은 '단일대오 결사옹위'의 구호를 외쳐댔지만 메아리는 한쪽 진영의 허공 위에서 흩어지고 말았을 뿐이다. 진영논리에 빠져 현실을 있는 그대로 보지 않고, 진영논리 안에 갇혀서 그 진영의 색깔 안경을 끼고 세상을 보았기 때문이었다. 현상의 원인은 진영논리에 매몰된 오판과 안이함에서 비롯됐지만 보다 근본적으로는 사회 전반의 건강성이 상실됐기 때문이었다. 사상의 순수성을 고집하면서 진영 내에서는 다양성이 고갈됐고, 사고의 생태계는 단일종으로 고착화됐다. 견제와 균형의 논리, 건전한 비판조차 허용될 수 없는 사고의 획일만이 자기 복제를 거듭했다. 전형적인 닫힌 사회의 모습이 21세기에서 재현된 것이었다.

조선이 망한 이유를 찾자면 적어도 사오십 가지쯤은 쉽게 열거할 수 있을 것이다. 수많은 이유와 배경 가운데서 근본 원인을 하나 꼽자면 필자는 조선이 철저한 진영논리에 빠졌기 때문이라고 본다. 사화와 당쟁으로 내 편 네 편이 분명히 갈린 사회에서는 상대가 아무리 옳은 말을[132] 할지라도 인정해 줄 수 있는 분위기가 아니다. 상대는 적일뿐, 공존의 대상이 아니다. 당연히 대화를 거부한다. 모든 게 당파 이익에 집중돼 있다 보니 '숭용산림 물실국혼(崇用山林 勿失國婚)이 집권층의 사실상 국시였다. 부국강병이나 제도 개혁 민생안정 등은 '당파의 집단 이익' 앞에 우선순위가 밀렸다. 국제정세는 아예 논외였다.

문제는 갈가리 찢긴 지금 우리 사회의 모습이 하등 다르지 않다는 것이다. 그 결과는 자신의 진영은 물론 공동체 전체를 위험에 빠뜨리는 결과를 초래한다. 슈퍼컴퓨터로 1만 년 걸리

132 인조반정으로 정권을 잡은 서인이 '서인 계열의 재야 학자들을 등용하고, 왕실과의 혼인은 절대 뺏기지 않겠다(권력과 왕비는 서인이 갖자)'고 정권 유지를 위한 일종의 비밀결사를 한 것.

던 계산을 단 3분 20초에 끝내는 양자 컴퓨터가 예고된 세상에서, 외부 세계에는 눈을 닫고 내부의 진영 다툼에만 골몰하며 국가 경쟁력을 스스로 팽개쳐 버리는 일을 되풀이하고 있다. 진영논리가 극단으로 치달으면 파시즘이나 나치즘으로 그리고 공산주의로 연결된다. 나치의 어용 법학자 카를 슈미트(Carl schmitt, 1888~1985)는 '권력 활동은 제도가 아니라 결단에 의해 이뤄진다'고 했다. 또 '권력 활동은 친구와 적의 구별을 통해 이뤄진다'고 했다. 즉 권력 활동은 법에 구애받을 이유가 없다는 것이다. 그는 정치를 '적과 동지의 생사를 건 투쟁'이라고 정의했는데, 2019년 이른바 '조국 사태'는 슈미트의 주장이 현실에서 행해지는 장면에 다름 아니었다. 그 결과 한국 사회는 증오로 쪼개지고 더 이상 공동체라는 말을 담을 수 없을 정도로 국가의 근간이 흔들리는 상황을 맞게 됐다.

KBS 기자 출신의 박선규는 『미국, 왜 강한가?』[133]라는 책에서, '우리는 왜 실패에서 교훈을 얻지 못하는가?'라고 자탄했다. '사고가 날 때마다 격한 목소리로 책임자 문책을 주장하고, 열정적으로 분석과 처방을 간섭하고 수습 과정의 무능과 혼란을 지적하며 재발방지 대책까지 요구한다. 그러나 딱 거기까지다. 달라지는 건 아무것도 없다. 필요 이상으로 흥분하고 다시 까맣게 잊는다'고 우리 사회의 현상을 질책했다. 이 책은

133 박선규, 미국 왜 강한가?, 미다스북스, 2006

세월호 사고가 일어나기 8년 전인 2006년에 출간됐지만 세월호 사고가 터진 이후의 과정을 마치 눈으로 보듯이 예견했다. 각종 국가기관과 민간 위원회의 무려 다섯 번에 걸친 조사를 뒤로하고 검찰이 다시 6차 조사에 나선다는 뉴스가 들려오고 있다. 이런 식이라면 앞으로 7차, 8차 조사가 반복되지 않으리라는 보장이 없다.

세월호 사고의 수습 과정에서 우리가 해결하지 못한 숙제는 치유의 과정이 없었다는 것이다. 무려 150여 명이 형사처분을 받았고, 소유주는 도망가다가 죽어서 썩은 시체로 발견됐고 해경이라는 국가조직이 해체됐다. 급기야 여기서 촉발된 분노로 정권이 무너졌고, 나라의 주류세력을 교체하는 이른바 적폐 청산 작업까지 이뤄졌다. 하지만 세월호의 원혼은 아직도 구천을 떠돌고 있다. 해원과 치유의 과정이 없었기 때문이다. 그리하여 우리는 아프고 쓰린 역사도 기억하고 보듬어 안겠다는 뜨거운 마음, 다시는 이런 비극이 발생하지 않도록 노력하겠다는 다짐도 대책도 없이 바다에는 제2, 제3의 세월호가 될지 모를 배들이 여전히 위험한 항해를 계속하고 있다. (사고 이후 지금까지도 연안여객선의 실태를 조사한 각종 뉴스에선 화물 과적이나 고박허술 기상여건을 무시한 무리한 출항 등이 여전히 지적되고 있다. 하물며 선박 안전사고에 대비한 구조훈련이나 여객들의 대비훈련 등은 전무한 실정이다.)

9·11테러를 당했던 뉴욕에서는 지금도 9월 11일이면 3천여 명의 희생자 이름 전원을 한 명씩 호명하는 추모행사를 연

다. 희생자는 세월호의 10배가 넘는다. 우리와 다른 점이 있다면, 그중에는 전체 희생자의 13%에 이르는 343명의 소방관이 들어 있다는 것이다. 사명감과 명령에 따라 건물에 들어갔다가 변을 당한 사람이다. 따지고 보면, 당시 소방당국의 무모한 작전이 희생을 엄청나게 키운 것이다. 그런데 당시나 지금이나 미국 언론들은 무모한 작전을 비난하지 않는다. 소방가족도 당국에 대해 비난이나 원망을 쏟아내지 않는다. 격한 연설도 없다. 당시 미국의 실력이 그밖에 되지 못했음을 모두가 인정하기 때문이다. 누구를 원망한다고 누구를 희생 제물로 삼는다고 문제가 풀리는 것도, 가슴에 맺힌 한이 풀리는 것도 아니다. 그건 그저 핑계를 찾을 뿐이라는 것을 사회 전체가 인정하는 것이다. 그래서 추모행사에는 거룩한 희생에 대한 애도와 감사, 슬픔을 나누는 조용한 위로와 사랑이 있을 뿐이다.[134] 현장에서는 실제 유가족의 오열과 격한 감정의 발산이 있겠지만, 언론은 결코 이를 비추지 않는다. 언론은 스스로 사회의 품격과 화합, 치유와 통합을 위한 필터링 기능을 수행한다. 상처를 극복한 영웅적 모습에 초점을 맞추고 부정적 모습보다는 긍정적인 모습을 찾고 희망의 메시지를 전하는데 노력한다. 불확실한 사실로, 무분별한 의혹 제기로 감정을 자극하지 않고 차분하게 치유와 통합에 초점을 맞춘다. 정부와 의회 등 당

134 박선규, 미국 왜 강한가?, 미다스북스, 2006

국은 불리하다고 사실을 숨기지 않고, 욕먹을 것이 예상된다고 도망하지 않는다. 무거운 현실에 맞서는 용기를 보여준다. 세월호 사고와 9·11사건, 두 사태의 근본적 차이는 치유와 통합의 과정이 있었는가 없었는가 하는 점이다.

개인이 스스로 자신의 상처를 치유하려면, 가장 먼저 내면의 감정에 귀를 기울여야 한다. 그 감정을 두려워할 필요가 없다. 감정을 만든 상처의 연원을 알아내는 것이 중요하다. 그다음은 이를 숨기지 말고 표현해야 한다. 그 감정을 해소해야 여기에 사로잡혀 포로가 되는 상태를 벗어날 수 있다는 것이다. 그러면 다른 사람의 감정도 들여다볼 수 있는 여유를 갖게 된다.

사회도 마찬가지다. 그 사회가 안고 있는 갈등의 연원을 찾아서 해원의 과정을 거쳐야 한다. 우리도 지난 70여 년간의 압축성장 시절, 냉전적 사고로 억누르기만 해 온 것이 결국 오늘날 갈등을 키웠다고 볼 수 있다. 우리 사회의 일부가 잘못된 관념을 좇는다고 탓할 일만은 아니다. 이들은 왜 다른 쪽이 자랑스럽게 여기는 성취를 폄훼하는지 얘기를 들어주고 대화에 나서야 한다. 이들을 끌어안는 치유와 해원의 과정이 있어야 한다. 반대로, 이들 역시도 상대를 배척만 해서는 어떤 것도 이룰 수 없음을 깨달아야 한다. 그리고 역시 스스로 상대에게 화해와 해원의 손을 내밀어야 한다.

한국 예술종합대학의 초대 총장을 맡아 최고의 예술대학으로 키워낸 분이 있다. 이강숙 전 총장이다. 피아니스트이자 교육자 문필가이기도 한 이 전 총장은 피벗 코드(Pivot chord)의 사회를 만들자고 역설한다. 피벗 코드란 서로 다른 두 조(調)에 공통적으로 존재하는 화음을 가리키는 말이다. 즉 G 코드는 C장조에서는 속음이지만 G장조에서는 주된 음이 된다. C장조와 G장조 중간지점에 공존하는 G 코드 때문에 하나의 상태에서 다른 상태로 바뀌지는 전조(轉調) 현상이 일어날 수 있다는 설명이다.

> 우리 사회에도 갈라진 보수와 진보, 남과 북, 동과 서, 빈과 부를 연결하는 '피벗 코드'가 있어야 진화가 가능하다. 베토벤도 보수적인 사람이었지만 기존의 틀을 깨고 낭만주의의 선구자가 됐다. 민생도 중요하지만 몸과 마음을 더불어 먹여 살리는 지도자가 나와야 한다.[135]

필자는 지금 우리 사회에서 가장 시급한 것은 진영논리, 냉전적 이분법을 극복하는 것이라고 생각한다. 진영논리는 치유는커녕 상처를 오히려 더 악화시킬 뿐이다. 진영논리를 벗어나는 것은 우리 사회의 상처를 치유하는 최우선의 과제다. 나와 다르다고 배척하지 말고 상대의 목소리를 들어주고 무엇이 왜 다른지, 공통점은 없는지 대화와 토론으로 공유할 가치를 찾아가야 한다. 물론 여기에는 참고 견디는 것, 인내가 필요

135 중앙일보 2013. 9. 8일자, 한국 예술종합대학 전 총장 이강숙 인터뷰

하다. 상대를 존중하고 배려하며, 불리하다고 말을 바꾸지 않는 일관성이 있어야 한다. 앞에서 누차 언급한 '사랑'의 요체다. 즉 진영논리를 벗어나기 위한 최선의 방법은 '사랑'을 바탕에 깔고 진영 간의 대화에 나서는 일이다. 그것이 우리 사회의 상처를 치유하고 갈등과 분열 대립을 화해와 용서 통합으로 이끄는 길이다. 치유와 해원의 과정이다. 이를 통해 오래된 상처를 치유하고 공존의 길을 모색해야 한다. 한마디로 '사랑과 영혼의 대화'를 통해 우리 사회의 상처를 치유하고 갈등을 가라앉히며 분열과 대립을 멈추고 화해와 용서 통합으로 나아가야 한다. 현실에 눈을 감고 애써 현실을 외면한 채, 머릿속 관념의 허상을 좇다가 개인은 물론 나라 전체를 거덜 낸 어리석음을 더는 되풀이하지 말아야 한다.

스웨덴 총리 타게 에를란데르(Tage Erlander, 1901~1985)는 1946년부터 1969년까지 23년간 총리직에 있었다. 스웨덴의 최장수 총리를 지내며 지구촌 복지국가의 대명사 스웨덴을 만들어낸 인물이다. 그는 외교·안보 문제에 대해 매주 한 차례씩 야당 대표에게 직접 설명하고 협력을 구했다. 또 2주에 한 번씩 노사대표를 만나는 모임을 정례화했다. 총리의 별장이 있는 스톡홀름 서쪽 하르프순드의 별장으로 노사 대표를 초청해 얘기를 나눴다. 이른바 노사정 모임이다. 격주 목요일에 모임을 가졌기에 '목요일 클럽'이라고 불리기도 했다. 과거 김대중 정부가 도입한 노사정 위원회의 롤 모델이다. 하지만 우리는 각 정부마다 흐지부지되고 새 정부가 들어서면 다른 이름으로 또 만들어지면서 일 년에 한 번 회의를 열까 말까 한 채로 지내오고 있다. 이해관계가 다르고 철학이 다른 사람들이 만나는데 스웨덴이라고 해서 처음부터 대화가 잘 될 리 만무했다. 하지만 그들은 대화가 잘 안될 때는 근처 호수에서 함께 노를 젓고 낚시를 하며 경제협력을 논의하고 노사의 공동통치(co-government)를 일궈내기 위해 노력했다. 에를란데르의 사회민주당 정부는 이 대화를 20년 가까이 이어갔다. 스웨덴의 모든 중요 의사 결정이 이 대화에서 이루어졌다. 그리고 그 결과 스웨덴은 지구촌의 롤 모델이 됐다. 이른바 하르프순드 민주주의(Harpsund Democracy)의 탄생이다.

혹자는 말한다. 우리는 대통령 임기가 5년인 관계로 20년에 걸친 대화는 원천적으로 불가능하다. 따라서 지속적 대화를 통한 합의 도출은 탁상공론일 뿐이라고. 2011년 생방송 대담 '대통령과의 대화'를 준비하던 필자에게 하르프순드 민주주의를 처음 소개해 준 명지대 김형준 교수는 로널드 레이건 미국 대통령의 사례를 들어 이 같은 우려를 일축한다. '레이건은 재임 시절 하루 8시간 중 3시간을 공식 업무에 할애하고, 남은 5시간에는 야당을 만났다'라는 것이다. '끊임없는 소통 노력이 8년의 재임 기간 중 6년이 여소야대인 상황에서도 레이건으로 하여금 성공적인 국정운영을 가능케 한 비결'이라고 김 교수는 강조했다. 에를란데르의 하르프순드 별장의 대화 그리고 레이건의 야당과의 소통 노력, 이런 것이야말로 '사랑과 영혼의 대화'다. 우리라고 해서 결코 불가능한 일이 아니다. 다만 오래 걸리고 어려울 뿐이다. 그래서 대부분 참지 못하고 그만 두었을 뿐이다. 그리고 그 과정은 언제나 진영논리를 더욱더 강화시키고 분열을 심화시키는 악순환으로 끝났다. 대화에는 상대의 얘기를 들어주는 '영혼의 대화'가 선행돼야 하고 그 바탕에는 오래 참고 모든 것을 견디는 인내의 힘이 필요하다. 즉 오래 참으며 남의 얘기를 들어주는 '사랑과 영혼의 대화'가 이뤄지면, 우리 사회도 얼마든지 내면의 상처를 씻고 치유와 화합, 용서와 통합으로 나갈 수 있을 것이다.

8장

말, 선택의 산물

말, 운명을 가르는 지침

헤라클레스의 선택

말, 선택의 산물

앞 장에서 필자는 '오래 참으며 들어주는 경청'을 '사랑과 영혼의 대화'라고 했다. 더 줄여 말하자면 '오랜 경청'이다. 이것은 개인을 넘어 사회와 국가까지도 내면의 상처를 치유할 수 있는 묘약이다. 죽어가는 한 개인의 영혼을 살리고, 퇴락하는 사회를 건강하게 만들고, 국가를 융성케 한다. 문제는 꽉 닫힌 마음의 문 앞에서는 경청이 결코 쉽지 않다는 것이다. 말을 해야 들어줄 텐데, 말을 하지 않으니 들어줄 방법이 없는 것이다. 이럴 때는 내가 먼저 말을 건네야 한다. 닫힌 마음의 문을 열고 말을 하도록 유도해야 하는 것이다. 닫힌 마음의 문을 열어주는 말, 나는 이 말을 '생명의 말'이라고 부른다. 반면 열렸던 마음도 닫게 만드는 말, 이것은 '죽음의 말'이다. 마음의 문이 열린 사람은 정신은 물론 육체적으로도 건강하다. 반면 마음의 문이 닫힌 사람은 정신과 육체 모두 쇠락해 있다. 작은 조직이나 사회, 국가도 마찬가지다. 생명의 말을 많이 주고받는 조직은 활력이 넘치고 발전하지만, 반대로 죽음의 말이 횡행하는 조직은 반드시 쇠락해서 깨지고 만다.

말, 운명을 가르는 지침

생명의 말을 듣는 사람은 그 사람의 인생 자체가 생명력이 넘치게 되고, 죽음의 말을 듣는 사람은 그 인생 자체가 죽음의 기운으로 암울하게 된다. 생명의 말을 하고 죽음의 말을 피해야 하는 이유다.

생명의 말은 사랑의 말이다. 바울을 떠올려 보면 사랑은 '상대를 배려하고 존중하며 오래 참고 모든 것을 견디며, 일관성을 유지하는 것'이다. 그래서 사랑은 어렵고 사랑의 말, 즉 생명의 말도 어렵다. 반면 죽음의 말은 쉽다. 참지 않아도 되고, 존중과 배려가 없어도 된다. 일관성을 유지할 필요도 없다. 그런 점에서 지금 이 시대에 횡행하고 있는 내로남불의 말은 전형적인 죽음의 말이다. 내로남불은 오로지 그 대상이 자신인지 남인지, 내 편인지 상대편인지에 따라 이중잣대를 들이댄다는 점에서 일관성이 전혀 없다.

문제는 현실에서 죽음의 말을 구별하기가 쉽지 않다는 것이다. 죽음의 말은 대부분의 경우 생명의 말을 가장하고 나타난다. 달콤한 유혹으로 다가온다. 하지만 종국에는 쓰디쓴 결말로 이끄는 말이다. 선동가들의 말도 하등 다르지 않다. 히틀러가 정권을 잡은 것은 대중선동 덕분이었다. 1차 대전 패배로 절망에 빠졌던 독일 국민들에게 의욕과 자신감을 되살렸으며 희망으로 뭉치게 했다. 당연히 처음엔 생명의 말로 들렸다. 레닌이 했던 말, 모택동이 한 말도 모두 생명의 말로 들렸을 것이다. 김일성 김정일의 말도 북한 동포들에겐 생명의 말로 들렸을 것이다. 하지만 그 말을 따르고 추종한 결과는 현실에서의 지옥 체험이었을 뿐이다. 인권은 말살됐고 경제는 몰락했으며 전쟁에 내몰린 끝에 살아서 지옥을 맛보아야 했다. 혹세무민하는 사이비 종교 지도자의 말과 조금도 다르지 않다. 사람들의 영혼을 파괴하고 삶을 피폐하게 만든다. 죽음의 말은 폭압적 권력을 자라게 하는 자양분이다. 생명의 말은 민주적 권력의 자양분이다. 어떤 말을 선택하느냐에 따라 사람의 운명이, 사회와 국가의 미래가 결정된다.

차동엽 신부는 네이밍(naming)과 콜링(calling)이란 개념으로 말의 기능을 설명했다. 어떤 이름을 붙이고 어떻게 불러주느냐에 따라 말은 그대로 효력을 발휘하고 만들어 가는 기능을 한다는 것이다. 생명을 말을 붙여주고 생명의 말로 불러준다면 생명력이 넘치는 사람과 조직이 되지만, 반대로 죽음의 말을 붙이고 죽음의 말로 부른다면 그 사람과 조직은 죽음의 기운에서 벗어날 수 없다는 것이다.

헤라클레스의 선택

그리스 신화 최고의 영웅 헤라클레스는 젊은 시절 끊임없는 광기에 시달렸다. 제우스가 바람피워 낳은 자식을 향한 헤라의 질투 때문이지만, 근본적으로는 주체할 수 없이 넘쳐흐르는 힘 때문이었다. 헤라클레스는 자신의 광기를 헤라나 자신의 본능 탓으로 돌리지 않고 이를 제어하기 위해 부단히 노력한다.

어느 날 꿈속에서 헤라클레스는 갈림길에서 두 여인을 만났다. 한쪽 길에는 '욕망'이라는 이름의 요염한 여자가 넓고 큰 길을 가리키며 쾌락을 채울 수 있는 길이라고 유혹했고 다른 길에는 '덕망'이라는 이름의 정숙한 여자가 좁고 험한 길을 가리키며 고난의 길이지만 참된 행복을 얻을 수 있다고 했다. 헤라클레스는 평탄한 길을 버리고 험한 고난의 길을 택해, 12가지의 시련을 겪는다. 하지만 마침내 올림푸스 산에 올라 인간으로서 최초로 신이 된다. 쉽지만 타락한 길이 아니라 힘들지만 올바른 길을 택한 것이다. 그리스 신화의 영웅들은 한결같

'The choice of Heracles, 헤라클레스의 선택', 1596, 나폴리 카포디몬테 미술관 Museo di Capodimonte. 그림에서 오른쪽에는 속이 훤히 비치는 옷을 입은 욕망의 여인과 카드 놀이판, 연극용 가면, 악기 등이 놓여 있고, 반면 왼쪽에는 덕망의 여인이 가리키는 좁고 가파른 길이 있지만 그 끝에는 이 길을 걸어온 사람을 태우고 천상으로 올라갈 페가수스가 기다리고 있다.

이 이런 길을 택한다. 페르세우스, 테세우스, 오디세우스, 아킬레스 등 신화 속 영웅들의 삶에 대한 공통의 태도다.

사람들의 머릿속에는 수많은 말이 들어 있다. 생명의 말을 할 것인가 아니면 죽음의 말을 할 것인가는 바로 헤라클레스의 선택과도 같은 문제다. 어렵고 힘들지만 사람을 살리고 공동체를 건강하게 하는 말을 할 것인가, 아니면 닥치는 대로 분노와 증오를 쏟아내 상대를 주눅 들게 하고 공동체를 갈라놓는 말을 할 것인가는 선택의 문제다.

지난 시절 우리는 한시도 멈추지 않고 치열한 논쟁을 거듭

했다. 처음 생각과 노선의 다름에서 시작된 논쟁은 이후 권력 다툼으로 번졌고, 결국은 서로의 목숨을 앗아가는 피비린내 나는 쟁투로 이어졌다. 이는 지금도 고스란히 반복되고 있다. 정치 경제 사회 문화 언론 등 사회 전 분야에서 갈등과 반목을 벌이고 있다. 논쟁은 발전을 위해 반드시 필요한 과정이다. 굳이 헤겔의 변증법을 동원해 정반합(正反合)을 들먹일 필요도 없다. 문제는 논쟁의 방법이다. 어떤 말로 논쟁해 왔는가 하는 것이다. 마지막으로 한 번만 더 조선시대 얘기를 해 보자.

조선의 사림을 갈라놓은 동·서 분당은 명종과 선조대 경복궁 서쪽의 정동에 살던 심의겸과 동쪽 낙산 어름의 건천동에 살던 김효원의 대립에서 시작됐다. 하지만 이보다 앞서 선비 사회는 이미 붕당의 조짐이 확연했다. 이에 영의정을 지낸 원로대신 이준경은 붕당의 폐단이 나라의 혼란을 가져올 것이라며 죽음을 앞에 두고 유차(遺箚)를 올려 '나중에 반드시 고치기 어려운 환란이 될 것'이라고 충정을 토로했다. 문제는 이준경의 지적이 율곡 이이를 지목한 것으로 여겨졌다는 것이다. 율곡은 '9도 장원공'으로 공인된 천재였고 자신보다 35살이나 많은 성리학의 거봉 퇴계에게도 이견을 제시하며 새로운 학설을 펼칠 만큼 학문적 깊이도 대단했다. 퇴계는 이미 사망했고 사림 전체에 율곡에 필적할 만한 인물이 없었다. 사안마다 거침없이 비판과 대안을 제시했고 그만큼 주장이 강했다. 따라서 그를 따르는 선비들도 많았지만, 또 한편 경계하는 사람들도 적지 않게 생겨났다. 이준경이 꼭 집어 율곡을 지칭하지는 않았지만, 상황이 상황인 만큼 누구나 율곡을 가리키는 것으로 여겼고 율곡 스스로도 자신을 비판한 것으로 받아들였다. 문제는 대학자로서, 사림의 최고봉이던 이이의 대응이었다. 이이는 '사람이 죽음에 임해서는 말이 착한 법인데 준경은 죽음에 이르러서도 그 말이 악하다'며 강도 높게 비난했다. 필자의 관점에서 보자면 분노와 증오를 담은 이른바 '죽음의 말'을 퍼부은 것이다.

물론 청빈하게 살며 오로지 국가 개조를 위한 변법경장(變法更張)에만 몰두해 멸사봉공을 실천하던 율곡으로서는 이준경의 유차가 참을 수 없는 모욕으로 여겨졌을 수도 있다. 하지만 이준경은 명재상으로 칭송받은 대선배였다. 기묘사화 땐 억울한 사림을 변호하다 쫓겨났고, 을사사화 때는 정적의 공격으로 유배를 당하기도 했다. 여진족이 반란을 일으키자 함경도 순변사가 되어 반란을 진무했고, 을묘왜변 때는 전라도 순찰사로 왜구를 격퇴했다. 말하자면 행동하는 지식인이요, 문무를 겸비한 재사요, 당대 최고의 원로였다. 즉 이이가 아무리 당대 최고의 석학이라고 할지라도 이준경은 그렇게 폄훼될 수 있는 인물이 아니었다. 실제로 이준경 사후 4년 만에 사림은 그의 예언대로 동인과 서인으로 갈라졌고, 본격 당쟁이 시작됐다. 이이는 뒤늦게 크게 후회한다. 그러고는 대유(大儒)답게 먼저 자신의 잘못을 인정했다. 그리고 동·서 당쟁을 조정하려는 보합조제론(保合調劑論)에 나선다. 하지만 한번 뱉었던 말은 두고두고 화근이 됐다. 이이는 평생을 어느 당에 속하지 않으려고 노력하며 양시양비론과 조제론을 펼쳤지만, 동인들은 무조건 이이를 서인의 배후 조종자로 보고 사사건건 시비를 걸었다. 이이는 때로는 억울함을 토로하고 때로는 탄식하다가, 높은 지식으로 조무래기 선비들을 나무라기도 하고 도저히 참지 못하면 화를 내기도 또 소인배들이라고 무시하기도 했다. 하지만 동인들의 비난은 멈출 줄 몰랐다. 이이가 워낙 탁월한 인물이다 보니 임금이 이이를 총애해서 이이를 비난하는 동인들을 줄줄이 귀양 보냈는데 이것이 오히려 동인들을 자극하기도 했다. 당쟁은 돌이킬 수 없을 만큼 격화돼서 완전한 진영싸움의 양상으로 접어들었다. 나라의 최고위 관료들의 최우선 관심사가 오로지 상대편을 몰아내고 권력을 독점하는 것뿐이었다. 사실은 무시됐고 음모와 술수가 횡행하면서 내로남불이 시작됐다. 상대에 대한 비난은 극에 달했다. 동인으로서 늘 공격의 선봉에 섰던 송응개라는 인물은 심지어 이이를 지목해 '스스로 당대 제일이라고 생각해 세상의 시비에 초연한 인물로 자처하면서 지극히 공평한 척한다. 이야말로 나라를 팔아먹은 간신배'라고 비난할 정도였다. 이이는 환멸을 느낀다. 더 이상 벼슬을 할 이유가 없었다. 해주로 낙향해 후학들을 가리키는 일로 여생을 마무리하려고 했지만, 임금의 강력한 권유에 어쩔 수 없이 출사했다가 다시 사직하는 일을 반복하다

49세에 결국 병을 얻어 죽고 만다.

필자는 아마도 이이가 화병으로 죽었을 것이라고 생각한다. 이이는 1910년 조선이 멸망할 때까지도 반대당인 동인과 그 분파들인 남인과 북인 등으로부터 끊임없이 시비를 당했다. 학자로서 그의 학문적 성취나 국가를 개혁하려던 경세가로서의 높은 경륜과 치열한 노력, 선비로서 엄정한 처신, 청빈한 삶 등을 고려해 보면 이이는 결코 그런 대접을 받을 인물이 아니다. 하지만 진영논리에 빠진 당파적 입장에서는 그저 반대당의 정신적 지주, 적의 수괴였을 뿐이다. (송시열과 비교해 본다면, 이이는 조세제도와 신분 차별 등 조선의 기존 질서를 혁파하려고 애썼고, 친구와 당파를 가리지 않고 잘못한 점은 지적하고 자신의 과오를 사과하고 인정하며 평생 당쟁을 무마하려고 했다. 반면 송시열은 오히려 조세제도 혁파를 반대했고, 신분질서의 고착을 주장했다. 상대당에 대한 공격에는 앞장섰고, 자파는 철저히 보호하는 내로남불의 전형으로 당쟁의 주역이었다.)

이이는 지금의 시각으로도 나라의 문제점을 직시하고 개혁에 몰두했던 경세가로서, 또 학자로서도 성현으로 존숭받는 인물이다. 그래서 소용없는 짓이지만 역사적 가정을 해 보고 싶다. 만약에 이이가 붕당론을 경계한 대선배 이준경에게 이른바 '죽음의 말'을 퍼붓지 않고, 그 얘기를 들어주는 '영혼의 대화'를 했다면 어땠을까? 사사건건 시비를 걸어온 조무래기 선비들에게도 '오래 참고 모든 것을 견디며(사랑으로)' 조제론을 펼쳤다면 상황이 어땠을까? 즉 필자가 앞서 누누이 강조한

'사랑과 영혼의 대화'를 했으면 어땠을까?

앞서 살펴본 그레고리 헨더슨의 〈한국 사회 특유의 '소용돌이 정치'〉이론을 원용하자면, 이이가 아무리 '생명의 말'로 '사랑과 영혼의 대화'에 나섰어도 조선이 당쟁의 나라라는 점은 변하지 않았을 것이다. 하지만 율곡 개인으로 보자면 적어도 사후 300년까지 자신이 반대당으로부터 공격을 받는 정쟁의 중심인물로 남지는 않았을 것이다. 자신의 의도와는 달리 정쟁의 한쪽 당사자가 되는 억울한 일도 없었으려니와 적어도 사후에는 상대편으로부터도 성리학의 종조 중 한 명으로 '성현'의 대접을 받을 수도 있었을지 모른다. 그리고 그를 추종한 사림의 최대 당파 노론에서도 '사랑과 영혼의 대화'에 나서고자 하는 사람들이 적잖이 나왔을지 모른다. 이이는 구천에서 지금도 몹시 억울할 것이다. 이준경에게 퍼부었던 악담을 반성하고 잘못을 사과했으며 자신의 부족함을 인정했고 그리고 평생을 당쟁을 멈추라는 조제론에 헌신하며 살았는데도 이 모양이니 말이다. '죽음의 말'은 그만큼 무서운 것이다. 쉽게 사라지지 않고 평생을 따라다니며 죽어서까지 떠도는 혼백처럼 망령스럽다. 남을 향해 뱉은 말이지만 결국은 자신을 향해 돌아온다. 그것이 '죽음의 말'의 위력이다.

지금 이 시대에도 우리는 선택의 길에서 어렵지만 공동체를 살리는 '생명의 말'보다는 쉽고 편한, 때로는 멋있어 보이기까지 하는 '죽음의 말'을 자주 택하고 있다. 오죽하면 '악다구니와 욕지거리 쌍소리로 해가 뜨고 지는 세상'이 됐다고 하겠는가? 그 결과 공동체는 반으로 갈라졌고 미래로의 전진보다는 과거 들추기에만 몰두하게 됐다. 사회 곳곳이 멍들고 병들었다. 지금 이 순간에도 유명한 소설가가 심지어 자기편 진영의 지식인을 향해 독설을 쏟아냈다는 뉴스가 들려온다. 자기 편 법무장관 낙마자를 비판했다는 단 한 가지 이유만으로 그를 '일그러진 지식인의 초상'이라고 막말을 해댄 것이다. 낙양의 지가를 올리고 있는 자칭 그 '개념 예술인'이 '죽음의 말'이 갖는 가공스러운 위력을 제대로 알았다면 그렇게까지 건건이 내로남불의 말을 퍼대지는 못했을 것이다.

이제는 멈춰야 한다. 죽음의 말을 몰아내고 생명의 말을 해야 한다. 죽음의 말은 개인을 넘어 사회 전체, 국가의 패배를 몰고 온다. 말의 전쟁에서 더는 생명의 말이 죽음의 말에 패배하게 내버려 둬서는 안 된다.

생명의 말을 택하는 것은 개인의 행복을 넘어, 가정을 화목하게 만들고 조직에 활력을 불어 넣으며 사회를 발전시키고 국가를 융성하게 만드는 일이다. 지금은 사회가 분열되고 경제가 침체되고 청년은 희망을 잃고 좌절하는 시대가 됐다. 가히 위기의 시대다. 시대의 위기를 벗고 희망을 되찾아 오는 것, 그것은 '생명의 말'을 선택해서 사랑과 영혼의 대화에 나서는 것이다.

탈고를 하고 인쇄를 앞둔 즈음 지인으로부터 짤막한 글을 받았다. 졸저에서 200여 페이지나 늘어놨던 말을 한 페이지로 정곡을 찌른 것이었다. 필자가 장황하게 말했던 내용을 촌철살인으로 함축했기에 부끄러움을 무릅쓰고 간략하게나마 소개한다. 원작자에게는 용서를 빈다.

사람의 품위

수렵시대엔 화가 나면 돌을 던졌다. 로마시대엔 화가 나면 칼을 뽑았다. 미국의 개척시대엔 총을 뽑았다. 요즘은 말폭탄을 던진다.

화살은 몸에 상처를 내지만 험한 말은 영혼에 상처를 낸다. 옛 사람들이 '혀 아래 도끼 들었다'고 말조심을 당부한 이유다.

탈무드 얘기다. 어느 날 왕이 두 명의 광대를 불러 한 명에게는 '세상에서 가장 악한 것을 찾아오라'고 하고, 다른 한 명에게는 '세상에서 가장 선한 것을 찾아오라'고 했다. 세상 곳곳을 찾아다닌 광대가 수년 후 왕 앞에 자신들이 찾아온 것을 내놨다. 두 사람이 제시한 것은 모두 '혀'였다.

글이 종이에 쓰는 언어라면 말은 허공에 쓰는 언어다. 허공에 적힌 말은 지울 수도, 찢을 수도 없다. 한 번 내뱉은 말은 자체의 생명력으로 공기를 타고 번식한다.

논어에선 입을 다스리는 것을 군자의 최고 덕목으로 꼽았다. 군자의 군(君)은 '다스릴 윤(尹)' 아래에 '입 구(口)'가 있다. 입을 다스리는 것이 군자라는 뜻이다. 혀를 잘 다스리면 군자가 되지만, 잘못 놀리면 소인으로 전락하는 것이다. 대문호 톨스토이는 '말을 해야 할 때 하지 않으면 백 번 중에 한 번 후회하지만, 말을 하지 말아야 할 때 하면 백 번 중에 아흔아홉 번 후회한다'고 했다. 작가 조지 오웰은 '생각이 언어를 타락시키지만, 언어도 생각을 타락시킨다'고 했다. 나쁜 말을 자주 하면 생각이 오염되고, 자신은 그 집에 살 수 밖에 없다. 그만큼 잔인한 인과응보가 또 있을까?

참고 문헌

- 강명관, 조선시대의 지식과 책의 역사, 천년의 상상, 2014
- 권오문, 대한민국사를 바꾼 핵심논쟁 50, 말말말, 삼진기획, 2004
- 그레고리 헨더슨 (이종삼 박행웅 역), 소용돌이의 한국정치, 한울, 2013
- 김승욱, 실패한 나라들과 성공한 나라들;역사적 고찰, 오래된 새로운 비전, 기파랑, 2017
- 니콜라스 디폰조& 프라샨트 보르디아 (신영환 역), 루머의 심리학, 한국산업훈련 연구소, 2008
- 박선규, 미국 왜 강한가?, 미다스북스, 2006
- 박종인, 땅의 역사 1,2 , 상상출판, 2018
- 밥 돌(김병찬 역), 위대한 대통령의 위트, 아테네, 2018
- 소준섭, 소준섭의 정명론, 어젠다, 2013
- 신도현·윤나루, 말의 내공, 행성B, 2019
- 신상목, 학교에서 가르쳐 주지 않는 일본사, 뿌리와 이파리, 2017
  신상목, 학교에서 가르쳐 주지 않는 세계사, 뿌리와 이파리, 2019
- 앤디 앤드루스(이은정 역), 1,100만 명을 어떻게 죽일까?(How do you kill 11million peple?), 에이미 팩토리, 2012
- 우종철, 포용의 리더십, 밝은사회 승연사, 2014
- 유홍준, 나의 문화 답사기 일본편 1~4, 창비, 2013
- 윤석민, 미디어 공정성 연구, 나남, 2015
- 이광재, 대한민국 어디로 가야 하는가?, 휴머니스트, 2014

- 이경희, 자기미움, 북스톤, 2016
- 이규원, 조선 왕릉실록, 글로세움, 2017
- 이기주, 말의 품격, 황소북스, 2017
- 이덕일, 조선선비 당쟁사, 인문서원, 2018

  이덕일, 송시열과 그들의 나라, 김영사, 2016
- 신유한(이효원 역), 해유록; 조선선비 일본을 만나다, 돌베개, 2011
- 재러미 다이아몬드(김진문 역), 총.균.쇠(Guns,Germs and Steel), 문학사상사, 1998
- 제임스 S. 게일(최재형 역), 조선, 그 마지막 10년의 기록, Korean Sketches, 책비, 2011
- 조 지라드(서기원 역), 조 지라드의 성공화법, 현대 미디어, 2018
- 정병준, 현 앨리스와 그의 시대, 돌베개, 2015
- 정태기, 내면 세계의 치유1. 2, 상담과 치유, 2016
- 차동엽, 천금말씨, 교보문고, 2014
- 대런 애쓰모글루 & 제임스 A. 로빈슨(최완규 역), 국가는 왜 실패하는가?, 시공사, 2012
- 최광 외, 오래된 새로운 비전, 기파랑, 2017

  최광 외, 오래된 새로운 전략, 기파랑, 2017
- 헬렌켈러(김영신 역), 나의 스승 설리번, (주) 문예출판사, 2004
- 홍사중, 리더와 보스, 사계절, 1997

혼의 말

초판 1쇄 인쇄 2022년 1월 7일
초판 1쇄 발행 2022년 1월 14일

지은이 황상무
편집인 서진
펴낸곳 북스인이투스

마케팅 김정현
영업 이동진

디자인 양은경

주소 경기도 파주시 광인사길 209, 202호
대표번호 031-927-9965
팩스 070-7589-0721
전자우편 pearlpub@naver.com
출판신고 제2007-000035호

ISBN 9790-110-3890-04390-1 (03040)